《中华人民共和国电影产业促进法》释义

刘承韪　刘毅　武玉辉　编著

中国电影出版社
2017・北京

图书在版编目(CIP)数据

《中华人民共和国电影产业促进法》释义 / 刘承韪，刘毅，武玉辉编著．— 北京：中国电影出版社，2017.6

ISBN 978－7－106－04740－5

Ⅰ．①中… Ⅱ．①刘… ②刘… ③武… Ⅲ．①电影事业—产业发展—法律解释—中国 Ⅳ．① D922.85

中国版本图书馆 CIP 数据核字（2017）第145598号

责任编辑：苗 卉 葛安玲
封面设计：风岚工作室
版式设计：紫星光
责任校对：李园园
责任印制：张玉民

《中华人民共和国电影产业促进法》释义
刘承韪 刘 毅 武玉辉编著

出版发行 中国电影出版社（北京北三环东路22号）邮编100029
电话：64296664（总编室） 64216278（发行部）
64296742（读者服务部） Email：cfpygb@126.com
经　销 新华书店
印　刷 北京玺诚印务有限公司
版　次 2017年6月第1版 2017年6月北京第1次印刷
规　格 开本 / 700×1000毫米 1/16
印张 / 22.5 插页 / 2 字数 / 330千字

书　号 ISBN 978－7－106－04740－5/D・0002
定　价 58.00元

本书编写人员分工

第一章　刘　毅　王一楠
第二章　刘承韪　李梦佳　张　星
第三章　刘承韪　孟铂林　熊雅柔
第四章　刘承韪　程麒台　杜文豪　马世钰
第五章　武玉辉　黄　寅　冯业涛
第六章　刘　毅　刘　楠

序

我国国民经济和社会发展“十三五”规划确定“文化产业成为国民经济支柱性产业”，是全面建成小康社会的重要目标，而电影则是文化产业最重要的组成部分。自2002年电影产业化改革以来，我国电影产业取得了长足进步和巨大成就，最新数据显示，2016年全国电影1总票房为492亿元，位居世界第二；共生产电影944部，城市院线观影人次为13.72亿；新增影院1612家，新增银幕9552块。中国银幕总数已达411179块，成为世界上电影银幕最多的国家。无论从电影生产数量，还是电影市场规模来看，我国已经成为世界电影大国。

但是从电影大国迈向电影强国，仍有很长的路要走。特别是电影产业的法治建设仍是我们的短板。为补足这块短板，自2003年国家开始启动电影立法，经过多年酝酿讨论，《中华人民共和国电影产业促进法》终于在2016年11月7日由第十二届全国人大常委会第二十四次会议通过，并于2017年3月1日起施行。《电影产业促进法》是我国文化产业领域的第一部行业法，也是我国文化体制改革的一座里程碑，是中国特色社会主义法律体系的重要组成部分，也是推进全面依法治国、建设社会主义法治国家的重要制度成果。

《电影产业促进法》的实施，为正处在黄金年代的中国电影产业的规范有序发展提供了法律依据和制度保障，电影产业不仅在法律层面上得到肯定，而且在更深刻的意义上成为一种国家战略。从宏观上来说，《电影产业促进法》以习近平总书记系列重要讲话精神为根本遵循，深入贯彻中央关于宣传思想文化工作的政策方针，在深入研究我国电影产业发展现状、全面总结产业发展规律及存在问题的基础上，充分吸纳了在改革创新过程中形成的一系列好做法、好经验、好举措，从法律层面明确了电影产业的重要地位、发展方针、指导原则和扶持措施，用法治思维突破发展瓶颈，用法治手段解决突出问题，彰显社会主义核心价值观的价值引领和以人民为中心的创作导向，对于激活电影市场主体、规范电影市场秩序、促进电影事业产业繁荣发展具有十分重要的意义，必将更加有力地推动电影产业进入科学化、现代化发展轨道，开创中国电影产业繁荣发展新局面。

酝酿了13年，承载了几代中国电影人梦想的《电影产业促进法》是集中国电影界和法律界各方之力共同完成的重要立法举措。在此过程中，中国电影家协会也积极参与并贡献了自己的一份力量。中国电影家协会是中国共产党领导的、全国各民族电影家组成的人民团体，是中国文学艺术界联合会团体会员，是党和政府联系电影界的桥梁和纽带，是繁荣发展中国电影、建设社会主义先进文化的重要力量。中国电影家协会坚持改革创新，贴近实际、贴近生活、贴近群众，弘扬主旋律，提倡多样化，尊重电影艺术创作规律，继承优良传统，推动自主创新，依据电影艺术特点开展各项活动。中国电影家协会也发挥自身专业职能和人才优势积极参与《电影产业促进法》的起草和制定，为立法做出了应有的贡献。

《电影产业促进法》的立法目的在于规范电影产业发展和市场秩序，通过简政放权、加大扶持力度，提高电影整体发展的工业化和现代化的水平。因此从内容上来看，该法除了总则，还就电影创作摄制、电影发行放映、电影产业保障、法律责任等各方面，明确了资质审查程序及各级电影主管部门审查电影的权限，并对贴片广告和票房核算等进行了详细规定。虚报瞒报票房收入的法律责任和处罚方式，均有严格界定和处理办法。

《电影产业促进法》的最大亮点在于其充分体现了简政放权的“产业促进之法”的精神，既有减免行政审批之治，又有振兴促进产业之举。减免行政审批的规定体现在：一是鼓励企业、其他组织从事电影摄制活动，未新设行政审批项目，同时还取消了电影制片单位审批、《摄制电影片许可证（单片）》审批；二是简化了电影剧本审查制度，取消一般题材电影剧本审查，只需将电影剧本梗概予以备案；三是降低了有关电影活动的准入门槛，下放了电影摄制审批、特殊题材电影剧本审批、电影公映审批、电影放映审批和举办涉外电影节（展）审批；四是简化了行政审批程序，并进一步规范了电影审查标准的制定和公开程序。

《电影产业促进法》振兴促进产业的措施体现在：一是各级政府将电影产业发展纳入本级国民经济和社会发展规划，国家制定电影及相关产业政策；二是国家支持创作、摄制各类优秀国产影片，地方政府对电影创作、摄制提供必要的便利和帮助；三是在财政、税收、土地、金融、用汇等方面对电影产业采取优惠措施，激励资本投入、降低运作成本；四是积极扶持电影科技研发、公益放映、人才培养、境外推广等事业发展，为电影产业发展夯实工业基础、培育人才梯队、拓展电影市场空间。

本书是北京市影视娱乐法学会的研究团队倾力研究的精品之作，是国内权威的《电影产业促进法》释义专著。本书对于《电影产业促进法》全部条文的规范意旨和法理实践的来龙去脉、前因后果、未来影响、存在问题等，都进行了系统而全面的介绍、梳理和分析。它紧扣《电影产业促进法》的宗旨和精神，采取法律教义学的方法解释每条的基本含义，采取目的解释的方法对条文的立法目的和背景进行详细解读，采取实证的方法为每一法律条文配置精彩的案例与实践，从而对每个条文进行全方位的解读和阐释。

从某种意义上说，本书已经不再是一本简单的法律释义书，而是一本包含释义在内的理解与适用《电影产业促进法》的优秀著作，既有理论价值又具实践意义。正因如此，本书的研究成果必将为我国《电影产业促进法》的实施适用以及将来《电影产业促进法实施条例》的起草制定，起到重要的基础性作用。

是为序。

张宏

中国电影家协会分党组书记、驻会副主席

2017年6月6日

目 录

中华人民共和国电影产业促进法

（2016年11月7日第十二届全国人民代表大会常务委员会第二十四次会议通过　2016年11月7日中华人民共和国主席令第五十四号公布　自2017年3月1日起施行）

目　录

第一章　总　则

第一条　为了促进电影产业健康繁荣发展，弘扬社会主义核心价值观，规范电影市场秩序，丰富人民群众精神文化生活，制定本法。

第二条　在中华人民共和国境内从事电影创作、摄制、发行、放映等活动（以下统称电影活动），适用本法。

本法所称电影，是指运用视听技术和艺术手段摄制、以胶片或者数字载体记录、由表达一定内容的有声或者无声的连续画面组成、符合国家规定的技术标准、用于电影院等固定放映场所或者流动放映设备公开放映的作品。

通过互联网、电信网、广播电视网等信息网络传播电影的，还应当遵守互联网、电信网、广播电视网等信息网络管理的法律、行政法规的规定。

第三条 从事电影活动，应当坚持为人民服务、为社会主义服务，坚持社会效益优先，实现社会效益与经济效益相统一。

第四条 国家坚持以人民为中心的创作导向，坚持百花齐放、百家争鸣的方针，尊重和保障电影创作自由，倡导电影创作贴近实际、贴近生活、贴近群众，鼓励创作思想性、艺术性、观赏性相统一的优秀电影。

第五条 国务院应当将电影产业发展纳入国民经济和社会发展规划。县级以上地方人民政府根据当地实际情况将电影产业发展纳入本级国民经济和社会发展规划。

国家制定电影及其相关产业政策，引导形成统一开放、公平竞争的电影市场，促进电影市场繁荣发展。

第六条 国家鼓励电影科技的研发、应用，制定并完善电影技术标准，构建以企业为主体、市场为导向、产学研相结合的电影技术创新体系。

第七条 与电影有关的知识产权受法律保护，任何组织和个人不得侵犯。

县级以上人民政府负责知识产权执法的部门应当采取措施，保护与电影有关的知识产权，依法查处侵犯与电影有关的知识产权的行为。

从事电影活动的公民、法人和其他组织应当增强知识产权意识，提高运用、保护和管理知识产权的能力。

国家鼓励公民、法人和其他组织依法开发电影形象产品等衍生产品。

第八条 国务院电影主管部门负责全国的电影工作；县级以上地方人民政府电影主管部门负责本行政区域内的电影工作。

县级以上人民政府其他有关部门在各自职责范围内，负责有关的电影工作。

第九条 电影行业组织依法制定行业自律规范，开展业务交流，加强职业道德教育，维护其成员的合法权益。

演员、导演等电影从业人员应当坚持德艺双馨，遵守法律法规，尊重社会公德，恪守职业道德，加强自律，树立良好社会形象。

第十条 国家支持建立电影评价体系，鼓励开展电影评论。

对优秀电影以及为促进电影产业发展作出突出贡献的组织、个人，按照国家有关规定给予表彰和奖励。

第十一条 国家鼓励开展平等、互利的电影国际合作与交流，支持参加境外电影节（展）。

第二章 电影创作、摄制

第十二条 国家鼓励电影剧本创作和题材、体裁、形式、手段等创新，鼓励电影学术研讨和业务交流。

县级以上人民政府电影主管部门根据电影创作的需要，为电影创作人员深入基层、深入群众、体验生活等提供必要的便利和帮助。

第十三条 拟摄制电影的法人、其他组织应当将电影剧本梗概向国务院电影主管部门或者省、自治区、直辖市人民政府电影主管部门备案；其中，涉及重大题材或者国家安全、外交、民族、宗教、军事等方面题材的，应当按照国家有关规定将电影剧本报送审查。

电影剧本梗概或者电影剧本符合本法第十六条规定的，由国务院电影主管部门将拟摄制电影的基本情况予以公告，并由国务院电影主管部门或者省、自治区、直辖市人民政府电影主管部门出具备案证明文件或者颁发批准文件。具体办法由国务院电影主管部门制定。

第十四条 法人、其他组织经国务院电影主管部门批准，可以与境外组织合作摄制电影；但是，不得与从事损害我国国家尊严、荣誉和利益，危害社会稳定，伤害民族感情等活动的境外组织合作，也不得聘用有上述行为的个人参加电影摄制。

合作摄制电影符合创作、出资、收益分配等方面比例要求的，该电影视同境内法人、其他组织摄制的电影。

境外组织不得在境内独立从事电影摄制活动；境外个人不得在境内从事电影摄制活动。

第十五条 县级以上人民政府电影主管部门应当协调公安、文物保护、风景名胜区管理等部门，为法人、其他组织依照本法从事电影摄制活动提供必要的便利和帮助。

从事电影摄制活动的，应当遵守有关环境保护、文物保护、风景名胜区管理和安全生产等方面的法律、法规，并在摄制过程中采取必要的保护、防护措施。

第十六条 电影不得含有下列内容：

（一）违反宪法确定的基本原则，煽动抗拒或者破坏宪法、法律、行政法规实施；

（二）危害国家统一、主权和领土完整，泄露国家秘密，危害国家安全，损害国家尊严、荣誉和利益，宣扬恐怖主义、极端主义；

（三）诋毁民族优秀文化传统，煽动民族仇恨、民族歧视，侵害民族风俗习惯，歪曲民族历史或者民族历史人物，伤害民族感情，破坏民族团结；

（四）煽动破坏国家宗教政策，宣扬邪教、迷信；

（五）危害社会公德，扰乱社会秩序，破坏社会稳定，宣扬淫秽、赌博、吸毒，渲染暴力、恐怖，教唆犯罪或者传授犯罪方法；

（六）侵害未成年人合法权益或者损害未成年人身心健康；

（七）侮辱、诽谤他人或者散布他人隐私，侵害他人合法权益；

（八）法律、行政法规禁止的其他内容。

第十七条 法人、其他组织应当将其摄制完成的电影送国务院电影主管部门或者省、自治区、直辖市人民政府电影主管部门审查。

国务院电影主管部门或者省、自治区、直辖市人民政府电影主管部门应当自受理申请之日起三十日内作出审查决定。对符合本法规定的，准予公映，颁发电影公映许可证，并予以公布；对不符合本法规定的，不准予公映，书面通知申请人并说明理由。

国务院电影主管部门应当根据本法制定完善电影审查的具体标准和程序，并向社会公布。制定完善电影审查的具体标准应当向社会公开征求意见，并组织专家进行论证。

第十八条　进行电影审查应当组织不少于五名专家进行评审，由专家提出评审意见。法人、其他组织对专家评审意见有异议的，国务院电影主管部门或者省、自治区、直辖市人民政府电影主管部门可以另行组织专家再次评审。专家的评审意见应当作为作出审查决定的重要依据。

前款规定的评审专家包括专家库中的专家和根据电影题材特别聘请的专家。专家遴选和评审的具体办法由国务院电影主管部门制定。

第十九条　取得电影公映许可证的电影需要变更内容的，应当依照本法规定重新报送审查。

第二十条　摄制电影的法人、其他组织应当将取得的电影公映许可证标识置于电影的片头处；电影放映可能引起未成年人等观众身体或者心理不适的，应当予以提示。

未取得电影公映许可证的电影，不得发行、放映，不得通过互联网、电信网、广播电视网等信息网络进行传播，不得制作为音像制品；但是，国家另有规定的，从其规定。

第二十一条　摄制完成的电影取得电影公映许可证，方可参加电影节（展）。拟参加境外电影节（展）的，送展法人、其他组织应当在该境外电影节（展）举办前，将相关材料报国务院电影主管部门或者省、自治区、直辖市人民政府电影主管部门备案。

第二十二条　公民、法人和其他组织可以承接境外电影的洗印、加工、后期制作等业务，并报省、自治区、直辖市人民政府电影主管部门备案，但是不得承接含有损害我国国家尊严、荣誉和利益，危害社会稳定，伤害民族感情等内容的境外电影的相关业务。

第二十三条 国家设立的电影档案机构依法接收、收集、整理、保管并向社会开放电影档案。

国家设立的电影档案机构应当配置必要的设备，采用先进技术，提高电影档案管理现代化水平。

摄制电影的法人、其他组织依照《中华人民共和国档案法》的规定，做好电影档案保管工作，并向国家设立的电影档案机构移交、捐赠、寄存电影档案。

第三章 电影发行、放映

第二十四条 企业具有与所从事的电影发行活动相适应的人员、资金条件的，经国务院电影主管部门或者所在地省、自治区、直辖市人民政府电影主管部门批准，可以从事电影发行活动。

企业、个体工商户具有与所从事的电影放映活动相适应的人员、场所、技术和设备等条件的，经所在地县级人民政府电影主管部门批准，可以从事电影院等固定放映场所电影放映活动。

第二十五条 依照本法规定负责电影发行、放映活动审批的电影主管部门，应当自受理申请之日起三十日内，作出批准或者不批准的决定。对符合条件的，予以批准，颁发电影发行经营许可证或者电影放映经营许可证，并予以公布；对不符合条件的，不予批准，书面通知申请人并说明理由。

第二十六条 企业、个人从事电影流动放映活动，应当将企业名称或者经营者姓名、地址、联系方式、放映设备等向经营区域所在地县级人民政府电影主管部门备案。

第二十七条 国家加大对农村电影放映的扶持力度，由政府出资建立完善农村电影公益放映服务网络，积极引导社会资金投资农村电影放映，不断改善农村地区观看电影条件，统筹保障农村地区群众观看电影需求。

县级以上人民政府应当将农村电影公益放映纳入农村公共文化服务体系建设，按照国家有关规定对农村电影公益放映活动给予补贴。

从事农村电影公益放映活动的，不得以虚报、冒领等手段骗取农村电影公益放映补贴资金。

第二十八条 国务院教育、电影主管部门可以共同推荐有利于未成年人健康成长的电影，并采取措施支持接受义务教育的学生免费观看，由所在学校组织安排。

国家鼓励电影院以及从事电影流动放映活动的企业、个人采取票价优惠、建设不同条件的放映厅、设立社区放映点等多种措施，为未成年人、老年人、残疾人、城镇低收入居民以及进城务工人员等观看电影提供便利；电影院以及从事电影流动放映活动的企业、个人所在地人民政府可以对其发放奖励性补贴。

第二十九条 电影院应当合理安排由境内法人、其他组织所摄制电影的放映场次和时段，并且放映的时长不得低于年放映电影时长总和的三分之二。

电影院以及从事电影流动放映活动的企业、个人应当保障电影放映质量。

第三十条 电影院的设施、设备以及用于流动放映的设备应当符合电影放映技术的国家标准。

电影院应当按照国家有关规定安装计算机售票系统。

第三十一条 未经权利人许可，任何人不得对正在放映的电影进行录音录像。发现进行录音录像的，电影院工作人员有权予以制止，并要求其删除；对拒不听从的，有权要求其离场。

第三十二条 国家鼓励电影院在向观众明示的电影开始放映时间之前放映公益广告。

电影院在向观众明示的电影开始放映时间之后至电影放映结束前，不得放映广告。

第三十三条 电影院应当遵守治安、消防、公共场所卫生等法律、行政法规，维护放映场所的公共秩序和环境卫生，保障观众的安全与健康。

任何人不得携带爆炸性、易燃性、放射性、毒害性、腐蚀性物品进入电影院等放映场所，不得非法携带枪支、弹药、管制器具进入电影院等放映场所；发现非法携带上述物品的，有关工作人员应当拒绝其进入，并向有关部门报告。

第三十四条 电影发行企业、电影院等应当如实统计电影销售收入，提供真实准确的统计数据，不得采取制造虚假交易、虚报瞒报销售收入等不正当手段，欺骗、误导观众，扰乱电影市场秩序。

第三十五条 在境内举办涉外电影节（展），须经国务院电影主管部门或者省、自治区、直辖市人民政府电影主管部门批准。

第四章 电影产业支持、保障

第三十六条 国家支持下列电影的创作、摄制：

（一）传播中华优秀文化、弘扬社会主义核心价值观的重大题材电影；

（二）促进未成年人健康成长的电影；

（三）展现艺术创新成果、促进艺术进步的电影；

（四）推动科学教育事业发展和科学技术普及的电影；

（五）其他符合国家支持政策的电影。

第三十七条 国家引导相关文化产业专项资金、基金加大对电影产业的投入力度，根据不同阶段和时期电影产业的发展情况，结合财力状况和经济社会发展需要，综合考虑、统筹安排财政资金对电影产业的支持，并加强对相关资金、基金使用情况的审计。

第三十八条 国家实施必要的税收优惠政策，促进电影产业发展，具体办法由国务院财税主管部门依照税收法律、行政法规的规定制定。

第三十九条 县级以上地方人民政府应当依据人民群众需求和电影市场发展需要，将电影院建设和改造纳入国民经济和社会发展规划、土地利用总体规划和城乡规划等。

县级以上地方人民政府应当按照国家有关规定，有效保障电影院用地需求，积极盘活现有电影院用地资源，支持电影院建设和改造。

第四十条 国家鼓励金融机构为从事电影活动以及改善电影基础设施提供融资服务，依法开展与电影有关的知识产权质押融资业务，并通过信贷等方式支持电影产业发展。

国家鼓励保险机构依法开发适应电影产业发展需要的保险产品。

国家鼓励融资担保机构依法向电影产业提供融资担保，通过再担保、联合担保以及担保与保险相结合等方式分散风险。

对国务院电影主管部门依照本法规定公告的电影的摄制，按照国家有关规定合理确定贷款期限和利率。

第四十一条 国家鼓励法人、其他组织通过到境外合作摄制电影等方式进行跨境投资，依法保障其对外贸易、跨境融资和投资等合理用汇需求。

第四十二条 国家实施电影人才扶持计划。

国家支持有条件的高等学校、中等职业学校和其他教育机构、培训机构等开设与电影相关的专业和课程，采取多种方式培养适应电影产业发展需要的人才。

国家鼓励从事电影活动的法人和其他组织参与学校相关人才培养。

第四十三条 国家采取措施，扶持农村地区、边疆地区、贫困地区和民族地区开展电影活动。

国家鼓励、支持少数民族题材电影创作，加强电影的少数民族语言文字译制工作，统筹保障民族地区群众观看电影需求。

第四十四条 国家对优秀电影的外语翻译制作予以支持，并综合利用外交、文化、教育等对外交流资源开展电影的境外推广活动。

国家鼓励公民、法人和其他组织从事电影的境外推广。

第四十五条 国家鼓励社会力量以捐赠、资助等方式支持电影产业发展，并依法给予优惠。

第四十六条 县级以上人民政府电影主管部门应当加强对电影活动的日常监督管理，受理对违反本法规定的行为的投诉、举报，并及时核实、处理、答复；将从事电影活动的单位和个人因违反本法规定受到行政处罚的情形记入信用档案，并向社会公布。

第五章 法律责任

第四十七条 违反本法规定擅自从事电影摄制、发行、放映活动的，由县级以上人民政府电影主管部门予以取缔，没收电影片和违法所得以及从事违法活动的专用工具、设备；违法所得五万元以上的，并处违法所得五倍以上十倍以下的罚款；没有违法所得或者违法所得不足五万元的，可以并处二十五万元以下的罚款。

第四十八条 有下列情形之一的，由原发证机关吊销有关许可证、撤销有关批准或者证明文件；县级以上人民政府电影主管部门没收违法所得；违法所得五万元以上的，并处违法所得五倍以上十倍以下的罚款；没有违法所得或者违法所得不足五万元的，可以并处二十五万元以下的罚款：

（一）伪造、变造、出租、出借、买卖本法规定的许可证、批准或者证明文件，或者以其他形式非法转让本法规定的许可证、批准或者证明文件的；

（二）以欺骗、贿赂等不正当手段取得本法规定的许可证、批准或者证明文件的。

第四十九条 有下列情形之一的，由原发证机关吊销许可证；县级以上人民政府电影主管部门没收电影片和违法所得；违法所得五万元以上的，并处违法所得十倍以上二十倍以下的罚款；没有违法所得或者违法所得不足五万元的，可以并处五十万元以下的罚款：

（一）发行、放映未取得电影公映许可证的电影的；

（二）取得电影公映许可证后变更电影内容，未依照规定重新取得电影公映许可证擅自发行、放映、送展的；

（三）提供未取得电影公映许可证的电影参加电影节（展）的。

第五十条　承接含有损害我国国家尊严、荣誉和利益，危害社会稳定，伤害民族感情等内容的境外电影的洗印、加工、后期制作等业务的，由县级以上人民政府电影主管部门责令停止违法活动，没收电影片和违法所得；违法所得五万元以上的，并处违法所得三倍以上五倍以下的罚款；没有违法所得或者违法所得不足五万元的，可以并处十五万元以下的罚款。情节严重的，由电影主管部门通报工商行政管理部门，由工商行政管理部门吊销营业执照。

第五十一条　电影发行企业、电影院等有制造虚假交易、虚报瞒报销售收入等行为，扰乱电影市场秩序的，由县级以上人民政府电影主管部门责令改正，没收违法所得，处五万元以上五十万元以下的罚款；违法所得五十万元以上的，处违法所得一倍以上五倍以下的罚款。情节严重的，责令停业整顿；情节特别严重的，由原发证机关吊销许可证。

电影院在向观众明示的电影开始放映时间之后至电影放映结束前放映广告的，由县级人民政府电影主管部门给予警告，责令改正；情节严重的，处一万元以上五万元以下的罚款。

第五十二条　法人或者其他组织未经许可擅自在境内举办涉外电影节（展）的，由国务院电影主管部门或者省、自治区、直辖市人民政府电影主管部门责令停止违法活动，没收参展的电影片和违法所得；违法所得五万元以上的，并处违法所得五倍以上十倍以下的罚款；没有违法所得或者违法所得不足五万元的，可以并处二十五万元以下的罚款；情节严重的，自受到处罚之日起五年内不得举办涉外电影节（展）。

个人擅自在境内举办涉外电影节（展），或者擅自提供未取得电影公映许可证的电影参加电影节（展）的，由国务院电影主管部门或者省、自治区、直辖市人民政府电影主管部门责令停止违法活动，没收参展的电影片和违法所得；违法所得五万元以上的，并处违法所得五倍以上十倍以下的罚款；没有违法所得或者违法所得不足五万元的，可以并处二十五万元以下的罚款；情节严重的，自受到处罚之日起五年内不得从事相关电影活动。

第五十三条 法人、其他组织或者个体工商户因违反本法规定被吊销许可证的，自吊销许可证之日起五年内不得从事该项业务活动；其法定代表人或者主要负责人自吊销许可证之日起五年内不得担任从事电影活动的法人、其他组织的法定代表人或者主要负责人。

第五十四条 有下列情形之一的，依照有关法律、行政法规及国家有关规定予以处罚：

（一）违反国家有关规定，擅自将未取得电影公映许可证的电影制作为音像制品的；

（二）违反国家有关规定，擅自通过互联网、电信网、广播电视网等信息网络传播未取得电影公映许可证的电影的；

（三）以虚报、冒领等手段骗取农村电影公益放映补贴资金的；

（四）侵犯与电影有关的知识产权的；

（五）未依法接收、收集、整理、保管、移交电影档案的。

电影院有前款第四项规定行为，情节严重的，由原发证机关吊销许可证。

第五十五条 县级以上人民政府电影主管部门或者其他有关部门的工作人员有下列情形之一，尚不构成犯罪的，依法给予处分：

（一）利用职务上的便利收受他人财物或者其他好处的；

（二）违反本法规定进行审批活动的；

（三）不履行监督职责的；

（四）发现违法行为不予查处的；

（五）贪污、挪用、截留、克扣农村电影公益放映补贴资金或者相关专项资金、基金的；

（六）其他违反本法规定滥用职权、玩忽职守、徇私舞弊的情形。

第五十六条 违反本法规定，造成人身、财产损害的，依法承担民事责任；构成犯罪的，依法追究刑事责任。

因违反本法规定二年内受到二次以上行政处罚，又有依照本法规定应当处罚的违法行为的，从重处罚。

第五十七条 县级以上人民政府电影主管部门及其工作人员应当严格依照本法规定的处罚种类和幅度，根据违法行为的性质和具体情节行使行政处罚权，具体办法由国务院电影主管部门制定。

县级以上人民政府电影主管部门对有证据证明违反本法规定的行为进行查处时，可以依法查封与违法行为有关的场所、设施或者查封、扣押用于违法行为的财物。

第五十八条 当事人对县级以上人民政府电影主管部门以及其他有关部门依照本法作出的行政行为不服的，可以依法申请行政复议或者提起行政诉讼。其中，对国务院电影主管部门作出的不准予电影公映的决定不服的，应当先依法申请行政复议，对行政复议决定不服的可以提起行政诉讼。

第六章　附　则

第五十九条 境外资本在中华人民共和国境内设立从事电影活动的企业的，按照国家有关规定执行。

第六十条 本法自2017年3月1日起施行。

凡　例

一、关于本书的结构

1. 本书按照《中华人民共和国电影产业促进法》的条文顺序，逐条解读。

2. 每个条文基本都按照【基本含义】【立法目的和背景】的编写体例，系统、深入地阐释法律条文的核心要点、条文内容的立法背景和理由。大部分条文还设置了【案例与实践】内容，通过具体案例、具体事件、疑难问题探讨解析等加强对条文的理解和适用。

二、关于本书中的简称

本书中对法律、法规的名称以简称表示，主要简称如下：

1.《中华人民共和国电影产业促进法》简称为《电影产业促进法》或本法；

2.《中华人民共和国电影产业促进法（草案）》简称为《电影产业促进法（草案）》；

3.《中华人民共和国著作权法》简称为《著作权法》；

4.《中华人民共和国商标法》简称为《商标法》；

5.《中华人民共和国专利法》简称为《专利法》；

6.《中华人民共和国刑法》简称为《刑法》；

7.《中华人民共和国行政许可法》简称为《行政许可法》；

8.《中华人民共和国未成年人保护法》简称为《未成年人保护法》；

9.《中华人民共和国个人独资企业法》简称为《个人独资企业法》；

10.《中华人民共和国合伙企业法》简称为《合伙企业法》；

11.《中华人民共和国义务教育法》简称为《义务教育法》；

12.《中华人民共和国侵权责任法》简称为《侵权责任法》；

13.《中华人民共和国消费者权益保护法》简称为《消费者权益保护法》；

14.《中华人民共和国治安管理处罚法》简称为《治安管理处罚法》；

15.《中华人民共和国消防法》简称为《消防法》；

16.《中华人民共和国国民经济和社会发展第十二个五年规划纲要》简称为《国民经济和社会发展第十二个五年规划纲要》；

17.《中华人民共和国民法总则》简称为《民法总则》；

18.《中华人民共和国合同法》简称为《合同法》；

19.《中华人民共和国慈善法》简称为《慈善法》；

20.《中华人民共和国个人所得税法》简称为《个人所得税法》；

21.《中华人民共和国企业所得税法》简称为《企业所得税法》；

22.《中华人民共和国行政处罚法》简称为《行政处罚法》；

23.《中华人民共和国行政复议法》简称为《行政复议法》；

24.《中华人民共和国行政诉讼法》简称为《行政诉讼法》；

25.《中华人民共和国出境入境管理法》简称为《出境入境管理法》；

26.《中华人民共和国立法法》简称为《立法法》。

第一章　总则

本章说明

本章为电影产业促进法的总则，旨在明确本法的立法宗旨、适用范围、指导思想和基本原则等全局性、指导性、原则性内容。

首先，本章明确了电影产业促进法的立法宗旨，即促进电影产业健康繁荣发展，弘扬社会主义核心价值观，规范电影市场秩序与丰富人民群众精神文化生活。指出本法适用的地域范围是中华人民共和国境内，并首次在法律中对电影予以规范性定义。确定了电影活动坚持为人民服务、为社会主义服务，坚持社会效益优先，实现社会效益与经济效益相统一的指导思想。提出了坚持以人民为中心，百花齐放、百家争鸣，尊重和保障创作自由，倡导贴近实际、生活和群众，鼓励思想性、艺术性、观赏性相统一的电影活动创作原则。其次，要求将电影产业纳入国民经济和社会发展规划，制定相关产业政策；鼓励科学技术创新，提出构建电影技术创新体系；要求保护电影知识产权，支持开放电影衍生产品；并规定了电影主管部门在职责范围内负责有关的电影工作；同时提出发展电影行业组织，要求电影从业人员坚持德艺双馨，树立良好形象。最后，特别提出要支持建立电影评价体系，表彰和奖励做出突出贡献的组织和个人；并鼓励促进电影产业国际合作与交流。

本法不仅是中国电影行业的第一法，也是中国文化领域的第一个行业法。它以过去15年中国电影改革发展的经验为实践参照，在依法治国的大背景下，体现了依法治理文化的法治探索，确立了文化领域中电影的产业属性，形成了“管、放、促”三位一体的中国特色，用法律为中国电影的发展保驾护航，对中国电影和中国文化发展都具有里程碑意义。

第一条

【立法宗旨】

为了促进电影产业健康繁荣发展，弘扬社会主义核心价值观，规范电影市场秩序，丰富人民群众精神文化生活，制定本法。

一、基本含义

本条作为开篇，旨在明确《电影产业促进法》在四个层面的立法宗旨，即促进电影产业健康繁荣发展，弘扬社会主义核心价值观，规范电影市场秩序，丰富人民群众精神文化生活。

首先，这是我国第一次从法律层面确立了“电影作为产业”的属性，电影产业是指以电影制作为核心，包括电影的生产、发行和放映以及电影音像产品、电影衍生品、电影院和放映场所的建设等相关产业经济形态的统称。“十三五”规划已将“文化产业成为国民经济支柱性产业”确定为全面建成小康社会的重要目标，而电影产业是其中当之无愧的领头羊。自2002年电影产业化改革以来，我国电影产业取得了长足的进步和巨大成就，无论从电影生产数量还是电影市场规模上看，我国已经成为世界电影大国。中国电影产业的最新数据显示，2016年全国电影总票房为457.12亿元，位居世界第二；2016年我国共生产电影944部，城市院线观影人次为13.72亿；全国新增影院1612家，新增银幕9552块。目前中国银幕总数已达411179块，成为世界上电影银幕最多的国家。《电影产业促进法》的颁布实施，将成为带动我国由世界电影大国向电影强国迈进的重要的制度助推器。

其次，本条对电影产业提出了弘扬社会主义核心价值观的要求。党的“十八大”提出，倡导富强、民主、文明、和谐，倡导自由、平等、公正、法治，倡导爱国、敬业、诚信、友善，积极培育和践行社会主义核心价值观。富强、民主、文明、和谐是国家层面的价值目标，自由、平等、公正、法治是社会层面的价值取向，爱国、敬业、诚信、友善是公民个人层面的价值准则，这24个字是社会主义核心价值观的基本内容。结合电影产业的具体情况，就是要求以优秀的电影作品为载体，倡导、宣传和弘扬社会主义核心价值观。

规范电影市场秩序也是本法的重要目的之一。电影市场秩序，是一个较为广义的概念，包括电影市场管理主体的管理行为、电影市场经营主体的交易行为、电影市场消费主体的购买行为以及电影市场交换客体的数量与质量作用于电影市场及其客观后果的总和。具体而言，这一概念具有五个方面的要素，一是电影市场的管理主体；二是电影市场的经营主体；三是电影市场的消费主体；四是电影市场的交换客体，即电影；五是各种管理行为作用的结果及交换客体对市场的影响。规范电影市场秩序，就是要建立起统一开放、公平竞争的电影市场，针对各种破坏市场秩序的违法行为，本法规定了覆盖全面、层次分明的法律责任，包括行政处罚、行政强制和从业禁止等措施，为查处制造虚假交易、虚报瞒报销售收入等行为提供了充分的法律依据。

最后，本条强调电影产业应当以丰富人民群众的精神文化生活为目标，这符合党的“十八大”报告中所强调的让人民享有健康丰富的精神文化生活，是全面建成小康社会的重要内容。建设社会主义文化强国，必须把满足人民群众日益增长的精神文化需求作为社会主义文化建设的根本目的，做到文化发展依靠人民、文化发展为了人民、文化发展成果由人民共享，切实保障人民群众基本文化权益。电影作为一种深受广大人民群众喜闻乐见的传播广泛的艺术形式，是人民群众精神文化生活的重要组成部分。因此，繁荣的电影产业和优秀的电影作品，是丰富人民群众精神文化生活的重要手段与形式。

二、立法目的和背景

（一）中国文化产业立法进程取得突破进展，电影产业从此有法可依

早在20世纪80年代初，电影界就发出了关于中国电影立法的呼声。2003年电影立法纳入中宣部立法规划，并由原国家广电总局组织起草。2008年经过多次修改后的草案报送国务院法制办，后正式定名为“电影产业促进法”。2011年12月国务院法制办就该法草案面向社会公开征求意见，后又进行了反复多次的调研和修改。2015年9月1日，国务院常务会议通过了法律草案，并决定提请全国人大常委会审议。自2015年以来，全国人大常委会进行了三次审议和两次面向社会公开征求意见，不断调整完善，直到最终通过。

《电影产业促进法》是中国文化产业领域的第一部法律，将长期以来电影产业的成熟经验上升为法律制度，为电影产业未来的持续繁荣发展提供了有力的法制保障。作为我国文化产业领域的第一部法律，该法的出台是我国电影产业发展的里程碑，是全面深化改革在文化领域的突破，是全面依法治国在文化领域的落实。

（二）明确立法主旨，划定法律权利和义务边界

本法的立法目的是划定法律权利和义务边界，为整个电影产业的发展提供良好的社会和法治环境。立法的主旨和方向是电影产业的促进与发展，其突出表现为转变政府管理方式，积极发挥市场在资源配置中的促进作用；充分发挥政府的引导、激励作用，采取多种扶持措施促进电影产业全面发展；既促进产业发展，又保障文化安全；为中国电影在世界舞台上讲好中国故事、传播中华优秀文化提供广阔空间。

本条中所规定的四个层面的立法宗旨——促进电影产业健康繁荣发展、弘扬社会主义核心价值观、规范电影市场秩序、丰富人民群众精神文化生活，在电影领域之前的条例和规定中已经有所体现。《电影管理条例》第一条“为了加强对电影行业的管理，发展和繁荣电影事业，满足人民群众文化生活需要，促进社会主义物质文明和精神文明建设”，体现了我国在初期对于电影行业的立法宗旨。后来在2010年《国务院办公厅关于促进电影产业繁荣发展的指导意见》的总体要求中，强调弘扬社会主义核心价值体系，走中国特色电影发展道路，并且以满足人民群众日益增长的精神文化需求为出发点和落脚点，大力推动我国电影产业跨越式发展，实现由电影大国向电影强国的历史性转变。这些主旨和方向终于在《电影产业促进法》通过后得到了确定和明晰。

三、案例与实践

以美国的电影产业为例，电影是美国重要的支柱产业，美国的电影产业立法在体制上给予了宽松与激励的环境：第一，美国政府针对电影产业在版权方面做出了详尽的立法规定，为影视产业消除了后顾之忧；第二，美国在国家层面和地方层面都为电影产业提供了多级专业机构的支持，诸如美国电影协会、国家艺术捐赠基金会以及地方各州电影办公室等各级专业机构；[①] 第三，美国各州政府对于电影产业采取了诸多优惠的税收扶持政策，涵盖从电影前期准备到后期制作各个环节。美国的电影产业将自由竞争作为准则，在不断拓展市场和适应观众口味的方向上，强调商业与艺术的协调性，使整个产业得到了强劲持久的发展。

在欧洲国家中，英国较为独树一帜，采取产业调整的对策，借鉴美国好莱坞的模式并强调与之互补。英国专门成立了国家电影委员会，为英国电影的投资、发展与合作提供了一系列政策优惠措施，吸引了许多美国好莱坞大片到英国拍摄。其他

① 参见范桂玉：《美国电影产业发展与政府扶持》，《传播与版权》2014年第4期，第138—140页。

欧洲国家则采取保护本民族电影的自我防御与发展措施，资助本国电影业发展。

反观亚洲，印度与日本、韩国等采取了不同的做法。印度的宝莱坞作为世界上最大的电影基地之一，制作了许多混杂歌唱舞蹈、情感、喜剧、惊险场面等不同内容的精彩影片，使印度电影成为世界电影的重要组成部分。而同样处于亚洲的日本、韩国则实施了国际化特色与本土化相结合的电影经济和文化政策，采取了强有力的文化保护和政府资助措施。一方面，日韩两国将其富有本土文化特色的电影向中国等亚洲国家出口；另一方面，日韩利用经济和技术优势，生产了许多着力突破本土局限的电影作品，例如已风靡全球的日本动画片和韩国爱情片。

对于中国的电影产业而言，在全球化背景下，如何在保持本国特色的前提下借鉴他国的宝贵经验，是一个值得深入思考的问题。

第二条

【适用范围】

在中华人民共和国境内从事电影创作、摄制、发行、放映等活动（以下统称电影活动），适用本法。

本法所称电影，是指运用视听技术和艺术手段摄制、以胶片或者数字载体记录、由表达一定内容的有声或者无声的连续画面组成、符合国家规定的技术标准、用于电影院等固定放映场所或者流动放映设备公开放映的作品。

通过互联网、电信网、广播电视网等信息网络传播电影的，还应当遵守互联网、电信网、广播电视网等信息网络管理的法律、行政法规的规定。

一、基本含义

本条是关于《电影产业促进法》适用范围的规定。

第一款明确了本法适用于中华人民共和国境内的电影活动。本款中的中华人民共和国境内目前是指除香港特别行政区、澳门特别行政区以及台湾地区之外的中华人民共和国领土。香港特别行政区、澳门特别行政区以及台湾地区由于历史遗留问题实行不同于中国大陆的政治和经济制度，因此本法的适用范围不包括此三个区域。本法在空间效力上，适用于中国大陆所及的全部领域，包括领土、领水及其底土和领空以及作为领土延伸的本国驻外使馆、在外船舶及飞机。

另外，本款指明的电影创作、摄制、发行、放映活动均属于本款所称电影活动的范畴，但是，本法所调整的电影活动并未囊括一切种类的电影活动，例如电影产业的进出口活动即未涵盖在内。电影创作活动是指对生活素材进行加工提炼，构思出人物和情节，并组织成电影形式的过程；电影摄制活动是指运用电影摄影工具把客观事物及其运动记录下来的过程；电影发行活动是指电影的出售和出租活动；电影放映活动是指将电影载体上记录的形象和声音通过技术手段予以还原表现的活动。

本条第二款在法律中首次对电影予以规范性定义。本法所称电影，是指运用视听技术和艺术手段摄制、以胶片或者数字载体记录、由表达一定内容的有声或者无声的连续画面组成、符合国家规定的技术标准、用于电影院等固定放映场所或者流动放映设备公开放映的作品。本法所称的“电影”不包括网络大电影、影视专业院校学生的毕业作品和长片等影片类型。此处所说的“公开”，其意为开放且面向公众，注意不要将其与“不特定”相混淆，例如，电影的点映一般是指针对特定影院的特定观众的放映活动，但其性质仍属于开放且面向公众的放映活动，便属于本法所定义的公开放映的作品。

本款中的胶片是由感光乳剂涂布于透明柔韧的片基上制作而成的，为制作影片所使用的感光材料的总称，包括电影摄影所用的负片、印拷贝所用的正片、复制所用的中间片和录音所用的声带片等，贯穿电影制作整个过程的不同环节。而数字载体是存储以数字形式存在并通过网络等手段传播的图像、文字、影音等内容的载体，如光盘、硬盘等。

另外，本款中的放映场所是指包含电影院和院线在内的为放映电影而建造的场所。除了院线体系持续自我更新和发展之外，我国目前还出现了诸如中国艺术电影放映联盟等新兴形式。电影放映场所需要取得由县级电影行政主管部门依法核发的《电影放映经营许可证》，以取得从事电影放映活动的资格。

第三款由于互联网、电信网、广播电视网等信息网络传播电影具有特殊性，相应的管理属于广播电视主管部门、电信主管部门等其他行政机关的职权范畴，因此本条规定通过互联网、电信网、广播电视网等信息网络传播电影的，还应当遵守与之相关的法律与行政法规的规定，例如《互联网著作权行政保护办法》《互联网视听节目服务管理规定》《广电总局关于加强互联网视听节目内容管理的通知》《互联网视听节目服务业务分类目录（试行）》等。

二、立法目的和背景

（一）在“境内”“境外”范围界定的基础上，加强与港澳台的合作

本法所称“中华人民共和国境内”范围目前是指除香港特别行政区、澳门特别行政区以及台湾地区之外的中华人民共和国领土。与此相应，“境外”一词的范围即为其他国家与港澳台地区。在我国现行电影管理体制下，外资和港澳台资本很难进入内地电影市场。具体而言，在我国《外商投资指导目录》中，“电影制作公司、发行公司、院线公司”至今仍属于“禁止外商投资产业目录”的范畴。因此，在实质上，“境内”“境外”的法律界定将中国内地的电影产业与外国和港澳台地区在法律层面上隔绝开来。

在此情况下，如何加强合作成为重要议题。就电影部门而言，在内地与港澳的《关于建立更紧密经贸关系的安排》“附件四”中存在关于电影院服务、华语影片和合拍影片的承诺。关于华语影片，其规定，根据香港、澳门特别行政区有关条例设立或建立的制片单位所拍摄的、拥有75%以上的影片著作权，且该影片主要工作人员组别中香港居民应占该组别整体员工数目的50%以上的华语影片，经内地主管部门审查通过后，不受进口配额限制在内地发行。并且，在《关于建立更紧密经贸关系的安排》“补充协议二”中将香港制片单位拥有的影片著作权比例降低为50%。另外，在与台湾的《海峡两岸经济合作框架协议》中，大陆承诺“允许大陆电影片及合拍片在台湾进行后期制作及冲印作业”。因此，虽然为“境内”“境外”

的法律界定所影响，这些特别规定却意味着港澳台地区在电影产业中比其他国家具有更加优越的地位。

（二）明确电影的定义，对我国电影产业具有重大意义

电影的定义与电影史变革息息相关。自1895年由法国摄影师路易·卢米埃尔在巴黎一家咖啡馆用活动电影机举行首次放映而标志着电影诞生以来，电影已经经历了从无声到有声，从黑白到彩色以及进入高科技数字时代的三次变革，每次变革都与现代科技的发展密切相关。1927年，电影《爵士歌王》标志着有声电影时代的来临，电影由单纯的视觉艺术发展成视听相结合的艺术，实现了电影史上的第一次变革。1935年，世界上第一部彩色故事片《浮华世界》诞生，彩色胶片的发明使得电影由黑白变为彩色，完成了电影史上的第二次变革，电影艺术进入了完善成熟的时期。后来，随着20世纪80年代以来计算机技术的飞速发展，电影进入了数字化时代，实现了电影技术的升级，完成了电影史上的第三次变革。

电影与电影活动的范畴随科技发展而不断变化。早在《电影管理条例》第二条中便有对于电影范畴的规定，即中华人民共和国境内的故事片、纪录片、科教片、美术片、专题片等电影片的制片、进口、出口、发行和放映等活动。这一规定在本条中得到了全面而详细的更新，这是基于电影发展史的几十年变革，并且结合中国特色而作出的对电影概念的规范性权威定义，对于我国电影产业具有重大意义。

（三）与时俱进，关注互联网等信息网络传播电影的特殊性

就我国电影产业的当前现状而言，互联网渗透电影整个产业链，改变着电影的生态。从投资方、生产制作方到发行渠道方和放映院线方，都在运用互联网推动产业全面快速发展。具体而言，不管是与产业链直接相关的投融资环节的众筹，制作环节的大数据分析，营销发行环节的互联网营销，放映环节的网络放映，还是后产

业链环节的互联网跨界拓展、衍生品开发等各个环节，互联网无处不在。除此之外，由于互联网的作用，还出现了网络大电影等新生事物。

电影产业作为文化创意产业，必定会因互联网的推动作用而更加强大，互联网将直接导致电影活动范畴的不断扩张与发展，也势必会进一步在数量和质量上改变中国的电影产业。

三、案例与实践

在中国电影产业持续蓬勃发展的当下，电影放映场所也处在不断发展之中，出现了许多与传统院线不同类型的新兴电影放映场所，诸如电影街、艺术影院和社区影院等，这些新兴场所各有特点。电影街致力于打造创新电影文化，建立主题式影院，创设复合式、多元化的特色影院。在艺术影院中，除了可选择的不同类型和观影方式的电影之外，还有许多相关的娱乐和主题活动，是以电影为纽带的综合电影艺术主题社区。另外，社区影院以其有效减少观影成本、接近居民的特点，以社区生活圈为中心发展社区消费，将影院与社区本地化相结合。

除了新兴的放映场所之外，还出现了一些崭新的形式，例如中国艺术电影放映联盟。这是由中国电影资料馆、华夏电影发行有限责任公司、上海暖流文化传播有限公司、万达电影院线股份有限公司、百老汇电影中心、北京微影时代科技有限公司六家发起单位于2016年10月15日发布《联盟共同宣言》而正式启动的。中国艺术电影放映联盟这样的形式有助于将真正有艺术价值的电影推向市场，形成艺术电影体系的良性循环。

第三条

【指导思想】

从事电影活动，应当坚持为人民服务、为社会主义服务，坚持社会效益优先，实现社会效益与经济效益相统一。

一、基本含义

本条是关于从事电影活动指导思想的规定。

首先，“为人民服务、为社会主义服务”是社会主义文化艺术事业发展的正确方向，简称为“二为”方向。为人民服务，就是要满足广大人民群众日益增长的精神文化需求。具体到电影领域，电影工作者要表现人民的现实生活，反映人民的意愿和要求，在艺术上精益求精，力求把最好的精神食粮贡献给人民。电影为人民服务包含两重含义：其一，电影应当反映和表现人民群众火热的生活；其二，电影应当注重民族风格、民族气派，为人民所喜闻乐见，能够起到教育人民、鼓舞人民、愉悦人民的作用。为社会主义服务，就是要求电影反映社会主义的本质特征和时代精神，表现社会主义伟大实践中的人物和事件，净化人的灵魂，陶冶人的情操，激励人民群众为社会主义现代化建设而努力奋斗。

其次，在电影活动中应当坚持社会效益优先，实现社会效益与经济效益相统一。电影产业作为推动市场经济的产业之一，经济效益是其天然的追求；而电影产业本身所具有的文化价值，决定其伴随着社会效益，两者具有辩证统一的关系。在电影活动中坚持社会效益优先，就是要始终坚持正确的电影文化立场，推出更多思想性、艺术性、观赏性俱佳的电影产品，提供更多有意义、有品位、有市场的电影服务，切实发挥电影引领风尚、教育人民、服务社会、推动发展的作用。实现社会效益与经济效益相统一，是指在坚持电影产业社会效益优先的前提下，积极追求利润最大化，实现电影产业的持续健康发展。

二、立法目的和背景

（一）为人民服务、为社会主义服务

《电影管理条例》第三条中也提出，“从事电影片的制片、进口、出口、发行和放映等活动，应当遵守宪法和有关法律、法规，坚持为人民服务、为社会主义服务的方向”。“为人民服务、为社会主义服务”，不仅是对文艺工作者思想与道德水平的要求，还是对文艺工作者艺术水平的要求。它要求文艺工作者把对人民群众的思想感情和对社会主义本质与规律的认识，融入自我世界观、价值观、审美观和艺术感觉之中，创作出思想性和艺术性高度统一的为人民服务和为社会主义服务的作品。坚持“二为”方向决定了文化艺术事业的发展始终要把社会效益放在首位。提倡与反对的内容都必须从人民的利益出发，从有利于社会主义事业发展的要求出发。对于那些违背“二为”方向的不健康文化，进行坚决反对和抵制；对于宣传封建迷信，传播黄色、淫秽的文化垃圾，必须取缔。“二为”方向的提出，不仅具有重大的理论意义，而且具有重要的实践意义。它不仅明确了文艺的性质、方向和文艺工作者的历史责任，而且保障了服务对象是最广大的人民群众，为文艺的繁荣发展提供了广阔的天地。

（二）坚持社会效益优先，实现社会效益与经济效益相统一

“坚持社会效益优先，实现社会效益与经济效益相统一”在《国务院办公厅关于促进电影产业繁荣发展的指导意见》和《国家广电总局关于加快电影产业发展的若干意见》中被反复强调。中央对文化改革发展中坚持把社会效益放在首位、实现社会效益和经济效益相统一问题始终高度重视。中央领导明确指出，要把握好意识形态属性和产业属性、社会效益和经济效益的关系，坚持社会主义先进文化前进方向，把社会效益放在首位。无论改什么、怎么改，导向不能改，阵地不能丢。好的电影作品，应该是把社会效益放在首位，同时也应该是社会效益和经济效益相统一的作品。文艺不能当市场的奴隶，不要沾满了铜臭气。

近年来，随着电影产业的迅猛发展和电影市场的日益繁荣，如何健全确保电影企业把社会效益放在首位、实现社会效益和经济效益相统一的体制机制，已成为加快推动文化改革发展的重大课题，成为衡量文化体制机制创新成效的重要标准。可以说这个问题处理得好，就可以把握文化改革发展的正确方向，使文化企业在社会主义市场经济环境下既把牢导向又持续健康发展；在这个问题上出现含糊就会偏离改革初衷，背离文化改革发展的基本原则。

三、案例与实践

近年来，在电影产业迅猛发展过程中出现了重经济效益、轻社会效益的现象，过度渲染拜金主义和个人主义。以新近出现的网络大电影为例，在相当长的一段缺乏规制的时期里，出现了大量充斥猎奇、暴力、色情等内容的影片。

2016年11月初，广电总局第一次针对网络大电影进行全面整治，将《大风水师》《消灭大学生》《催乳大师》《超能太监之黄金右手》《绝色之战》等60多部网络大电影下架，打击面广泛，涉及封建迷信、暴力色情、同性恋等众多题材。《互

联网视听节目服务管理规定》明确要求，从事互联网视听节目服务，应当坚持为人民服务、为社会主义服务，坚持正确导向，把社会效益放在首位，建设社会主义核心价值体系，遵守社会主义道德规范，大力弘扬体现时代发展和社会进步的思想文化，大力弘扬民族优秀文化传统。因此，电影产业要始终坚持“二为”方向和社会效益优先的原则，实现社会效益和经济效益相统一。

第四条

【创作原则】

国家坚持以人民为中心的创作导向，坚持百花齐放、百家争鸣的方针，尊重和保障电影创作自由，倡导电影创作贴近实际、贴近生活、贴近群众，鼓励创作思想性、艺术性、观赏性相统一的优秀电影。

一、基本含义

本条是关于电影创作活动的基本原则的规定。

首先，电影创作的导向是以人民为中心。第一，这就要求电影活动创作者在创作电影时树立以人为本、服务大众的目标，电影创作应服务社会和大众，着眼于保障人民群众基本文化权益，满足人民群众多层次、多方面、多样性精神文化需求，着力于丰富产品，引导消费和繁荣市场。第二，在创作电影活动时要求电影活动创作者面向人民群众、面向人民群众的实际生活。人民是创作历史的真正动力，生活是文艺创作的源头活水。电影活动创作者只有在了解人民、认识人民、深入人民、关注人民的基础上，才能创作出贴近实际、贴近生活、贴近群众的为人民大众喜闻乐见的优秀电影。脱离人民群众的电影犹如无根之木、无源之水，是不可能长久存在下去的；凭空想象的电影创作不是创新的电影作品，而是脱离实际、脱离生活、脱离群众的电影创作者的主观臆想。所以电影创作者应当着眼于保障人民群众基本文化权益，满足人民群众多层次、多方面、多样性精神文化需求，着力于丰富产品，引导消费和繁荣市场。

其次，坚持百花齐放、百家争鸣的“双百”方针。毛泽东同志第一次明确把“百花齐放，百家争鸣”作为繁荣社会主义科学文化的方针提出来，是在1956年4月28日中央政治局扩大会议上。他说：“艺术问题上的百花齐放，学术问题上的百家争鸣，我看应该成为我们的方针。”这是社会主义革命时期对文化建设格局提出的要求，在当今中国文化建设繁荣时期，更应该坚持“双百”方针。在电影创作活动中鼓励“百花齐放”，就是在坚持社会主义核心价值的基础上，鼓励创作出多层次、多样式、多内容的电影作品。在电影产业领域，营造积极、健康、宽松、和谐、自由的创作氛围，提倡体裁、题材、形式、手段多样性，以促进电影作品的创新，激发电影创作的活力。在电影创作活动中鼓励“百家争鸣”，就是在电影创作领域发扬文艺创作民主自由的精神。电影创作作品是面向人民、面向国内外市场的，在宽松的文艺创作环境当中要允许并鼓励电影创作者创作出形式、内容、风格、流派不同的电影作品，拒绝形式单一、内容单一、流派单一、技术单一的电影作品。只有坚持“双百”方针，给电影创造者营造出民主、自由的创作氛围，才能更好地促进电影产业繁荣发展，使中国电影精品不断涌现，人才结构发生改变，社会效益和经济效益取得双丰收。

第三，尊重和保障电影创作自由。这是对电影产业的管理部门与电影产业的自治组织提出的要求，是对电影创作活动者自由创作的一个保障。尊重电影创作自由，就要求电影产业的管理部门与相关组织为电影活动创作者提供一个宽松的创作环境，在不违背社会主义核心价值观的基础上，在坚持以人民为中心的创作导向下，不干预电影创作者的创作活动，鼓励电影活动创作者发挥其创作自主性，由此可以激发电影创作者的创作热情，积极创作优秀的电影作品，促进电影产业市场的繁荣。保障电影创作自由要求电影产业的管理部门与相关组织为电影创作自由提供保护，建立开放活跃的电影产业市场。

第四，倡导电影创作贴近实际、贴近生活、贴近群众，即“三贴近”原则。贴近实际，就是坚持立足于社会主义初级阶段这个最大的实际，把回答和解决实践提出的重大课题作为中心任务，使宣传思想工作更好地体现时代性、把握规律性、富于创造性。贴近生活，就是深入到火热的现实生活中，关注生活中的重大问题，使宣传思想工作充满生活色彩，富于生活气息，反映生活本质。贴近群众，就是深深扎根于群众之中，把握群众脉搏，了解群众愿望，说群众想说的话，使宣传思想工作可亲可信、深入人心。“三贴近”是一个相互联系的有机整体。实际是社会生活的实际，人民群众的生活实际；生活是丰富多彩的实际生活，人民群众的实际生活；群众是社会实践中的群众，实际生活中的群众。实际是根基，生活是源泉，群众是出发点和落脚点。

第五，鼓励创作思想性、艺术性、观赏性相统一的优秀电影，简称“三性统一”原则。思想性要求电影活动创作者在创作过程中在植根于生活、面向群众的基础上，要有自己的思想，创作出的作品才是具有独一无二的创作者思想的作品。艺术只有贯注了思想、蕴涵了精神，才具有真正的价值和意义。价值立场从根本上决定着作品的思想穿透力和影响力，决定着作品的品格和境界。另外，真、善、美是艺术的永恒主题，是影视作品展现社会主义核心价值体系的基本着力点。优秀的影视作品应当充满对人类的博大关爱、对美好情感的热情赞颂、对幸福生活的执着追求，发挥塑造美好心灵、培养道德情操、引领社会风尚的重要作用。艺术性强调对电影创作活动质量的要求。电影产业作为一个文化产业，电影活动作为一个文化活动，艺术性是其自身产业、自身活动最基本的价值观。这就要求电影活动创作者运用专业的创作技术与技巧，通过对现实生活的观察、体验、研究、分析，选择、提炼生活素材，创造出具有艺术性的电影作品。拒绝某些只追求票房而忽视电影作品本身艺术性的电影制作，粗制滥造的电影是电影产业的毒瘤，是对人民群众的不尊重，是对电影这一艺术作品本身的破坏。观赏性是从广大观影群众的角度出发的。电影作品的观赏性强不强，是对电影作品本身的一种评价。这就要求电影创作者以人民为导向，贴近生活、贴近实际，在生活中去寻找创作素材，在创作中升华素材，创造出人民群众喜闻乐见的，具有一定观赏性的电影作品。

二、立法目的和背景

以人民为中心的创作导向，百花齐放、百家争鸣的“双百”方针，尊重和保障电影创作自由，倡导电影创作贴近实际、贴近生活、贴近群众的“三贴近”原则，鼓励创作思想性、艺术性、观赏性相统一的优秀电影的“三性统一”原则，是本法所规定的电影创作原则。这五大电影创作原则也在其他立法中被提及和强调。

《中华人民共和国宪法》第四十七条对鼓励创作予以原则性的规定，“国家对于从事教育、科学、技术、文学、艺术和其他文化事业的公民的有益于人民的创造性工作，给以鼓励和帮助”。国务院办公厅《关于促进电影产业繁荣发展的指导意见》，强调按照高举旗帜、围绕大局、服务人民、改革创新的总要求，牢牢把握正确导向，基本原则要求坚持以人为本、服务大众。国家广电总局《关于加快电影产业发展的若干意见》，在我国电影产业发展的形势和任务中提出坚持面向群众、面向市场，强调多出优秀作品，多出优秀人才，不断满足广大人民群众的精神文化需求，全面推进中国特色社会主义电影产业的现代化建设。以上规定充分体现了在电影创作活动中坚守创作原则的重要性。

电影创作在满足大众文化需求的同时，应避免过度娱乐、伦理无度的倾向，要真正在电影创作过程中坚守五大电影创作原则，为电影守住基本的文化底线。在电影走向多样化的当下，为电影创作提供宽松自由的创作环境，营造鼓励创新的开放体系，为电影生产和创作的多样性提供有力的市场支持和引导，是中国电影从市场繁荣迈向创作繁荣的必要条件。

三、案例与实践

（一）电影创作应当坚守原则，追求卓越

电影《杨善洲》于2011年出品，以原保山地委书记杨善洲为其创作原型，真实再现了其一心为民的感人事迹，歌颂了优秀的共产党员，弘扬了时代精神，表现了时代主旋律。这部电影从现实生活当中寻找原型，弘扬了积极的时代主流思想，不仅艺术地再现了杨善洲可歌可泣的先进事迹，还为观影者提供了有关生命意义及其价值等多方面的思考。

电影《百鸟朝凤》是一部中国特色十分鲜明的具有情怀的电影，讲述了一个关于唢呐和艺术传承的故事。唢呐作为中国一种久远的民间艺术，承载着中国人数辈的生活技术。这部电影符合习近平总书记反复强调的要加强对中华优秀传统文化的继承和阐发。《百鸟朝凤》导演吴天明呕心沥血，在72岁高龄时创作了这部电影。黄建新导演这样评价他："吴天明用'一个年轻生命的成长'与'一个生命的消亡'交叉来表现了一种精神世界。这个精神世界是他的，又是全人类的。电影到了这个份儿上，才是真正的大师。"这部电影体现了中国人民群众的生活，体现了创作者对于艺术的追求、对生活的热爱，是一部思想性、艺术性、观赏性极强的优秀电影。

（二）规范艺术创作，划清权力与艺术的边界

许多电视剧的拍摄为迎合观众和市场而追逐热点，而国家广电总局具有针对过度开采某些题材而数量泛滥的电视剧进行适度管理和播出干预的职责。在2004年，广电总局曾对反腐剧和涉案剧进行整顿；在2010年，广电总局曾对跟

风《潜伏》一剧的谍战剧、翻拍金庸剧以及四大名著等乱象进行整治。这一跟风的创作现象不利于艺术创作质量的提高，有悖于艺术规律，而广电总局的干预恰恰规范了这一现象。

而在2013年，国家广电总局出台“限唱令”，对歌唱选拔节目实施总量控制、分散播出的规定。除了《中国梦之声》《中国好声音》和《大地飞歌》三个节目之外，其他诸多节目被延期、取消或停播。这一规定导致许多已经制作完成的节目无法播出，给某些地方卫视带来了巨大的经济损失。权力对于艺术创作的规制是一把双刃剑。一方面，权力通过对艺术创作的适当引导和干预可以规范和优化艺术创作；另一方面，过度的规制会直接限制艺术创作的自由。要减少对于艺术创作的不当干预就必须遵循艺术规律，划清权力与艺术的边界，才能出现真正的艺术大师和经典作品。

第五条

【发展规划与产业政策】

国务院应当将电影产业发展纳入国民经济和社会发展规划。县级以上地方人民政府根据当地实际情况将电影产业发展纳入本级国民经济和社会发展规划。

国家制定电影及其相关产业政策，引导形成统一开放、公平竞争的电影市场，促进电影市场繁荣发展。

一、基本含义

本条是关于将电影产业发展纳入国民经济和社会发展规划以及制定电影及相关产业政策的规定。

第一款中的国民经济和社会发展规划是经济、社会发展的总体纲要，是具有战略意义的指导性文件，统筹安排和指导全国或某一地区的社会、经济、文化等方面的建设工作。在国民经济发展转型的关键时期，将电影产业发展纳入国民经济和社会发展规划体现了国家对电影产业的重视，这一举措使电影等文化产业在推动我国经济转型进程中起到更加重要的作用。

第二款中的电影及其相关产业政策，作为文化政策的重要组成部分，是政府利用宏观调控职能对于电影行业进行公共管理的重要举措，以保障电影行业合理有序地发展。电影产业的快速发展与国家的各项产业政策密切相关，产业政策的出台意味着国家已经把电影产业的发展提到战略的高度，以促进中国电影产业的发展。

另外，建设统一开放、公平竞争的市场是使市场在资源配置中起决定性作用的基础。减少政府对经济活动的干预，更好地发挥市场配置资源的决定性作用；清除地方保护和市场壁垒，加快形成全国统一市场；深化要素市场改革，促进资源在更大范围优化配置；打破行业垄断，创造市场主体公平竞争的环境。

二、立法目的和背景

中国电影产业进入了一个新的发展时期，不仅为人民提供精神需求，也为我国经济发展做出巨大贡献。在2012年到2015年期间，我国电影市场的票房收入分别为170.73亿元、217.69亿元、296.39 亿元和 440.69 亿元，其中，2015年我国电影市场票房收入比2014 年增长了 49%。据统计，2013 年，全国新增银幕 5,077 块，平均每天新增 13.9 块银幕，是 2012 年增长速度的 1.32 倍。2014 年，我国银幕总数为 23,592 块，平均每天新增 14.78块，是 2013 年增长速度的1.06 倍。2015 年末，我国银幕总数已达到31,627 块。① 电影产业由此从传统的文化产业逐步转变为拉动内需、促进就业、推动国民经济增长的重要产业。

在大力发展电影产业的方向指引下，我国在近五年内出台了超过20部相关政策，如2013年的《关于加强海峡两岸电影合作管理的现行办法》，2014年的《关于支持电影发展若干经济政策的通知》《关于继续实施支持文化企业发展若干税收政策的通知》，2015年的《国家电影事业发展专项资金管理办法》等。电影相关产业政策降低了电影行业准入门槛，大量资本涌入电影行业的各个环节，电影产业链明显完善，电影行业阵容迅速扩大，国家扶持政策效果显著。产业政策切实推动了电影产业的发展，活跃了电影产业的生产力。

①《2016年我国电影行业供求状况及变动情况分析》，中国产业信息网，http://www.chyxx.com/industry/201607/433953.html，访问时间：2017年3月28日。

三、案例与实践

在传统国民经济和社会发展规划中，能源、冶金、化工、轻纺、机械、汽车、建材及建筑等产业为国家战略层面的传统型支柱产业。国家以这些产业的发展方向为重点，运用政策性手段进行引导，取得了长足的进步。近年来，特别是“十三五”规划纲要提出，“十三五”期间要实现“公共文化服务体系基本建成，文化产业成为国民经济支柱性产业”的目标，表明中央在“十三五”时期大力推进文化产业发展的决心和信心。电影产业作为文化产业的重要组成部分，成为国家和地方各级政府着力提升和推动的新兴产业。

青岛市政府近年来以“影视产业硅谷”为目标，全力打造项目总投资超过1500亿元的世界第一大影视产业基地——灵山湾影视文化产业区，其中以总投资500亿的万达东方影都为代表。影视产业大力助推升级了青岛的产业结构。2016年青岛市“十三五”规划提出五年来，“转、调、创”取得明显成效，灵山湾影视基地等事关青岛长远发展的骨干大项目加快实施，十个服务业千万平方米工程成效显现，产业转型升级迈上新台阶，服务业比重首次超过50%。在未来五年，青岛发展仍处于可以大有作为的重要战略机遇期，要求服务业比重进一步提升，提出建设国内重要的区域性服务中心，基本建成具有国际影响力的区域性经济中心城市的目标。

第六条

【技术创新】

国家鼓励电影科技的研发、应用，制定并完善电影技术标准，构建以企业为主体、市场为导向、产学研相结合的电影技术创新体系。

一、基本含义

本条是关于鼓励电影科学技术创新，构建电影技术创新体系的规定。

电影科技是指包括前期拍摄中的画面的运动、照明、焦点、曝光控制、色彩控制、素材管理等诸多方面，后期制作中的低中高端技术、视觉效果制作技术和立体与特种电影制作技术、放映技术、存储与流程管理技术等科技。

根据中华人民共和国国家新闻出版广电总局电影技术标准的规定，电影技术标准包括电影后期制作素材的交换，16mm 电影负片光学声迹的位置和尺寸，35mm 和 16mm 电影发行影片字幕最大可允许区域的位置和尺寸，16mm 电影发行影片上画面和光学声迹的位置和尺寸，供电视播放用影片安全画面范围的位置和尺寸，电视用彩色电影拷贝和幻灯片的密度规范，35mm 和 16mm 电影发行拷贝片头和片尾的技术规格，摄影用标准灰板、色板的技术规范等技术标准。

本条还提出建立电影技术创新体系，要求电影产业领域进行基础性、战略性和前瞻性的新技术研发和应用，以企业为主体、市场为导向、产学研相结合，构建涵盖电影制作、发行、放映、存储、监管等环节应用的电影技术创新体系。以企业为主体意味着要突出企业的主体地位，推动创新政策、资源与人才不断向企业集聚，使企业真正成为科技创新的投入者、科技成果的吸纳者、高新成果的创造者和产业技术的引领者。以市场为导向要求明确市场的重要性，时刻关注市场的发展与变化，并作出相应技术调整与转变。产学研相结合是指生产、教育和科研的协同与集合，将技术创新上、中、下游进行对接。这一体系的构建将有助于电影产业在科学技术层面的体系发展。

二、立法目的和背景

（一）加强电影科技创新，推动电影产业发展

在当下电影行业中，电影技术成为衡量影片质量的重要指标，直接影响着电影的经济效益。而数字电影作为未来电影行业的主要发展方向，仍然需要不断研究和创新。只有加强电影科学技术的研究，构建电影创新体系，提高电影艺术效果，才能有效地推动电影产业的发展。

（二）全面落实具体措施，构建电影技术创新体系

在当下技术飞速发展的时代背景下，电影科学技术创新日新月异，电影技术创新体系的构建势在必行。《国务院办公厅关于促进电影产业繁荣发展的指导意见》和《国家广电总局关于加快电影产业发展的若干意见》就电影产业发展目标提出了具体要求和措施。

这些要求和措施包括，积极推动科技创新，显著增强科技支撑作用。鼓励开展电影产业领域基础性、战略性和前瞻性的新技术研发和应用，加强电影科技研发和质量检测工作，建立健全技术标准体系和技术服务监管平台，努力构建以企业为主

体、市场为导向、产学研相结合的电影技术创新体系，鼓励电影技术企业开展电影技术研发和基础设施设备改造。

三、案例与实践

（一）内蒙古呼伦贝尔市与中影数字电影制作基地进行电影数字化合作

近年来，数字电影领域发展迅猛。中影集团电影数字制作基地是目前亚洲最大的数字创作基地和虚拟棚摄影基地。2017年2月27日，为了建设呼伦贝尔民族文化影视基地项目，加快内蒙古经济结构的转型升级，呼伦贝尔市与中影电影数字制作基地有限公司签署战略合作协议，签约88项重大项目，总投资额达4020亿元。

在电影数字化方面，国家提出实施电影数字化发展规划，大力推广数字技术在电影制作、发行、放映、存储、监管等环节的应用。就具体措施而言，要求大幅提高电影数字化技术装备水平，明显改善电影制作加工质量，在电影数字化转换、修护、存储、传输、放映，动画软件开发等方面取得重大进展。提高国家中影数字电影制作基地的经营管理水平，形成集约化生产能力。引进消化吸收国际先进技术，加强自主创新，加快完善符合我国电影产业发展要求的数字电影标准体系，提高电影数字设备国产化水平。研究开发数字电影技术服务体系，加快建设全国和省级电影数字化服务监管平台，完善数字电影流动放映，数字电影放映的市场服务和技术监管系统。加快研发网络实时监控系统技术，完善数字化分发和接收系统。抓紧实施资料影片数字化修护工程，加快数字影片节目库的建设和利用。

（二）李安导演拍摄120帧电影，推动电影产业技术更新

自电影诞生以来，每秒24帧的设定已经作为主流技术的参数设置而沿用至今。但这并不是技术范畴内的最佳选择，而是一个沿用至今的妥协结果，这一参数在摄制过程中也常常受到限制。著名武打影星李小龙就曾在拍摄打戏时由于摄影机在24帧的拍摄下无法完全捕捉其迅捷的武打动作，而被要求减慢动作速度。

技术是不断发展的，李安导演的2016年新作《比利·林恩的中场战事》以每秒120帧的高频帧技术格式进行拍摄。120帧电影要求特殊的摄影机、全新的剪辑软件、全套顶级的放映设备等一系列浩大工程。而在谈到其深层想法时，李安认为，清晰本身成为一种美感，这使观众能直接从人物的眼神中看到他的灵魂。这部影片，作为绝佳的技术实验品，包括战争宏大场面和情感细腻动人两种场景，能够从宏观上和微观上同时反映高频帧电影的优越之处。在这样的高帧数电影中，丰富的动作和表演细节得以完全呈现。电影的发展从默片到有声，从黑白到彩色，又从胶片到数字，每次革命都源于技术的革新。李安作为第一个将120帧电影由理论变为现实的人，身体力行地尝试将电影技术推向一次新的革命。

第七条

【电影知识产权保护】

与电影有关的知识产权受法律保护，任何组织和个人不得侵犯。

县级以上人民政府负责知识产权执法的部门应当采取措施，保护与电影有关的知识产权，依法查处侵犯与电影有关的知识产权的行为。

从事电影活动的公民、法人和其他组织应当增强知识产权意识，提高运用、保护和管理知识产权的能力。

国家鼓励公民、法人和其他组织依法开发电影形象产品等衍生产品。

一、基本含义

本条是关于保护电影知识产权和支持开发电影衍生产品的规定。

第一款规定了保护与电影有关的知识产权。知识产权是指人们基于自己的智力活动创造的成果和经营管理活动中的经验、知识而依法享有的权利。① 知识产权是一种无形财产权，具有专有性、精神和财产双重属性、时间性、可复制性的特点。与电影有关的知识产权包括著作权、商标权和专利权。相关立法保护的具体规定见《著作权法》《商标法》《专利法》《信息网络传播权保护条例》《互联网视听节目服务管理规定》《互联网著作权行政保护办法》等行政法规和部门规章在内的法律保护体系。电影作品的权利源于编剧、摄影、导演、创作、作词、作曲等作者的合力创作。其著作权，也被称为版权，由著作权人或版权登记人享有；商标权由商标权

① 参见吴汉东:《知识产权法》，北京大学出版社1998年版，第1页。

利人享有；专利权主要表现在电影技术方面，如电影摄影机、电影放映机、电影制作技术等，该权利归属于专利权人，主要是技术发明者。

第二款规定了县级以上人民政府负责知识产权执法部门所拥有的职责。此处所说的执法是指由国家行政机关等依照法定的职权和程序行使职权，贯彻实施法律、法规、规章等的活动。负责知识产权执法的部门具体是指知识产权局、工商行政管理局系统、版权局系统、新闻出版系统、文化部及其所属文化执法大队等，这些部门负责查处知识产权侵权与违法行为，维护当事人的知识产权利益，为电影市场的健康发展保驾护航。

第三款规定，除了知识产权执法部门采取措施之外，从事电影活动的公民、法人和其他组织也应当主动提高其知识产权意识，合理运用、保护和管理已有的知识产权成果。提高知识产权意识，有助于从根本上整合与规范电影相关的知识产权，避免行业内部无序的、恶意的竞争。

第四款所说的电影形象产品等衍生产品，是指根据影片里的角色人物、场景、道具、标识等开发的产品，以电影品牌为核心，形成电影上、中、下游完整的产业链，可延及包括电影、电视、出版、网络、演绎、数字媒体、广告、轻纺工业、旅游等众多领域，包括衍生电影、玩具、服装、饰品、广告、文学及音像出版物、电影人物雕塑、日用品、邮票发行、游戏、主题公园等内容。

二、立法目的和背景

（一）保护与电影有关的知识产权，助推电影产业繁荣与发展

电影产业要达到良性循环与持续发展的目标，最根本的法律保障是加强知识产权保护。没有知识产权的保护，电影产业就无法正常生存，更无法繁荣与健康发

展。基于知识产权对于电影产业的重要性，加强知识产权保护能力建设，全面优化执法保护环境，提高知识产权意识，有利于保障知识产权的创造、管理、保护和运用，为电影产业的全面发展提供了强有力的支撑。

（二）大力发展衍生产品，多元开发电影市场

关于电影形象等衍生产品，作为巨大的金矿，该市场在我国还远远未得到开发。在我国电影衍生品的功能更多用于宣传。就这个现状而言，要求我国电影产业多元开发市场，建立电影产品的多元盈利模式。充分发挥电影作为内容产业带动相关产业发展的优势，改变电影产品仅靠票房收入的单一经营模式，运用数字化、网络化、信息化技术对电影原创品、复制品、衍生品和形象产品进行多媒体传播，多层次开发，多渠道营销，实现电影产业链的多元盈利模式，充分挖掘电影产品的整体效益。

三、案例与实践

（一）陈喆（即琼瑶）诉余征（即于正）侵犯其《梅花烙》知识产权一案终审胜诉

近年来，侵害影视作品著作权的案件时有发生，台湾作家陈喆（笔名琼瑶）诉内地编剧余征（笔名于正）侵害著作权纠纷一案广受关注。该案于2015年12月18日历经19个月的诉讼终审落幕。上诉人（原审被告）余征在明知或应知《宫锁连城》剧本侵害被上诉人（原审原告）陈喆原作品《梅花烙》著作权情形下，仍向其他被告提供摄制权授权，并作为核心主创人员参与该剧摄制，严重侵犯了陈喆的改

编权、摄制权。北京市高级人民法院驳回上诉，上诉人余征被判停止《宫锁连城》的复制、发行和传播行为，公开赔礼道歉，连带赔偿陈喆经济损失及合理开支共计500万元。

法院认为，文学作品创作中难免出现创意借鉴，但应限制在合理范围内，本案中被上诉人享有《梅花烙》的改编权，受法律保护，上诉人余征实质性使用了《梅花烙》中的人物设置、人物关系以及一些具有较强独创性的情节，超越了合理借鉴的边界，构成对被上诉人作品改编权的侵害。这否定了原审中基于对两部作品的整体对比所引入的“受众感受度”，即受众对于两部作品之间的相似性感知及欣赏体验上的对比比较，并非是认定侵犯改编权的决定性依据。这确立了今后我国法院审判此类侵犯知识产权案件的原则依据。

在当下的知识经济时代，电影知识产权享有重要地位，是电影产业的内核与核心竞争力。我国对于知识产权意识较为淡薄的现状亟须立法的保护和实践的执行，以知识产权保护助推电影产业的繁荣与发展。

（二）万达主题公园叫板迪士尼

旅游是万达集团在第四次转型中重点发展的产业。万达依托其地产资源，打造了文化和旅游全产业链的主题公园，并将影视产业也植入旅游项目之中。除了哈尔滨、无锡、南昌、合肥、青岛、武汉、广州和成都等地，万达计划到2020年在国内建设15个万达主题公园，在国外力争建设三到五个万达城。王健林公开叫板迪士尼——万达主题公园要让迪士尼中国十年到二十年之内无法盈利。

但是，迪士尼与万达实际上拥有不同的模式。万达的模式基于地产，其主题公园中的各项设施并没有统一的人物和内容。而迪士尼的模式则基于其文化，迪士尼主题公园将米老鼠、唐老鸭等迪士尼卡通动漫和影视人物等形象和故事内容作为主题，与主题公园的各项游乐设施和商店等相结合。对于迪士尼主题公园而言，它是迪士尼这个综合性传媒公司在网络、影视、主题公园、消费品及游戏等衍生产品中的一个部分。强大而持续的知识产权创造能力是迪士尼整条产业链中的源头，也是其核心。基于不同的主题公园发展模式，迪士尼的文化与知识产权优势使其道路难以复制，万达若要与迪士尼在主题公园这一业务范围内进行竞争，还需要在原创知识产权方面倾注更多努力。

第八条

【电影管理职能部门】

国务院电影主管部门负责全国的电影工作；县级以上地方人民政府电影主管部门负责本行政区域内的电影工作。

县级以上人民政府其他有关部门在各自职责范围内，负责有关的电影工作。

一、基本含义

本条是关于确定电影管理职能部门的规定。

本条规定，国务院电影主管部门负责全国的电影工作，目前，国务院电影主管部门是国家新闻出版广播电影电视总局（以下称“新闻出版广电总局”），电影局作为新闻出版广电总局的内设机构，承担电影制片、发行、放映单位和业务的监督管理工作，组织对电影内容进行审查；指导、协调全国性重大电影活动；指导电影档案管理、技术研发和电影专项资金管理；承办对外合作制片、输入输出影片的国际合作与交流事项。

根据新闻出版广电总局的职责，电影工作包括拟订电影产业方针政策，把握正确的舆论导向和创作导向；起草法律法规草案，制定部门规章、政策、行业标准并组织实施和监督检查；统筹产业发展，制定发展规划、产业政策并组织实施，推进体制机制改革；负责统计工作；监督电影内容和质量，实施依法设定的行政许可并承担相应责任，指导对市场经营活动的监督管理工作，组织查处重大违法违规行为；推进电影与科技融合，依法拟订科技发展规划、政策和行业技术标准，并组织实施和监督检查；电影的进口、收录管理，协调推动电影领域“走出去”工作；电影领域对外及对港澳台的交流与合作；著作权管理和公共服务，组织查处有重大影响和涉外的著作权侵权盗版案件，负责处理涉外著作权关系和有关著作权国际条约应对事务。

各省、自治区、直辖市以及设区的市、县一级的电影主管部门，名称各有不同。例如北京的电影主管部门是北京市新闻出版广电局，上海的电影主管部门是上海市文化广播影视管理局，天津的电影主管部门是天津市文化广播影视局等。

二、立法目的和背景

新中国的电影主管部门最早可以追溯至1949年6月成立的中国广播事业管理处，之后于当年11月更名为广播事业局，1967年更名为中央广播事业局，被列为中央直属部门，1982年更名为广播电视部，被列入国务院组成部门，后于1986年更名为广播电影电视部，1998年更名为国家广播电影电视总局并被还原为国务院直属机构，直至2013年更名为国家新闻出版广播电影电视总局并沿用至今。

在《电影产业促进法》出台之前,《电影管理条例》第四条中即有相关规定,“国务院广播电影电视行政部门主管全国电影工作；县级以上地方人民政府是管理电影的行政部门，依照本条例的规定负责本行政区域内的电影管理工作”。电影主管部门经过多年的规划与管理，已形成了较为完善的组织和健全的功能，对于我国电影行业的发展具有重要作用。

三、案例与实践

在中国电影产业蓬勃发展的背景下，进一步规范电影市场秩序迫在眉睫。《国家新闻出版广电总局电影局关于严厉打击在影院盗录影片等侵权违法行为的通知》提出，影片在影院被盗录并通过网络非法传播的侵权违法行为严重影响中国电影正在建立的投资回报良性循环体系，损害了投资者对中国电影市场的信心和投资热情，伤害了创作人员的创作热情，长此以往，必将严重影响中国电影行业的整体利益，阻碍电影产业健康、持续发展。为规范电影市场秩序，严厉打击在影院盗录等侵权违法行为，该通知重申，要加强和完善电影技术检测手段，利用数字电影水印技术追踪盗录影院及盗录时间，对于查证有盗录行为的影院将由《电影放映经营许可证》的核发机构根据情节轻重做出暂停或吊销该证的处理，省级电影主管部门要对该影院在全省范围内进行通报。另外，盗录影片及非法传播盗版节目是触犯《刑法》和《著作权法》的严重犯罪行为，鼓励支持影片版权方依法追究盗录者及非法传播盗版节目者的法律责任。该通知体现了国家新闻出版广电总局电影局在电影主管方面对于电影放映单位和业务的监督管理的职责。

第九条

【行业组织与从业人员】

电影行业组织依法制定行业自律规范，开展业务交流，加强职业道德教育，维护其成员的合法权益。

演员、导演等电影从业人员应当坚持德艺双馨，遵守法律法规，尊重社会公德，恪守职业道德，加强自律，树立良好社会形象。

一、基本含义

本条是关于电影行业组织活动规则和电影从业人员从业准则的规定。

电影行业组织分为人民团体和社会团体两类。前者最具有代表性的是中国电影家协会，该协会是中国共产党领导的、全国各民族电影家组成的人民团体，是中国文学艺术界联合会团体会员，是党和政府联系电影界的桥梁和纽带，是繁荣发展中国电影、建设社会主义先进文化的重要力量。6000余名会员都是作品颇丰、具有副高以上职称或在国内外重要电影评奖中获奖的各类电影从业人员中的专家。除此之外，就社会团体而言，我国还有中国电影导演协会、中国影视演员协会、中国青年导演协会、中国电影制片人协会、中国国际编剧协会、中国电影发行放映协会、中国电影著作权行业协会、中国微电影协会等各类行业组织。

电影从业人员包括：负责影片前期市场调查的出品人；负责制作、监督整部影片的制片人；对历史题材或其他专业题材提供必要的指导及帮助的影片顾问；利用各种拍摄资源将剧本演绎出来的导演；为维护剧本原貌给导演的拍摄工作提意见的监制；负责电影摄影工作的摄影师、摄影指导、掌机摄影等；根据导演及剧本的要求演绎剧本内容的演员；负责提供拍摄影片所必需的物品及便利措施，如准备道具、选择场景、维护片场秩序、搞好后勤服务工作等的场务（剧务）；负责美化电影场景的美术师；负责制作、准备道具的道具师；负责按照剧本及导演的要求布置片场的场景的布景师；为达到电影艺术效果，按照剧本及导演的要求布置片场灯光效果的灯光师；负责电影录音工作的录音师；根据剧本及导演要求为影片中的演员进行造型的造型师、服装师；按照剧本、造型及导演要求给演员化妆的化妆师；根据剧本内容，为影片增添精彩场面，作为专业表演人士的特技人员；影片整体拍摄完封镜后，为达到电影艺术效果而用科技手段处理、进行修改的后期处理人员，如配音演员、特效制作人员等；为影片编配合适的曲子的作曲、作词、乐队、指挥、演唱者等音乐人员；使影片整体效果自然、和谐、流畅，同时兼顾导演及剧本的风格要求，将整片中不必要的镜头剪掉的剪辑师等等。

德艺双馨是对电影从业人员的职业要求，“德艺双馨”中的“德”，就是符合社会主义核心价值观的社会公德、职业道德和家庭美德；“德艺双馨”中的“艺”，就是艺术才华有行业共识，有群众口碑。本法鼓励电影创作者既要具备良好的品德，也要体现不断精进的艺术才能。知名的电影从业者作为公众人物，更应该严于律己，做好表率。为进一步净化从业环境，营造良好从业氛围，新闻出版广电总局于2014年9月底发布《关于加强有关广播电视节目、影视剧和网络视听节目制作传播管理的通知》，正式对劣迹艺人提出封杀令，明确要求各级广播电视播出机构不得邀请有吸毒、嫖娼等违法犯罪行为者参与制作广播电视节目；暂停播出有吸毒、嫖娼等违法犯罪行为者作为主创人员参与制作的电影、电视剧、各类广播电视节目以及代言的广告节目。

关于职业道德，根据《新闻出版广播影视从业人员职业道德自律公约》，电影从业人员的职业道德包括：维护党的领导和国家利益，不发表或传播损害党和国家形象的言论；秉持真实客观公正原则，不搞有偿新闻和虚假新闻；传递正能量，不在网络及其他媒介上制作或传播有害信息；追求健康向上的文化品位，不使用低俗粗俗媚俗的语言、文字和图像；确保制作服务质量，不提供粗制滥造的出版物、视听作品和技术服务；对社会公众负责，不制作、代言和传播虚假广告；崇尚契约精神，不做出影响行业诚信和秩序的违约行为；积极自主创新，不抄袭剽窃他人创意及成果；开展健康的媒介与文艺批评，不贬损他人名誉及作品；树立良好职业形象，不涉“黄赌毒”和违反公序良俗的行为。

二、立法目的和背景

（一）发展电影行业组织，构建政府、社会与电影行业的桥梁

关于电影行业组织，在本法实施之前的《电影管理条例》第六条即有规定，“全国性电影行业的社会团体按照其章程，在国务院广播电影电视行政部门指导下，实行自律管理”。这要求充分发挥电影行业协会、专业学会等自律性组织的作用，现有行业协会要按照现代电影产业发展的要求，不断完善和调整行业组织的职能和运作机制，在提高专业素质、规范企业和个人行为、健全市场要素、维护行业权益、加强行业自律等方面积极发挥重要作用，真正成为联结政府部门与电影企业和电影工作者的桥梁。

（二）借鉴美国行业协会经验，完善我国电影行业组织

相比于电影产业领先的美国，我国电影行业组织形成较晚，还不尽完善。美国的电影行业工会早在20世纪30年代就已形成，各大行业协会（工会）主要包括美国编剧工会(WGA，Writers Guild of America)、美国导演工会（DGA，Directors Guild of America）、美国影视演员协会（SAG，Screen Actors Guild）、美国

制片人工会（PGA，Producer's Guild of America）、美国电影协会（MPAA，Motion Picture Association of America）等。美国的行业协会在谈判中对于促进其成员的就业机会及报酬福利方面起着非常重要的作用。在实践中，我国可以通过借鉴美国的情况而提升我国电影行业组织的地位和作用。

三、案例与实践

（一）导演协会启动自律与维权机制，制定“慎用合作演员”名单

在2011年4月初的中国电视剧导演年会上，导演协会秘书长闫建刚表示，将建立“演员黑名单制度”，即导演协会把部分存在严重艺德缺陷的艺人列为“慎重合作对象”，建议全体导演会员慎用。这一制度的目的是惩戒艺人违反职业道德的行为。拿来评判的标准包括八条，如不守时，不尊重合作者，修改剧本，辱骂导演，随意串戏拖累整个剧组跟随连轴转加班，拿了高片酬但不履行合同相应义务的演员等。《黎明之前》的导演刘江表示，内地艺人的道德水准有待提高，相比韩国艺人而言，受到的惩戒不够，“韩国的演员如果被导演投诉一次并得到证实的话，将会得到一张黄牌警告，累积两张黄牌就将有很长时间接不到戏拍”。但他同时表示，制度比名单重要，惩罚不是目的，提高这个行业的职业道德才是最终目的。[①]

（二）电影行业从业人员应当坚持德艺双馨

在影视娱乐行业快速发展的当下，演艺界人士的艺德与个人修养呈现两极分化

① 参见《中国电视剧导演开年会众一线演员上黑名单》，网易娱乐，http://ent.163.com/11/0421/03/724S66FE00032DGD.html，访问时间：2017年3月28日。

的情势，既有诸多明星嫖娼吸毒等违法丑闻事件，也有如中国电影家协会副主席、中国文学艺术界联合会副主席李雪健先生等公认的德艺双馨艺术家。李雪健先生在几十年艺坛生涯中塑造了一个个栩栩如生的艺术形象，早在1980年，他就以话剧《九·一三事件》成为首届中国戏剧最高奖“梅花奖”得主；1990年，他凭电视剧《渴望》夺得中国电视剧飞天奖最佳男配角、中国电视金鹰奖最佳男主角两项大奖，又凭电影《焦裕禄》获得中国电影金鸡奖最佳男主角和大众电影百花奖最佳男演员两项大奖。他始终坚守敬业精神和艺术品德，严于律己，垂范业界，还作为德高望重的老艺术家与其他六位文艺工作者受邀出席了习近平总书记主持召开的文艺工作座谈会。

社会呼唤德艺双馨的艺术家。以价值引导、精神引领、审美启迪为目的的艺术家，决定其艺术水平的根本在于其自身的思想水平、业务水平和道德水平。艺术家们要自觉坚守艺术理想，不断提高学养、涵养、修养，加强思想积累、知识储备、文化修养、艺术训练。在社会主义市场经济条件下，还要处理好义利关系，认真严肃地考虑作品的社会效果，讲品位，重艺德，为历史存正气，为世人弘美德，为自身留清名，努力以高尚的职业操守、良好的社会形象、文质兼美的优秀作品赢得人民喜爱和欢迎。

第十条

【电影评价、评论与奖励】

国家支持建立电影评价体系，鼓励开展电影评论。

对优秀电影以及为促进电影产业发展作出突出贡献的组织、个人，按照国家有关规定给予表彰和奖励。

一、基本含义

本条是关于建立电影评价体系、表彰和奖励作出突出贡献的组织和个人的规定。

第一款所说的电影评价体系，是以全球化语境研究和电影公共政策研究为基础，以电影文献库、电影数据库、影像资料库、大数据平台及数据库、电影案例库为研究支撑，以电影评价为手段，综合电影学、文艺学、美学、文化学、语言学、经济学、政治学、管理学、社会学、计算机科学等多学科研究视角，展开全面、深入、系统、科学的研究，构建理论框架、提出战略实施路径和政策体系，并经由电影评价，动态完善战略决策，为电影学术研究、电影政策研究、电影人才培养、电影产业发展等提供参考。①

电影评价体系分为官方和非官方两类。就官方而言，对电影的评价指标仅以票房、观影人次、平均票价、国产影片占比等基础指标为主。而在非官方方面，我国有已经发展成熟的豆瓣电影、时光网等作为大众电影评价网站以及新晋出现的许多

① 参见《构建电影评价体系推进电影创新发展》，中国社会科学网，http://ex.cssn.cn/wh/wh_cysc/201611/t20161114_3275127.shtml，访问时间：2017 年 3 月 25 日。

电影评论网站。另外，还出现了新兴的电影评价群落，一些以微信公众号为话语阵地的电影评价群落悄然浮现，这些新的电影评价群落不再囿于影评人这个单一群体，而是组成一个由影评人、电影学者、电影书籍译者、电影节选片人及评委、作家及独立撰稿人构建的新的电影评价共同体。电影评论体系的构成应当是多元的，以健康的电影评论体系来为电影产业提供参考，加快电影业的发展步伐。

电影评论简称影评，是对一部电影的导演、演员、镜头语言、拍摄技术、剧情、线索、环境、色彩、光线等进行分析和评论。电影评论的目的在于分析、鉴定和评价蕴含在电影中的审美价值、认识价值、社会意义、镜头语言等方面，解释影片中所表达的主题，既能通过分析影片的成败得失，帮助导演开阔视野，提高创作水平，以促进电影艺术的繁荣和发展；同时能通过分析和评价，影响观众对影片的理解和鉴赏，提高观众的欣赏水平，从而间接促进电影艺术的发展。

第二款是对促进电影产业发展作出突出贡献的组织、个人，按照国家有关规定给予表彰和奖励的规定。《中华人民共和国宪法》第四十二条规定，国家奖励劳动模范和先进工作者。就电影产业而言，按照国家有关规定给予表彰和奖励，包括国家广播电影电视总局和国家电影事业发展专项资金管理委员会办公室提供的各项不同类型的表彰和奖励，如华表奖、童牛奖、网络视听节目内容建设专项资金、资助译制优秀影视作品、科技创新奖等表彰和奖励。

二、立法目的和背景

（一）建立电影评价体系，促进中国电影创新发展与评价

《中共中央关于繁荣发展社会主义文艺的意见》中明确要求建立健全反映文艺作品质量的综合评价体系。习近平总书记在文艺工作座谈会上具体指出，要坚守文

艺的审美理想、保持文艺的独立价值，合理设置反映市场接受程度的发行量、收视率、点击率、票房收入等量化指标。

作为“全球化语境下的中国电影创新发展与评价体系研究”项目首席专家、北京电影学院党委书记侯光明教授研究指出，电影创新发展与评价体系研究是一项跨学科的综合性研究课题，该项目将针对中国电影发展的迫切需求，全面系统地对全球化语境下的中国及其他国家电影发展情况进行梳理，对美学、心理学、社会学、经济学、政治学等学科的研究成果进行整合分析，创新研究的方法和手段，为中国电影创新发展建立一套完整的理论分析与评价框架，为电影评估打下良好的基础，进而为中国电影的创新发展提供实证支撑，并通过电影数据库的建设，全面、系统地量化评估中国电影创新发展状况，实现与其他电影大国和电影强国的可比较研究，避免主观评价和不规范分析带来的非同一平台难以对话、产业发展与政策框架缺乏实证基础等问题。该项目除了能填补电影评价体系理论空白外，还将对构建电影产业投融资协同机制、电影院线整合的演化博弈模式与机制、合理的电影政策评价标准、决策程序和监督机制等方面进行深入研究；构建电影产业在互联网背景下的新型产业链模型及相关分析评估模式，为形成完整的互联网电影企业发展框架提供参考；同时，奠定全球化语境下中国影视人才培养模式和评价体系的重要理论基础，提出构建电影教育国际合作机制、区域战略布局、电影人才培养的国际化战略思考与建议；并从“一带一路”大战略出发，建立少数民族电影创新发展与评价理论体系等。①

（二）表彰和奖励作出突出贡献的组织和个人，激发行业活力与创造力

表彰和奖励作出突出贡献的组织和个人早在本法实施之前的《电影管理条例》第七条中就有规定，“国家对为电影事业发展做出显著贡献的单位和个人，给予奖

① 参见《构建电影评价体系推进电影创新发展》，中国社会科学网，http://ex.cssn.cn/wh/wh_cysc/201611/t20161114_3275127.shtml，访问时间：2017年3月25日。

励”本法中的此条规定对促进电影产业发展作出突出贡献的组织、个人给予表彰和奖励。

从宏观而言,《国家广电总局关于加快电影产业发展的若干意见》强调改进电影资助和评奖机制。具体而言，目前的根据国家广播电影电视总局《国产影片出口奖励暂行办法》《关于进一步完善国产影片发行放映的考核奖励办法（修订）》《国家广播电影电视总局科技创新奖励办法》等办法进行专项表彰和奖励。另外，还有国家电影事业发展专项资金管理委员会办公室发布的《关于对优秀国产影片进行奖励的通知》和《关于奖励优秀国产影片海外推广工作的通知》等奖励的通知来对做出突出贡献的组织、个人进行表彰和奖励，本法此条规定极大地激发了各类电影行业从业人员的创造力。

就具体措施而言，以政府采购等形式扶持资助国家重点影片以及儿童影片、农村影片、科教片、纪录片、动画片的拍摄和发行放映，依据思想性、艺术性和观赏性的综合因素制定采购标准，促进市场放映，提高社会效益和经济效益。改革电影华表奖和童牛奖等评奖办法，严格评奖标准，规范评奖秩序，完善表彰奖励办法。在坚持“三性统一”标准的基础上，引入电影市场考核标准，把影片的市场份额和观众评价作为评奖的重要指标，对参评作品的入围条件做出票房收入和观众人次的具体规定。

三、案例与实践

（一）中国电影评论学会网络影视评论委员会在京成立

2017年1月11日，中国电影评论学会网络影视评论委员会在京成立。出席当天会议的有中国电影家协会秘书长、中国电影评论学会会长饶曙光，中国电影评论学会名誉会长章柏青，中国电影评论学会副会长张颐武，中国电影评论学会常务副会长张卫以及赛人、图宾根木匠、木卫二、风间隼、梅雪风等知名影评人。网络影视评论委员会的成立对于电影评价体系的构建具有标志性作用。

在会上理事长张颐武宣读了《网络影评人七大公约》，该公约向网络影评人提出了七项要求：一、坚持说真话、讲道理，营造开展网络影评的良好氛围；二、坚持实事求是的批评，不庸俗吹捧，不阿谀奉承，不用简单的商业标准取代艺术标准；三、尊重每一位观众喜欢或讨厌电影的权利；四、尊重观众对电影多样化、差异化、个性化的需求；五、坚持以专业的精神，运用自己的专业知识，对电影做专业分析，以理服人，增强公信力；六、无论优劣，认真对待每一部电影，在没有看完全片的情况下，不正式发表影评；七、坚决反对网络语言暴力，不用侮辱性语言谩骂、攻击电影作品、创作者和与自己观点不同的人。①

（二）广电总局公布2016年度网络视听节目内容建设专项资金扶持项目

为引导和鼓励优秀网络视听节目制作播出，不断提升网络视听节目内容品质，推动传统媒体与新兴媒体融合发展，国家新闻出版广电总局开展网络视听节目内容建设专项资金扶持项目评审工作。国家新闻出版广电总局于2016年8月31日发布2016年度网络视听节目内容建设扶持项目创新案例及优秀案例资助名单。

在该名单中，中国网络电视台的央视新闻客户端和网络众筹虚拟节目《黄河大合唱》、中国国际广播电台的“60秒走近中国”系列微专题、人民网股份有限公司的动画解读“十三五”发展理念、湖南快乐阳光互动娱乐传媒有限公司的芒果TV自制节目《2016超级女声》、广西人民广播电台的面向东盟的多语种社交网络内容生产聚合及传播平台、北京爱奇艺科技有限公司的爱奇艺网络影视节目规划管理、青岛市广播电视台的青岛城市生活直播云平台八个创新案例，以及央广视讯传媒股

① 参见《网络影评委员会成立宣读影评人七大公约》，新浪娱乐，http://ent.sina.com.cn/m/c/2017-01-12/doc-ifxzqnip0745316.shtml，访问时间：2017年3月28日。

份有限公司的“一带一路”数字文化工程，陕西网络广播电视台的“中华文明精神标识”传承工程——黄帝文化网上传播建设项目、宁夏广播电视台的宁夏广播电视台“红枸杞”云平台、大理电视台的大理电视台“电视 + 互联网 +N”全媒体跨界融合项目、国家新闻出版广电总局监管中心的中国网络剧、微电影传播研究、浙江省新闻出版广电局的浙江省网络直播行业运营发展调研报告、武汉长江新媒体有限公司（长江网）的新闻大数据分析挖掘云服务平台、厦门广播电视集团新媒体中心的互联网思维下的广播电视媒体融合发展八个优秀案例通过评审，获得2016年总局网络视听节目内容建设专项资金。体现了国家切实表彰和奖励电影行业做出突出贡献的组织和个人。[①]

① 参见《关于公布2016年度网络视听节目内容建设专项资金扶持项目（案例部分）评审结果的通知》，国家新闻出版广电总局，http://www.sarft.gov.cn/art/2016/8/31/art_110_31563.html，访问时间：2017年3月28日。

第十一条

【国际合作与交流】

国家鼓励开展平等、互利的电影国际合作与交流，支持参加境外电影节（展）。

一、基本含义

本条是关于电影国际合作与交流的规定。

我国电影国际合作与交流采取“请进来”和“走出去”的模式，主要包括参加影展、交易会、合拍片等方式。同时，我国还制定了一系列优惠政策，鼓励电影输出，吸引外国电影人来华合作，为中国电影走向国际市场创造条件，在电影项目的不同阶段，以不同程度或方式参与外国电影生产，或是投资，或是发行，或是包括开发、制作在内的全产业链的参与。

境外电影节（展）分为港澳台电影节（展）和国际电影节（展）。港澳台电影节包括香港电影金像奖、香港电影金紫荆奖、台湾电影金马奖、台北电影节、澳门国际电影节等。国际电影节（展）最著名的有法国戛纳国际电影节、德国柏林国际电影节、意大利威尼斯国际电影节和美国奥斯卡金像奖等。此外，国际知名电影节还包括西班牙圣塞巴斯蒂安国际电影节、日本东京国际电影节、俄罗斯莫斯科国际电影节、捷克卡罗维法利国际电影节、埃及开罗国际电影节、加拿大蒙特利尔国际电影节、阿根廷马塔布拉塔国际电影节等。

二、立法目的和背景

（一）全面落实各项电影产业相关规定，重视国际合作与交流

现有关于加强电影产业国际合作与交流的法律政策，体现在《电影管理条例》第十八条、《文化部、国家广播电影电视总局、新闻出版署、国家发展和改革委员会、商务部关于文化领域引进外资的若干意见》《国务院办公厅关于促进电影产业繁荣发展的指导意见》《影视节（展）及节目交流活动管理规定》《国家广电总局关于加快电影产业发展的若干意见》等一系列法律文件中。

另外，在《文化产品和服务出口指导目录》中，对于包括电影完成片、宣传片、素材及其版权出口的电影产品出口提出了重点企业标准：一、年出口金额50万美元以上；二、具有良好发展潜质，在提升电影文化产品的生产、发行、播映和后产品开发能力等方面成绩突出；三、积极与国外广播影视机构合作，拥有较为成熟的境外销售网络，境外宣传和推广活动效果突出。

（二）产业内部与国家政策双管齐下，积极推进中国电影“走出去”

就电影产业内部而言，将进一步整合资源，加强版权转让、渠道疏通、宣传推广方面的协调，扩大在海外的放映规模，为中国电影“走出去”探索出一条符合国际电影市场规律、由点及面、逐步扩大、富有实效的突破之路。

在国家政策方面，国家广播电影电视总局在2004年颁布了《广播影视节（展）及节目交流活动管理规定》，鼓励我国国产电影在境外的交流与推广。2010年国务院办公厅又发布了《国务院办公厅关于促进电影产业繁荣发展的指导意见》，提出积极实施电影“走出去”战略。在平等互利的基础上，培育有国际竞争力和影响力

的电影国际传播企业，开发适应国际市场需求的国产影片。

三、案例与实践

近年来兴起的合拍片是电影国际合作与交流的重要形式之一。据中国电影合作制片公司统计，2016年，获准立项的合拍片达89部，合作对象覆盖17个国家和地区，较2015年的80部增加了九部，达到历年合拍片立项数量新高。其中，内地与香港合拍54部，中国与美国合拍十部，大陆与台湾合拍八部，这三者占所有立项合拍片数量的81%。在电影票房增速放缓的背景下，合拍片却在数量和合作对象上都有增无减。

在2016年国产片票房排行榜前十名中，《美人鱼》《湄公河行动》《澳门风云3》《功夫熊猫3》《绝地逃亡》《长城》《北京遇上西雅图2》《叶问3》八部电影均为合拍片。2016年末上映的张艺谋导演的《长城》是投资资金高达1.5亿美金的最大规模中美合拍片，成为合拍片的里程碑。合拍片持续不断为中国电影市场注入鲜活的生命力，为市场提供了更加丰富多元的电影作品。

另外，除了参加法国戛纳国际电影节、德国柏林国际电影节、意大利威尼斯国际电影节等境外电影节之外，我国还在澳大利亚举办澳洲国际华语电影节，在加拿大举办加拿大中国电影节等，将中国电影推向世界，深入贯彻“走出去”战略。

第二章　电影创作、摄制

本章说明

本章内容主要围绕电影创作、摄制展开，集中体现出本法简政放权、激发电影市场活力的核心意旨；同时进一步明确电影的正面导向作用，在维护文化安全、弘扬社会主义核心价值观方面做出努力；此外还加大对电影产业的扶持力度，提升电影产业整体发展水平，鼓励中国电影“走出去”。

在简政放权方面，本章将近年来行政审批改革的重点成果悉数纳入，主要从以下几方面体现出简政放权的核心思想：第一，鼓励法人和其他组织从事电影摄制活动，取消了电影制片单位设立审批和《摄制电影许可证》《摄制电影片许可证（单片）》、电影技术审查的合格证；第二，简化电影剧本审查制度，取消一般题材电影剧本审查，实行电影剧本梗概备案制；第三，降低有关电影活动的准入门槛，下放了电影片审查和部分涉外电影节（展）审批。在简政放权的同时，本章也注重加强事中和事后的监管力度，坚持放管结合，明确对电影坚持成片审查制度，并由国务院电影主管部门制定完善电影审查的具体标准和程序，并向社会公布。在维护国家文化安全、弘扬社会主义核心价值观方面，国家在鼓励开展平等、互利的国际合作与交流的同时，对从事过损害我国国家荣誉和利益、危害社会稳定、伤害民族感情等活动的境外组织和个人予以限制。从八个方面对电影成片内容作出禁止性规定，防止违反宪法法律、损害国家统一、伤害民族情感、破坏宗教政策等电影内容的出现。在加大对电影产业的扶持力度方面，国家支持创作、摄制各类优秀国产影片，为电影创作人员深入基层、深入群众、体验生活等提供必要的便利和帮助，同时地方政府协调公安、文物保护、风景名胜区管理等部门，为法人和其他组织从事电影摄制活动提供必要的便利和帮助。

本章体现出国家对电影创作、摄制阶段的多项鼓励与促进政策，有助于进一步激发电影产业的生机与活力，同时实行放管结合，强调维护我国文化安全的重要性，将对提升中国电影产业和电影艺术的整体水平起到重要作用。

第十二条

【鼓励电影创作和创新】

国家鼓励电影剧本创作和题材、体裁、形式、手段等创新，鼓励电影学术研讨和业务交流。

县级以上人民政府电影主管部门根据电影创作的需要，为电影创作人员深入基层、深入群众、体验生活等提供必要的便利和帮助。

一、基本含义

本条是关于国家鼓励电影作品创作和创新以及政府为电影创作提供便利和帮助的规定。

第一款宣示了国家鼓励和促进电影作品创作、创新的核心思想。第一，国家鼓励电影剧本创作。剧本是电影作品的立身之本，剧本的好坏直接关系到电影作品的质量优劣。习近平总书记在文艺座谈会上提到“在文艺创作方面，存在着有数量缺质量、有‘高原’缺‘高峰’的现象，存在着抄袭模仿、千篇一律的问题，存在着机械化生产、快餐式消费的问题”。因此鼓励电影剧本创作不仅是鼓励量的提升，更重要的是质的飞跃，电影剧本创作应切实做到有质有量。第二，国家鼓励电影作品创新。本条所称的创新具体包括了题材创新、体裁创新、形式创新、手段创新等等。创新是电影的根本和生命，决定了我国电影艺术和电影产业未来发展的高度。尽管我国早已是电影产量大国，但电影作品却存在题材同质化的严重问题，例如前几年青春题材电影大火，许多投资方便盲目跟投青春系列电影，电影市场一度充斥各类青春片，使得观众观影选择大大受限、审美疲劳，片方也难以获得理想的票房成绩。国家鼓励电影创作人员积极开拓进取，不断发挥自己的想象力和创造力，努力实现电影题材等各个方面的创新。第三，国家鼓励电影学术研讨和业务交流。此种研讨交流活动既可以是由政府相关电影主管部门组织的官方性质的活动，也可以是由民间组织、行业协会、高等院校等自发举办的非官方性质的活动，且都与学术和业务相关。鼓励此类研讨交流活动有利于业内人士拓宽交流渠道、总结发展经验、展望行业未来，从而有效推动电影创作的不断发展和推陈出新。

第二款明确了政府负有为电影创作人员提供便利和帮助的义务。电影创作人员根据电影创作需求，需要深入基层、深入群众、体验生活的，县级以上人民政府电影主管部门有予以协助的义务，应当为电影创作人员提供必要的便利和帮助，以服务于本条所确立的鼓励电影创作和创新的核心宗旨。例如，电影创作人员根据电影故事情节、剧情发展、场景布置等需求，确有必要深入农村基层进行调研或体验生活的，县级以上人民政府电影主管部门应当予以帮助；需要公安、文物保护、风景名胜区管理等部门配合拍摄的，县级以上人民政府电影主管部门应当协调公安、文物保护、风景名胜区管理等部门，为法人、其他组织摄制电影提供必要的便利和帮助。本款的电影创作人员主要包括制片人、监制、编剧、导演、主要演员、摄制各部门负责人（摄影、服道化、美术及其他部门）等主创人员。

二、立法目的和背景

（一）营造鼓励电影创作和创新的制度环境，为我国电影发展插上创新的翅膀

本条旨在通过鼓励剧本创作、鼓励电影题材和电影技术手段等创新和举办电影

学术研讨与业务交流活动等措施，为我国营造一个电影质量不断提高的良性制度环境，以期电影创作人员能够创作出更多优秀的电影作品。习近平总书记在文艺座谈会上说到我国文艺事业“要坚持百花齐放、百家争鸣的方针，发扬学术民主、艺术民主，营造积极健康、宽松和谐的氛围，提倡不同观点和学派充分讨论，提倡体裁、题材、形式、手段充分发展，推动观念、内容、风格、流派切磋互鉴”。《电影产业促进法》鼓励创作、鼓励创新、鼓励研讨的三大促进措施切实体现了发扬“艺术民主”的中心思想，营造出积极健康、宽松和谐的文化氛围，赋予电影从业人员充分表达自我观点的机会，可以有效激发创作人员的创作热情。

此外，本条着重强调了“创新”精神，国家鼓励创作人员对电影进行“题材、体裁、形式、手段”等多维度创新。“创新是文艺的生命。要把创新精神贯穿文艺创作全过程，大胆探索，锐意进取，在提高原创力上下功夫，在拓展题材、内容、形式、手法上下功夫，推动观念和手段相结合、内容和形式相融合、各种艺术要素和技术要素相辉映，让作品更加精彩纷呈、引人入胜。”“创新贵在独辟蹊径、不拘一格，但一味标新立异、追求怪诞，不可能成为上品，而很可能流于下品。”①

对于我国电影作品而言，创新也应当弘扬中华优秀传统文化，发扬中国精神，讲好中国故事，把中国在文化创新创造中取得的成果奉献给世界。

（二）确立政府对电影创作的帮扶义务，创作出贴近实际、贴近生活、贴近群众的优秀电影作品

国务院办公厅在2010年的《关于促进电影产业繁荣发展的指导意见》中就指出电影产业应当坚持“市场运作、政府推动”，大力发挥政府扶持作用，促进深化改革、政策完善，从而推动体制机制创新、艺术创新、科技创新，不断增强电影产业发展的生机和活力。

① 习近平：《在中国文联十大、中国作协九大开幕式上的讲话》，新华网，http://news.xinhuanet.com/politics/2016-11/30/c_1120025319.html，访问时间：2017年1月5日。

此次《电影产业促进法》通过明确规定尊重、保障电影创作自由，由县级以上人民政府电影主管部门为电影创作活动提供便利和帮助措施，体现出政府对电影产业的扶持和帮助导向，有利于激发电影创作人员的创作热情。与此同时，本条规定所涉及的电影创作人员在创作时应当深入基层、深入群众、体验生活的内容，也很好地体现了本法第四条所倡导的文艺作品“贴近实际、贴近生活、贴近群众”的“三贴近”原则和坚持以人民为中心的创作导向，在此基础上所创作出来的电影作品才是最具有生命力的作品。

三、案例与实践

2009年，冯小刚导演的电影《唐山大地震》，获得口碑、票房双丰收。影片在拍摄期间，唐山市政府给予了极大帮助，除直接投资6000万元人民币之外，唐山市政府还行政划拨了200亩的土地以供剧组拍摄之用。为实现城市宣传和包装的终极目标，唐山方面还特别聘请了北京的制作公司，耗资300万元打造了电影开场前的城市宣传片。宣传片中，唐山新景观曹妃甸经济区、南湖生态园、第一辆国产动车组、唐山皮影等唐山元素一一登场亮相。与片方希望能借此片冲击高额票房不同，作为电影最大投资方的唐山市政府更期望能通过这部电影向世人彰显唐山的城市形象和唐山人的精神面貌。

在电影拍摄期间，唐山市政府给予拍摄方大力支持与帮助，除直接投资外，还积极为电影创作人员搭建布景、提供文献资料，力图最大化还原历史情境，增加影片拍摄的真实性。唐山市政府为电影创作人员深入基层、深入群众、体验生活等提供了必要的便利和帮助，为地方政府与电影创作方的友好合作开了先河。

第十三条
【电影剧本备案与审查】

拟摄制电影的法人、其他组织应当将电影剧本梗概向国务院电影主管部门或者省、自治区、直辖市人民政府电影主管部门备案；其中，涉及重大题材或者国家安全、外交、民族、宗教、军事等方面题材的，应当按照国家有关规定将电影剧本报送审查。

电影剧本梗概或者电影剧本符合本法第十六条规定的，由国务院电影主管部门将拟摄制电影的基本情况予以公告，并由国务院电影主管部门或者省、自治区、直辖市人民政府电影主管部门出具备案证明文件或者颁发批准文件。具体办法由国务院电影主管部门制定。

一、基本含义

本条是关于电影摄制前剧本备案与审查的规定。

本条首先规定了电影摄制的适格主体为法人和其他组织，并将拟摄制的电影剧本区分为“一般题材”“重大或特殊题材”两类。

（一）一般题材电影剧本梗概备案

对于一般题材电影，取消剧本审查，实行剧本梗概备案制，拟摄制电影的法人、其他组织需将电影剧本梗概提交国务院电影主管部门或者省、自治区、直辖市人民政府电影主管部门（以下简称省级人民政府电影主管部门）备案，国务院电影主管部门或者省级人民政府电影主管部门将对备案内容是否符合本法第十六条规定进行审查，备案结果分为同意拍摄、原则上同意拍摄、修改后同意拍摄及不同意拍摄几类。

电影剧本梗概是指用朴实简洁的语言表达电影故事的起因、进展和结局，梗概包含故事创意、故事事件、故事焦点人物、故事基本模式等基本要素。剧本梗概分为简要梗概（50—100字）和详细梗概（1000—2500字），拟摄制电影的法人、其他组织在线申报填写影片备案申请时，需要同时填写简要梗概和详细梗概。国产片办理剧本梗概备案必须上报的材料包含：拍摄影片的备案申请（通过国家新闻出版广电总局电影电子政务平台在线申报填写）；不少于1000字的故事梗概一份；编剧允许备案单位使用其作品的授权书；营业执照副本复印件一份（首次申报的，应提供原件，核对后当即退回）。①

（二）重大或特殊题材电影剧本审查

对于重大或特殊题材电影，因其题材涉及国家历史、国家形象、民族宗教关系等，具备敏感性与特殊性，因此仍保留剧本审查制，拟摄制电影的法人、其他组织应当按照国家有关规定将电影剧本报送审查。

具体而言，重大题材包括重大革命题材和重大历史题材影片、重大文献纪录影片；特殊题材是指剧情主要内容和主要人物涉及国家安全、外交、民族、宗教、军事等方面的电影题材。本条未对重大或特殊题材如何报送剧本审查作出具体规定，只规定“应当按照国家有关规定”报送审查，并在本条第二款规定“具体办法由国务院电影主管部门制定”。

原国家广电总局2010年颁布的《关于改进和完善电影剧本（梗概）备案、电

① 参见国家新闻出版广电总局电影电子政务平台，http://dy.chinasarft.gov.cn/html/www/article/2010/0129db54539100874028811629da935f.html，访问时间：2017年3月16日。

影片审查工作的通知》规定，拍摄重大革命和重大历史题材影片、重大文献纪录影片，由省级广电部门审核电影剧本后，按相关的管理规定报国家广电总局进行立项审批。凡剧情主要内容和主要人物涉及国家安全、外交、民族、宗教、军事、公安、司法、历史和文化名人、敏感历史事件等方面的，省级广电部门须在电影剧本征得省级相关主管部门的意见后，方可备案。根据该规定，重大题材的剧本审查需先经省级电影主管部门审核，再报国务院电影主管部门进行立项审批，特殊题材的剧本须先征得省级相关主管部门意见后，才能进入备案程序。这里需要说明两点，其一，在原有的电影制片单位设立审批和颁发《摄制电影许可证》《摄制电影片许可证（单片）》管理体制下，该规定中所称的“备案”具有特定的含义，与本条所称的电影剧本梗概“备案”的含义并不相同；其二，根据本条内容乃至本法的立法变化，尤其是本条第二款授权国务院电影主管部门制定具体办法的情况下，重大题材、特殊题材电影剧本的审查制度尚需日后由国务院电影主管部门加以完善。

（三）出具备案证明文件或颁发批准文件

一般题材的电影剧本梗概、重大或特殊题材的电影剧本符合本法第十六条规定，即电影剧本梗概、电影剧本不含有违反宪法基本原则，危害国家统一、主权和领土完整，诋毁民族优秀文化传统，破坏国家宗教政策等禁止性内容的，由国务院电影主管部门对拟摄制电影的基本情况予以公告，并且国务院电影主管部门或者省级人民政府电影主管部门应出具备案证明文件或颁发批准文件，备案证明文件所针对的是一般题材电影剧本梗概备案，批准文件则是针对重大或特殊题材电影剧本审查。

二、立法目的和背景

（一）简政放权，激发电影市场活力。

早在1954年，我国在《政务院关于加强电影制片工作的决定》之中便确立了我国实行剧本和成片的双重审查机制，[①] 并在《电影剧本、影片审查试行办法》及本法实施之前的《电影管理条例》中得到重申和确认。自我国加入世贸组织后，为了更好地与国际接轨，迎接好莱坞的竞争，原国家广电总局发布了《电影剧本（梗概）立项、电影片审查暂行规定》。根据该规定，除敏感题材外，剧本审查可以仅审查剧本梗概。同时，原国家广电总局也将审查权下放至广电系统的地方机构。[②]

在2006年，原国家广电总局颁布了《电影剧本（梗概）备案、电影片管理规定》，正式提出电影剧本（梗概）备案和电影片审查制度。《电影剧本（梗概）备案、电影片管理规定》第二条规定："国家实行电影剧本（梗概）备案和电影片审查制度。未经备案的电影剧本（梗概）不得拍摄，未经审查通过的电影片不得发行、放映、进口、出口。"剧本由审查制改为备案制，具有重要的意义，备案制有利于电影创作人员更好地发挥主观能动性，减少行政审批对电影市场活力的束缚。在电影备案制下，电影制片单位只需在拍摄前将电影剧本（梗概）送原国家广电总局或相应的实行属地审查的省级广电部门备案，原国家广电总局或实行属地审查的省级广电部门应按照《行政许可法》规定的期限，发给《电影剧本（梗概）备案回执单》。[③] 但对于重大革命和重大历史题材影片、重大文献纪录影片、中外合作摄制影片，仍需报送剧本立项审查，按照原国家广电总局相关题材电影剧本立项及完成片的管理

① 参见原政务院1954年颁布的《政务院关于加强电影制片工作的决定》，第三项。

② 参见原国家广电总局2003年颁布的《电影剧本（梗概）立项、电影片审查暂行规定》，第二、五、六、十条。

③ 参见原国家广电总局2006年颁布的《电影剧本（梗概）备案、电影片管理规定》，第七条。

规定办理。[1]总体而言，自《电影剧本（梗概）备案、电影片管理规定》确立的剧本备案制为电影剧本创作创造了更为宽松的环境，特殊题材的电影剧本立项审查仅是作为例外存在。

从电影产业的视角来看，电影属商品经济之产物，市场化是电影发展的必然趋势，因此减少行政审批程序、简政放权是电影产业发展的题中之义。本条规定从两方面体现出简政放权的核心思想：

首先，电影剧本由审查制改为一般题材梗概备案制。早期电影剧本审查机构在审查时没有明确的标准，导致其具有宽泛的自由裁量权，监管程序过多，延缓了影片拍摄进程，不利于创作人员发挥才能，在一定程度上限制了我国电影行业的健康发展。改为一般题材剧本梗概备案制后，只要符合本法第十六条相关规定，电影主管部门便可出具备案证明文件，电影即可正式进入立项拍摄环节。行政审批程序的简化体现了政府管理方式的转变，由事前监管转变为事中及事后监管，有利于减少电影拍摄前的不确定因素，提高电影创作人员的创作热情，激发电影市场的潜力与活力。

其次，权力由中央下放到地方。拟摄制电影的法人、其他组织除可向国务院电影主管部门提交剧本梗概备案外，也可直接向省、自治区、直辖市人民政府电影主管部门进行备案。根据原国家广电总局2006年发布的《电影剧本（梗概）备案、电影片管理规定》第二条和第七条“国家实行电影剧本（梗概）备案和电影片审查制度”，“电影剧本（梗概）备案的程序：（一）制片单位向广电总局或实行属地审查的省级广电部门提出备案”，本条规定将权力下放至地方的规定与我国现行部门规章中的属地管理的理念相一致，体现了法律的稳定性。

（二）激发编剧创作热情，保障编剧合法利益

在实行电影剧本备案制之前，普遍性的剧本审查制一定程度上不利于保护编剧

---

① 参见原国家广电总局2006年颁布的《电影剧本（梗概）备案、电影片管理规定》，第九、十、十一条。

权利，阻碍了电影发展进程。编剧致力于创作，然而努力创作的剧本因未通过行政审查，电影无法立项，编剧的所有努力面临付诸东流的窘境，编剧的权益缺乏保障。

改为剧本备案制后，编剧可以在与制片方初步构思后完成剧本梗概，由制片方将电影剧本梗概提交备案。制片方在获得备案证明文件后再正式启动电影立项计划，邀请编剧进行完整的剧本创作并与编剧订立相关协议，支付相应酬劳。即便剧本梗概因故未能获得电影主管部门的备案证明文件，编剧损失也较小，相较于整个剧本未能过审，能有效帮助编剧减少时间成本和机会成本的损失。同时剧本备案制也有利于编剧拓宽创作边界，为影片的多类型发展创造友好环境。

（三）维护中华民族团结，维护我国国家安全及国际形象

重大或特殊题材涉及我国革命历史、国家安全、外交关系、民族关系、宗教关系、军事力量等重要问题，关涉中华民族的团结与稳定，关乎我国国际形象。电影除在商品经济中起到重要作用外，同时也是文化传播、历史传承、对外交流的重要工具。因此应当明确电影的正确导向作用，电影应当传播中华优秀文化、弘扬社会主义核心价值观。重大题材及特殊题材影片内容具备敏感性与特殊性，因此仍应保留剧本审查制，禁止影片含有违反宪法确定的基本原则、危害国家安全、危害社会公德等内容，抑制或阻止不良与有害作品的制作和传播，树立电影行业的清风正气。

三、案例与实践

（一）一般题材电影剧本取消审查制实行备案制

2013年7月发布的《国务院办公厅关于印发国家新闻出版广电总局主要职责

内设机构和人员编制规定的通知》指出，“取消一般题材电影剧本的审查，实行梗概公示”。本次《电影产业促进法》第十三条再次明确了取消一般题材电影剧本审查的规定。除重大题材和特殊题材电影剧本需报送审查之外，其余拍电影申请可在国家新闻出版广电总局官网上在线申请。以“国产片备案申请”为例，片方需在国家新闻出版广电总局电影电子政务平台上在线填写提交一张表格并打印。在这张表上，对于剧情方面要求填写简要梗概和详细梗概，简要梗概是50—100字，详细梗概是1000—2500字。取消一般题材电影剧本审查对电影创作人员是一项重大利好政策，它标志着未来的电影创作环境更加宽松，电影创作者的自由度会进一步加大，电影创作的周期会进一步缩短。

（二）国产片备案申请在线申报表格

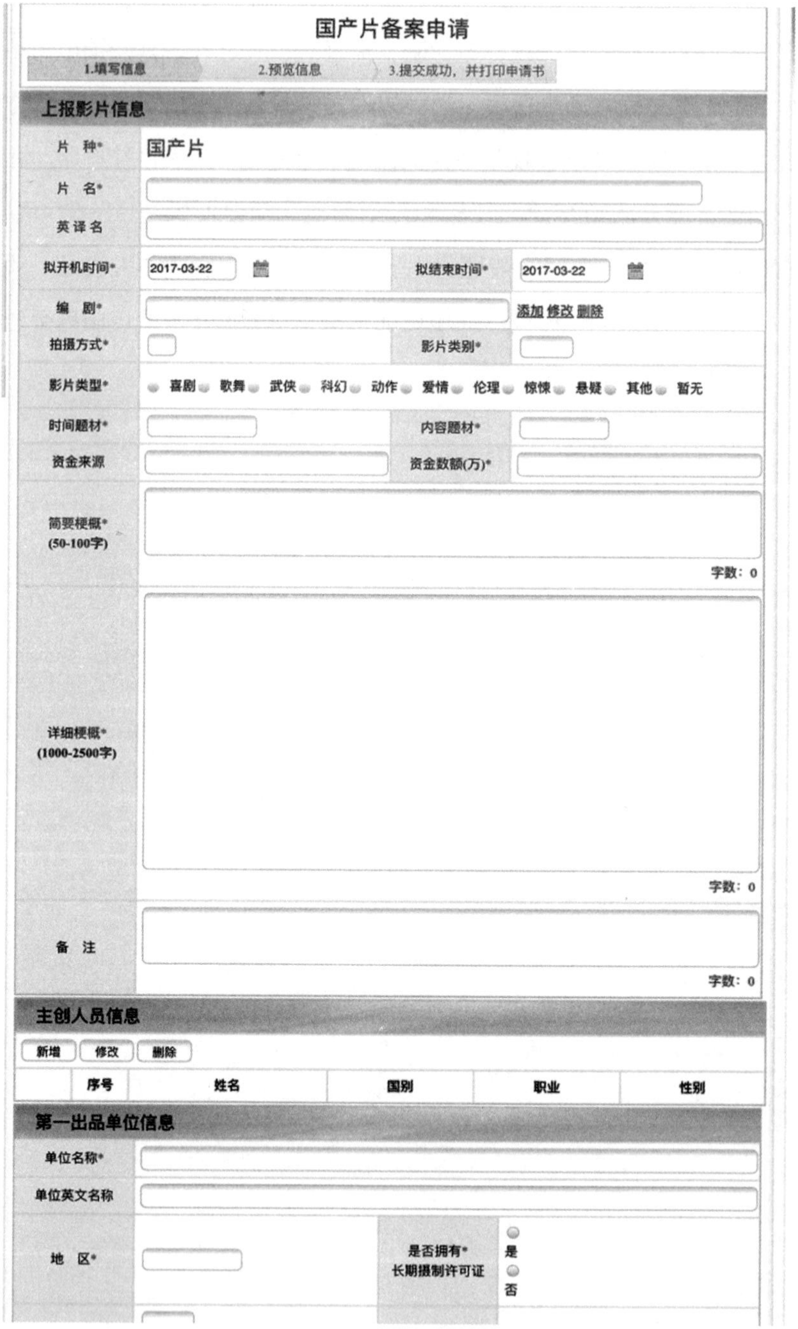
国产片备案申请

1.填写信息　2.预览信息　3.提交成功，并打印申请书

上报影片信息

片　种*	国产片		
片　名*			
英译名			
拟开机时间*	2017-03-22	拟结束时间*	2017-03-22
编　剧*	添加 修改 删除		
拍摄方式*		影片类别*	
影片类型*	喜剧　歌舞　武侠　科幻　动作　爱情　伦理　惊悚　悬疑　其他　暂无		
时间题材*		内容题材*	
资金来源		资金数额(万)*	
简要梗概* (50-100字)	字数：0		
详细梗概* (1000-2500字)	字数：0		
备　注	字数：0		

主创人员信息

新增　修改　删除

	序号	姓名	国别	职业	性别

第一出品单位信息

单位名称*			
单位英文名称			
地　区*		是否拥有* 长期摄制许可证	是 否

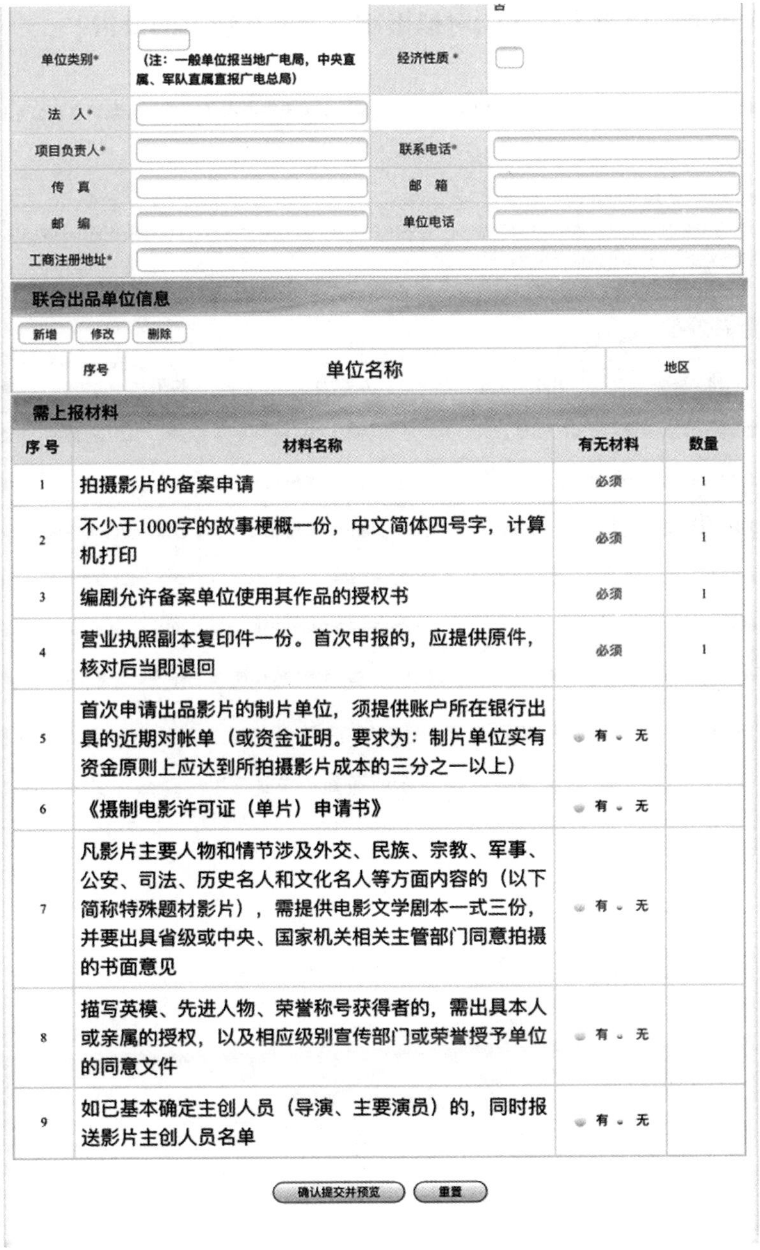

			否
单位类别*	（注：一般单位报当地广电局，中央直属、军队直属直报广电总局）	经济性质*	
法　人*			
项目负责人*		联系电话*	
传　真		邮　箱	
邮　编		单位电话	
工商注册地址*			

联合出品单位信息

新增　修改　删除

	序号	单位名称	地区

需上报材料

序号	材料名称	有无材料	数量
1	拍摄影片的备案申请	必须	1
2	不少于1000字的故事梗概一份，中文简体四号字，计算机打印	必须	1
3	编剧允许备案单位使用其作品的授权书	必须	1
4	营业执照副本复印件一份。首次申报的，应提供原件，核对后当即退回	必须	1
5	首次申请出品影片的制片单位，须提供账户所在银行出具的近期对帐单（或资金证明。要求为：制片单位实有资金原则上应达到所拍摄影片成本的三分之一以上）	有　无	
6	《摄制电影许可证（单片）申请书》	有　无	
7	凡影片主要人物和情节涉及外交、民族、宗教、军事、公安、司法、历史名人和文化名人等方面内容的（以下简称特殊题材影片），需提供电影文学剧本一式三份，并要出具省级或中央、国家机关相关主管部门同意拍摄的书面意见	有　无	
8	描写英模、先进人物、荣誉称号获得者的，需出具本人或亲属的授权，以及相应级别宣传部门或荣誉授予单位的同意文件	有　无	
9	如已基本确定主创人员（导演、主要演员）的，同时报送影片主创人员名单	有　无	

确认提交并预览　重置

国产片备案申请在线申报表格[①]

① 参见国家新闻出版广电总局电影电子政务平台，http://dy.chinasarft.gov.cn/html/www/article/2010/0129db54539100874028811629da935f.html，访问时间：2017年3月16日。

（三）国务院电影主管部门对拟摄制电影基本情况的公告

国家新闻出版广电总局电影局关于2017年02月（中旬）全国电影剧本（梗概）备案、立项公示的通知

【发布时间】:2017-03-02 17:50

本期备案立项公示统计信息如下：

2017年2月11日-2月20日，全国处理备案故事影片共48部，其中现代题材(49年以后)40部，占83.33%，历史题材(49年以前)8部，占16.67%。

电影局受理立项的中外合拍影片中，同意立项2部。

故事影片 合拍片

序号	备案立项号	片名	备案单位	编剧	备案结果	备案地
1	影剧备字[2016]第2863号	监狱犬计划	乾诚影业文化传媒（北京）有限公司	郝帅	修改后同意拍摄	北京市
2	影剧备字[2016]第4425号	上古仙境之补天	北京艺之星艺文化传播有限公司	印然	修改后同意拍摄	北京市
3	影剧备字[2016]第4469号	狄仁杰之三救唐朝	北京向上向善文化传播有限公司	熊玮	修改后同意拍摄	北京市
4	影剧备字[2016]第4634号	拿什么献给你，我的亲人	北京空山新雨影视文化有限公司	薛啸	修改后同意拍摄	北京市
5	影剧备字[2016]第4863号	智爱2026	北京幻境天成影视文化有限公司	吴兵	同意拍摄	北京市
6	影剧备字[2016]第5856号	镜相人	大地时代文化传播（北京）有限公司	张依诗	同意拍摄	北京市

国家新闻出版广电总局电影局关于 2017 年 02 月（中旬）全国电影剧本（梗概）备案、立项公示的通知（节选）①

① 参见国家新闻出版广电总局电影电子政务平台，http://dy.chinasarft.gov.cn/html/www/article/2010/0129db54539100874028811629da935f.html，访问时间：2017 年 3 月 16 日。

第十四条

【中外合作摄制电影】

法人、其他组织经国务院电影主管部门批准，可以与境外组织合作摄制电影；但是，不得与从事损害我国国家尊严、荣誉和利益，危害社会稳定，伤害民族感情等活动的境外组织合作，也不得聘用有上述行为的个人参加电影摄制。

合作摄制电影符合创作、出资、收益分配等方面比例要求的，该电影视同境内法人、其他组织摄制的电影。

境外组织不得在境内独立从事电影摄制活动；境外个人不得在境内从事电影摄制活动。

一、基本含义

本条是关于中外合作摄制电影的规定。

第一款首先规定了与境外组织合作摄制电影的适格主体也同样为我国的法人和其他组织（与本法第十三条规定的摄制电影主体一致），并且规定与境外组织合作摄制电影需满足以下条件：首先，我国法人、其他组织需向国务院电影主管部门提出申请，获得其批准。其次，开展合作的境外组织、参与电影摄制的境外人员均应对其自身行为负责，谨慎自律，不得损害我国国家尊严、荣誉和利益，不得危害社会稳定，不得伤害民族感情。明令禁止与从事上述行为的境外组织开展合作，禁止聘用有上述行为的个人参加电影摄制。

第二款规定中方与外方合作摄制的影片，若在创作、出资、收益分配等方面符合比例要求，该合拍片视同国产电影，享受国产电影相关政策待遇。根据影片来源分类，我国上映的电影可分为国产片与引进片两类。引进片指的是境外法人或其他组织拍摄的电影，包含分账片、批片及其他引进片三种类型。出于对国产电影的保护目的，我国对引进片实行电影进口配额或数量限制制度。

分账片指的是外国电影制片方对于在我国上映的电影票房可享受按一定比例分成的引进片模式，包括普通分账片与特种分账片两种类型。普通分账片每年共20部，为2D影片；特种分账片每年共14部，仅限于3D和IMAX电影。根据2012年中美签订的《中美双方就解决WTO电影相关问题的谅解备忘录》的规定，中国在原来每年引进分账片约20部的基础上增加14部3D或IMAX电影，每年合计引进34部海外分账片。值得一提的是，中美双方于2012年签订的《中美双方就解决WTO电影相关问题的谅解备忘录》将在2017年到期，这意味着进口片的配额限制极有可能被进一步放开。可以预见，中国观众将会有更多机会在国内看到境外优秀电影（尤其是好莱坞大片）的同步上映。

批片指的我国国内制片商以固定的价格买断影片的放映权而不与外商分成，不受配额影响但数量有限的引进片模式。根据2015年中国电影集团公司与美国电影协会签署的《分账影片进口发行合作协议》的相关规定，中国将增加引进批片的数量。在行业实践中我国每年上映的批片数量一般在30部至40部左右。

其他引进片指的是纯由香港、台湾拍摄的电影，纯港产、台产片在属性上是进口片，但不占用配额指标。由此看出，引进片配额极其有限，并且相较于国产片而言，制片方在审查程序及分账比例等方面受到较多限制。中外合作摄制电影若能采用国产片形式，显然能享受更多优惠政策和待遇。

根据《中外合作摄制电影片管理规定》，中外合作摄制电影片包括三种形式：第一，联合摄制，即由中外双方共同投资（含资金、劳务或实物）、共同摄制、共同分享利益及共同承担风险的摄制形式；第二，协作摄制，即外方出资，在中国境内拍摄，中方有偿提供设备、器材、场地、劳务等予以协助的摄制形式；第三，委托摄制，即外方委托中方在中国境内代为摄制的摄制形式。在这三种形式中，只有联合摄制的版权归中方，并且一定条件下享受国产片待遇，其他两种形式的版权不仅归外方，而且如在中国上映需按引进片处理。联合摄制的影片若要享受国产片待遇，在实际操作中通常还需要满足以下条件：首先，中外双方共同创作剧本，故事要与中国有机关联，当然这也意味着影片需在中国取景。其次，联合摄制中需聘用境外主创人员的，应当报国务院广播影视行政部门批准，且主要演员中聘用境外的主角和主要配角一般均不得超过主要演员总数的二分之一，片中至少有一名中国主演。最后，中方必须对影片出资且出资比例不少于三分之一，中外双方共同投资、共享利益、共担风险。

第三款对境外组织及境外个人在我国境内从事电影摄制活动分别作出规定。对于境外组织而言，其不得在境内独立从事电影摄制活动，但在经国务院电影主管部门批准后，可与我国境内法人、其他组织以合作形式开展电影摄制活动。对于境外个人而言，则不得以任何形式在境内从事电影摄制活动。尽管境外组织及个人在我国境内独立从事电影摄制活动受到禁止，但根据《电影企业经营资格准入暂行规定》《外商投资电影院暂行规定》，国家允许中方与外方合资、合作设立电影制片公司和电影技术公司，国家原则上批准外方新建、改造电影院，以中外合资、中外合作的方式设立电影院，但外方控股最高只能达49%。

二、立法目的和背景

（一）鼓励中外合作摄制电影，加强国际交流，吸收域外先进经验

本条意在通过允许并鼓励我国法人、其他组织与境外组织合作摄制电影，加强国际交流合作，吸收域外优秀的电影拍摄经验，与国外电影界建立良好的合作关

系，拓展海外电影市场。而中外双方通过共同出资、共享收益、共担风险联合摄制影片而获得国产片待遇的规定，则意在提高中国电影产业对于海外资本、海外制作团队和海外市场的吸引力，通过更加紧密的中外合作将中国元素、中国文化、中国故事融入电影中，并以此不断扩展中国在世界范围内的文化影响力。

目前中国与中国香港、美国、法国等地区和国家合作拍摄较多。香港模式体现为经济利益推动文化认同。中国内地和中国香港合拍片在我国目前合拍片中所占数量最大、票房份额最高。从20世纪80年代初，内地和香港的合拍已经开始。自2003年香港与中国内地签订CEPA协议以及据此推出的《关于加强内地与香港电影业合作、管理的实施细则》将电影明确纳入“更紧密合作”的范畴之后，内地与香港的合拍模式发生改变，香港电影实现身份转变，香港电影作为其他引进片，并不占用我国进口片配额指标，因此香港电影人纷纷前往内地寻求发展。美国模式体现为将中国元素作为包装点缀。中美合拍片的数量虽不多，却多为商业化的大制作。好莱坞在向中国文化靠拢时，为寻找到与中国观众的对接点，便不断在影片中加入中国元素，在中国完成取景，以期让中国观众产生文化共鸣。法国模式体现为文化考量重于商业考量。中法合拍片主要是文化交流的合拍，首先考虑文化合作生产，其次考虑市场情况。中法之间的电影交流合作由来已久，两国的第一次电影合作始于1958年的《风筝》，法国电影的文化包容性较大，多以关注现实题材的文艺片为主，中法合拍有利于丰富中国电影的文化多样性，助力提升国产电影的艺术品位。但如何真正发挥合拍双方的优势，实现1+1>2的合作效果，而不仅仅是流于形式或噱头，更不要造成拍出来的电影不中不西、不土不洋，是中外电影合拍未来发展中的重要课题。

（二）在中外电影合作中守住国家安全和国家利益的底线

本法规定开展合作的境外组织，参与电影摄制的境外人员应对自身行为负责，谨慎自律。不得损害我国国家尊严、荣誉和利益，不得危害社会稳定，不得伤害民族感情等，存在以上恶劣情节的境外组织和个人，我国不得与其展开合作、不得聘用。这是维护我国国家主权的体现，任何境外组织和个人绝不能触碰底线，均无权干涉我国内政，意在引导中外电影合作活动尊重我国国家尊严、保持社会稳定、维护我国民族团结，守住国家安全和国家利益的底线。本条规定与《中外合作摄制电影片管理规定》是相互统一的，《中外合作摄制电影片管理规定》要求中外合作摄制电影片应遵循以下原则：（一）符合中国宪法、法律、法规及有关规定；（二）尊重中国各民族的风俗、宗教、信仰和生活习惯；（三）有利于弘扬中华民族的优秀文化传统；（四）有利于中国的经济建设、文化建设、思想道德建设和社会安定；（五）有利于中外电影交流；（六）不得损害第三国的利益。

（三）保护国产电影，避免大量外资涌入给中国电影市场造成强烈冲击

对境外组织在境内独立从事电影摄制活动、境外个人在境内从事电影摄制活动予以禁止，有利于间接保护我国国产电影。中国电影市场处于尚未成熟的发展阶段，大量外资的涌进会给脆弱的市场造成强烈的冲击。以美国为例，好莱坞电影享誉全球，成熟的电影工业体系让他们拥有着全世界最强的电影发行能力。美国好莱坞的内容生产能力较强，而我国电影的内容生产能力较弱，此时贸然允许大量外资涌入在我国独立拍摄电影，必然会造成对我国电影市场的强烈冲击，不利于国产电影的成长发展。因此，原国家广电总局在2004年颁布的《中外合作摄制电影片管理规定》作出要求，国家对中外合作摄制电影片实行许可制度。境内任何单位或个人未取得《中外合作摄制电影片许可证》或批准文件，不得与境外单位或个人合作摄制电影片。未经批准，境外单位或个人不得在中国境内独立摄制电影片。

三、案例与实践

（一）赵薇新片男主角因政治态度模糊被宣布撤换

赵薇第二部导演作品《没有别的爱》演员阵容引发争议，不少网友指出该片主演戴立忍曾参与“台独”相关活动，而另一位日本演员水原希子曾为辱华照片点赞。受到社会舆论声讨后，电影《没有别的爱》剧组官方微博发声明宣布撤换男主演戴立忍。声明中称导演和投资方都希望戴立忍先生可以给公众更充分的说明，以及在大是大非上有明确的表态，但多次沟通后，戴立忍的态度依旧模糊，为此导演和投资方集体决定，撤换本部电影的男主角戴立忍。剧组声明中还表示：“我们都是中国人，坚决维护祖国统一大局，国家利益高于一切，海峡两岸同根同祖，艺术无边际，但艺术家要有情感和态度，每一种文化最终都是来源于她的土壤，服务于她的人民！尤其在国家和民族大义上来不得半点虚假，也不容许任何模棱两可。”同时还为用人失察向广大网民致歉。

（二）中法合拍进入蓬勃发展期

2010年中国与法国签署《中法电影合拍协议》，两国合拍进入蓬勃发展期。纵观中法合拍片的资金、主创人员、文本主题、制作等环节，它呈现出与中国内地和中国香港合拍、中美合拍不同的特征。中美合拍像是强势文化借合拍之名攻占本土市场，而中法合拍更多是两国文化和收入上的对等关系，中法合拍大多选择一些中小成本、现实题材的文艺电影，从而为中国艺术电影的探索提供了更多可能。

同时，与中美合拍只是流于表面的中国元素不同，中法合拍更多是讲述完整的中国故事。纵观近年来的几部中法合拍片，例如《我11》《夜莺》《狼图腾》等，讲述的都是中国人的本土故事，这是因为法国具有丰富的合拍经验和较强的文化包容性。正如《我11》法国发行方代表卡洛·司寇达所说："法国非常希望对外合拍，机制比较开放，不一定在法国拍摄，主题也不一定与法国相关。"

中法合拍开启了合拍片的第三种发展模式，即主要作为文化交流的合拍，市场考虑则在其次，其本质是一种文化合作生产。具体做法为中国导演到外面寻找合作资金（投资者），或引进外国的导演/团队等参与到中国电影合拍当中。一方面，中国聘请法国导演来中国生产，借此扩大中国电影的国际影响力；另一方面，法国通过合拍资助中国年轻的文艺片导演，以完成欧洲艺术电影市场的自我产业循环。在此合作发展模式中，双方对合拍的诉求都是文化重于市场。[①]

（三）号称"史上最大中美合拍片"《长城》票房、口碑皆不佳，中美合拍片前景存疑

张艺谋执导的《长城》（*The Great Wall*）票房和口碑都没有达到之前的预期。《长城》的制作费用为1.5亿美元，环球公司资助了该片大约25%的费用，其余费用则来自传奇影业、中影集团和乐视影业。不过环球公司还将负责《长城》全球的营销费用，这笔钱保守估计也要8000万美元以上。《长城》在中国的票房为低于预期的1.71亿美元，全球票房最高为3.2亿美元，作为中国和美国联合制作的成本最高的影片，《长城》的表现大大低于投资者的预期。票房分析师杰夫·博克说："世界第一和世界第二电影市场的融合最终将会发生，但从美国国内来说，《长城》的票房表现却相当于引火烧身。"一位长期跟中国电影市场打交道的好莱坞高管也表示："毫无疑问，这部电影是个败笔！"《长城》的"崩塌"已经在短时间内推翻了中美合拍大片的希望，业内人士从这部电影中吸取到的教训是——目前很难找到一个故事，能将东方和西方角色完全融合在一起。据说在制作《长城》时，中方和美

① 参见陈犀禾、鲜佳：《当代中国电影合拍片的三种模式》，中国作家网，http://www.chinawriter.com.cn/dianying/2016/2016-03-04/266770.html，访问时间：2017年1月5日。

方的工作人员就经常会遇到很多交流阻碍和冲突，制作方被迫雇用了大约100名口译员，在现场帮助双方工作人员交流。“这是第一部这种类型的电影，”一位非常了解这个电影项目的电影公司高管说，“你努力想讨好所有人，结果却没有办法吸引任何人，这感觉就像是一部世界语电影。”到目前为止，虽然好莱坞电影公司都从中国获得了巨大的经济效益，但他们对真正跟中国合作拍电影却持怀疑态度。在过去的一些大片中，比如派拉蒙公司的《变形金刚4：绝迹重生》(*Transformers: Age of Extinction*)和迪士尼的《钢铁侠3》(*Iron Man* 3)，都对中国制作方参与的深度和剧本控制进行了限制。鉴于《长城》的失败，一位分析师预测好莱坞将会对中美合拍大片有些望而却步。“中国市场的机会太大了，以至所有电影公司都无法忽视。”MKM Partners公司的埃里克·汉德勒表示，“问题是《长城》在美国遭遇了太多的差评。到了某个时间节点，肯定会有人找到中美合作的最佳公式。”

第十五条

【支持、规范电影摄制活动】

县级以上人民政府电影主管部门应当协调公安、文物保护、风景名胜区管理等部门，为法人、其他组织依照本法从事电影摄制活动提供必要的便利和帮助。

从事电影摄制活动的，应当遵守有关环境保护、文物保护、风景名胜区管理和安全生产等方面的法律、法规，并在摄制过程中采取必要的保护、防护措施。

一、基本含义

本条是关于政府应当协助电影摄制活动以及法人、其他组织应当规范开展电影摄制活动的规定。

第一款规定了法人、其他组织在从事电影摄制活动中享有的权利。法人、其他组织在电影摄制的过程中，出于故事情节、剧情发展、场景布置等需求，需要公安、文物保护、风景名胜区管理等部门配合拍摄的，县级以上人民政府电影主管部门应当协调公安、文物保护、风景名胜区管理等部门，为法人、其他组织摄制电影提供必要的便利和帮助。例如由公安部门为电影摄制提供治安保护，由文物保护部门为电影摄制提供文物或相关史实资料，由风景名胜区管理部门为电影摄制提供取景地等。本条规定通过确定县级以上政府电影主管部门义务的方式赋予了法人和其他组织在电影摄制活动中的权利，体现了本法的电影产业之促进法和支持法的精神。

第二款规定了法人、其他组织在从事电影摄制活动中应履行的社会责任和安全保障义务。法人、其他组织在电影摄制的过程中，应当规范自身拍摄行为，遵守相关法律法规，服从风景名胜区等部门的管理，保证安全生产。同时，法人、其他组织在电影摄制的过程中，应当采取必要的保护、防护措施。具体而言，包含两方面的保护：第一，对外保护。对外保护指的是对外部环境或外部组织提供的物资等予以保护，具体包含对生态环境的保护、对文物道具的保护以及对风景名胜区的保护。在摄制过程中，对于文物管理部门提供的文物道具，应当爱惜保护，避免造成损害。对于风景名胜区提供的取景地，无论是自然景观还是人文景观，都应当谨慎保护，服从风景名胜区管理部门的安排，避免造成环境破坏。第二，对内保护。对内保护指的是为保障安全生产对剧组内部人员提供的保护，在性质上属于民法上的安全保障义务的范畴。在摄制过程中，应当合理使用各类特效道具，严格规范对炸药、马匹等危险物品的使用，避免造成意外事故，否则将依据本法和民事法律规定承担相应的损害赔偿责任。

二、立法目的和背景

（一）政府加大对电影产业的扶持力度，促进电影摄制水平提升

县级以上人民政府根据法人、其他组织摄制电影的需求，协调公安、文物保护、风景名胜区管理等部门，有义务对电影创作、摄制提供必要的便利和帮助，体现出政府对电影产业扶持力度的加大，国家支持创作、摄制各类优秀国产影片。通过为电影摄制活动提供便利和帮助，有利于协助法人、其他组织克服电影摄制过程中遇到的障碍、困难，积极营造出激发创作热情的制度环境。通过公安、文物保护、风景名胜区管理等部门的工作配合，有助于电影成片高度还原历史事实、剧本

预设，使得影片内容更为真实生动，从而不断促进我国电影摄制水平的提升，激励我国电影事业的繁荣发展。

（二）规范电影摄制行为，促进环境资源可持续发展

国外为督促电影制片方积极履行义务、保证安全拍摄，以法定形式强行要求电影制片方必须投一定的保险，避免各方对于拍摄过程中造成的意外事故相互推诿责任。例如，英国法律规定，所有的制作单位必须投保限额不低于1000万英镑的雇主责任险；为了减少拍摄造成的环境损害赔偿责任，美国法律要求，影视相关制作单位在利用机场等市政设施进行拍摄时，要保500万—1000万美元的责任保险。①

此次《电影产业促进法》规定法人、其他组织在摄制电影的过程中，有义务遵守各项法律法规、采取必要防护措施、规范自身拍摄行为，体现出不断与国际标准接轨的发展趋势。近年来，不少电影剧组由于剧情场景需要，选择在风景名胜区取景，然而在摄制过程中，剧组肆意制造垃圾、污染环境等行为给景区造成难以弥补的损害，这种损害往往是不可逆的，不利于环境资源的可持续发展。因此规范电影摄制行为，守法拍摄、安全拍摄、环保拍摄势在必行。

三、案例与实践

（一）《无极》剧组因严重破坏天池环境遭建设部点名批评

尽管陈凯歌导演的电影作品《无极》在2006年获得了两亿元的票房收入，但

① 参见何圣捷:《中国电影完片保险现状初探》，《福建论坛》2014年第2期，第78页。

是该剧组在香格里拉拍摄期间对国家重点风景名胜区千湖山碧沽天池景区造成了严重的环境破坏。不仅饭盒、酒瓶、塑料袋、雨衣等垃圾遍地，而且为了拍戏布景的需要，天池里被打了100多个木桩；天池禁伐区里的一片高山杜鹃被推平；一个高10米、横跨40米的混凝土钢架耸立湖边。此举曾遭到公众舆论一致批评，剧组被处以9万元罚款，香格里拉县分管副县长因负有责任而被免职。“电影《无极》剧组在云南香格里拉碧沽天池拍摄，对当地自然景观造成破坏”，在2006年于杭州举行的“城镇和风景区水环境治理国际研讨会”上，时任建设部副部长仇保兴在主题报告中对当前电影摄制过程中存在的破坏风景区和城镇水环境的行为提出严厉批评。

（二）影视爆破相关单位及个人均需持证上岗

由于近年来影视作品爆破事故频发，造成剧组人员意外伤亡及大量财产损失。为规范影视剧拍摄过程中的高危爆破、烟火特效等行为，国家新闻出版广电总局于2013年发布了《关于2013年影视烟火爆破工程技术人员考核有关事项的公告》（以下简称《公告》），要求对从事影视烟火爆破特效作业的单位和相关人员实行资格准入制度，该制度已于2013年7月1日起执行。

《公告》主要内容为：根据《关于进一步加强影视烟火特效作业安全管理工作的通知》（公通字〔2012〕64号）和《关于进一步做好影视烟火特效作业安全管理工作有关事项的通知》（公治〔2013〕99号）的精神，经公安部治安管理局、国家新闻出版广电总局人事司研究决定，将于2013年6月10日至11日对影视烟火爆破工程技术人员进行考核，规定影视烟火特效作业单位须取得《爆破作业单位许可证》（营业性，仅限影视烟火），该单位从事影视烟火特效作业的爆破工程技术人员须取得《爆破工程技术人员安全作业证》(仅限影视烟火)，爆破员、安全员、保管员须取得《爆破作业许可证》。自2013年7月1日起，所有从事相关工作的单位和个人都须持证上岗。[①]

① 参见孙琳琳:《影视爆破师7月起需持证上岗，半路出家事故频发》，搜狐新闻网，http://news.sohu.com/20130515/n375921636.shtml，访问时间：2017年3月20日。

第十六条

【电影内容的禁止性规定】

电影不得含有下列内容：

（一）违反宪法确定的基本原则，煽动抗拒或者破坏宪法、法律、行政法规实施；

（二）危害国家统一、主权和领土完整，泄露国家秘密，危害国家安全，损害国家尊严、荣誉和利益，宣扬恐怖主义、极端主义；

（三）诋毁民族优秀文化传统，煽动民族仇恨、民族歧视，侵害民族风俗习惯，歪曲民族历史或者民族历史人物，伤害民族感情，破坏民族团结；

（四）煽动破坏国家宗教政策，宣扬邪教、迷信；

（五）危害社会公德，扰乱社会秩序，破坏社会稳定，宣扬淫秽、赌博、吸毒，渲染暴力、恐怖，教唆犯罪或者传授犯罪方法；

（六）侵害未成年人合法权益或者损害未成年人身心健康；

（七）侮辱、诽谤他人或者散布他人隐私，侵害他人合法权益；

（八）法律、行政法规禁止的其他内容。

一、基本含义

本条是关于电影内容的禁止性规定。

本条规定了国务院电影主管部门或者省、自治区、直辖市人民政府电影主管部门对于一般题材电影剧本梗概备案，重大或特殊题材电影剧本审查以及电影摄制完成后成片送审的相关审查标准。在电影摄制前阶段，如果一般题材电影剧本梗概内容，重大或特殊题材电影剧本内容违反本条规定，将会影响拟摄制电影的法人、其他组织取得电影备案证明文件或批准文件，法人、其他组织需对电影剧本梗概、电影剧本内容做出修改更正。在电影摄制完成后阶段，如果电影成片内容违反本条规定，将会影响摄制电影的法人、其他组织取得电影公映许可证，法人、其他组织需对电影成片内容做出修改变更。

电影作为文化传播的重要工具，摄制内容关涉国家安全、外交关系、民族关系、宗教关系等在所难免。但一旦涉及这些内容，电影片内容应当合法合规，不能超越法律的边界，不能损害国家、集体和个人的合法权益。本条从如下几个方面加以规定，禁止电影片含有如下内容：

第一项关于合宪合法方面的内容。电影内容不得违反我国宪法的基本原则——人民主权原则、人权保障原则、社会主义法治原则和民主集中制原则。电影内容不得煽动抗拒或者破坏宪法、法律、行政法规的实施。

第二项关于国家安全方面的内容。首先从国家主权而言，电影内容不得危害国家领土主权完整，危害国家统一；其次从国家安全而言，电影内容不得泄露国家秘密，损害国家安全；再次从国家名誉而言，电影内容不得有损国家形象，损害国家尊严、荣誉和利益；最后从世界安全而言，电影不得宣扬恐怖主义、极端主义内容。

第三项关于民族团结方面的内容。电影内容不得诋毁民族优秀文化传统，不得煽动民族仇恨，不得带有民族歧视情绪，不得歪曲民族历史或者民族历史人物，应当尊重各民族风俗习惯，维护中华民族的团结统一。

第四项关于宗教政策方面的内容。电影内容不得煽动破坏我国宗教政策，具体而言宗教政策包含以下内容：（一）宗教信仰自由的政策。公民有信仰宗教的自由，也有不信仰宗教的自由。电影内容不得强制公民信仰宗教或者不信仰宗教，不得歧视信仰宗教的公民和不信仰宗教的公民。（二）国家依法管理宗教事务的政策。政府依法对涉及国家利益和社会公共利益的宗教事务进行管理，制止和打击利用宗教进行的违法犯罪活动，抵御境外势力利用宗教进行的渗透。电影内容应当服从国家对宗教事务的管理和安排，不得宣扬邪教迷信。（三）宗教坚持独立自主自办的政策。我国宪法规定，“宗教团体和宗教事务不受外国势力的支配”，任何境外组织和个人不得干预我国的宗教事务。长期以来，不乏境外势力企图利用宗教对我国进行渗透、颠覆和破坏活动，电影内容需对此保持高度警惕。（四）积极引导宗教与社会主义社会相适应的政策。积极引导宗教与社会主义社会相适应，不是要求宗教界人士和信教群众放弃宗教信仰，而是要求他们热爱祖国、拥护社会主义制度、拥护中国共产党的领导，遵守国家的法律、法规和方针政策。此外，电影内容不得宣扬邪教、迷信。邪教并非宗教，邪教是指冒用宗教旗号、神话首要分子，宣传迷信邪说，蒙骗群众，非法聚敛财物，进行违法犯罪活动的邪恶势力，其本质是反人类、反社会、反科学的。

第五项关于社会公共秩序方面的内容。电影内容不得有损社会公德，不得扰乱社会秩序，不得破坏社会稳定；不得宣扬淫秽、赌博、吸毒等违法乱纪行为；不得渲染暴力、恐怖情节，教唆犯罪或者传授犯罪方法。

第六项关于未成年人保护方面的内容。对于电影放映内容可能引起未成年人身体或者心理不适的，应当予以提示。允许未成年人观看的影片不应含有色情、暴力、恐怖等画面，避免电影内容侵害未成年人的合法权益、损害未成年人的身心健康。

第七项关于人格权保护方面的内容。电影内容不得侮辱诽谤他人，不得未经允许随意散布他人隐私，侵害他人的合法权益。侮辱是指在影片摄制内容中，公然贬损他人人格，破坏他人名誉的行为。诽谤是指在影片摄制内容中，故意捏造并散布虚构的事实，足以贬损他人人格，破坏他人名誉的行为。

第八项关于其他方面的内容。本项属兜底条款，电影内容虽不具备上述第一到第七项的情形，但如果违反了法律、行政法规的强制性规定，也应当被禁止。

二、立法目的和背景

（一）维护法律权威，保障国家形象

电影除在商品经济中起到重要作用外，同时也是文化传播、历史传承的重要工具。电影作为对外交往的窗口，影片内容直接关涉我国的国家形象。电影作为意识形态领域的文化工具，其所展示的内容影响到观众的价值判断，具有文化效应的放大性、引领性。早在我国1993年制定的《电影审查暂行规定》中就对电影片内容应当维护宪法法律权威、维护国家利益作出规定："被审查电影片有下列内容之一者，禁止公映：（一）违背我国宪法和法律；（二）损害国家利益、社会安定、民族尊严和民族团结。"国家安全与国家形象至关重要，宪法法律的权威不容置疑，任何电影都不得违反宪法确立的基本原则，不得破坏法律，不得展示有损国家形象的内容。

为保障电影内容安全健康，我国曾制定并颁布一系列电影审查标准，除前文所述的1993年制定的《电影审查暂行规定》外，国务院于1996年发布了《电影管理条例》，制定了"七不准"的电影审查标准。随后，2001年国务院发布了修改后的《电影管理条例》，正式确立了电影审查的"十不准"规定，"十不准"规定现行有效，成为行政主管部门衡量电影内容是否合乎规范的审查依据。[①]2006年，原国家广电总局发布了《电影剧本（梗概）备案、电影片管理规定》，除延续了2001年《电影管理条例》"十不准"规定之外，进一步细化规定电影片有九种情形之一的，应

① 国务院2001年颁布的《电影管理条例》第二十五条规定："电影片禁止载有下列内容：（一）反对宪法确定的基本原则的；（二）危害国家统一、主权和领土完整的；（三）泄露国家秘密、危害国家安全或者损害国家荣誉和利益的；（四）煽动民族仇恨、民族歧视，破坏民族团结，或者侵害民族风俗、习惯的；（五）宣扬邪教、迷信的；（六）扰乱社会秩序，破坏社会稳定的；（七）宣扬淫秽、赌博、暴力或者教唆犯罪的；（八）侮辱或者诽谤他人，侵害他人合法权益的；（九）危害社会公德或者民族优秀文化传统的；（十）有法律、行政法规和国家规定禁止的其他内容的。"这十条标准简称电影审查的"十不准"规定。

删剪修改。此次《电影产业促进法》的八条内容禁止性标准是顺应时代发展需求综合考量制定得出的，具备合理性。

（二）维护民族团结，坚守宗教政策

我国是56个民族组成的统一多民族国家。在党的领导下，我国各族人民同心同德、和衷共济、携手向前，从容应对并经受住了国际国内各种挑战和压力的考验，保持了经济发展、政治安定、文化繁荣、社会和谐、人民幸福的良好局面。电影拍摄内容应当牢固树立维护民族团结的意识，尊重各民族的宗教信仰，尊重各民族的风俗习惯。

我国宪法赋予公民宗教信仰的自由，国家依法保护正常的宗教活动。电影摄制应当遵守我国宪法相关规定，不得强制公民信仰宗教或者不信仰宗教，不得歧视信仰宗教的公民和不信仰宗教的公民，不得在影片中展示利用宗教进行破坏社会秩序、损害公民身体健康、妨碍国家制度的活动。

（三）维护社会公共秩序，保障未成年人身心健康

电影作为意识形态领域的文化工具，其所展示的内容直接影响到观众的价值判断，具有文化效应的放大性、引领性。因此电影应当发挥自身的正面导向作用，立足于传播中华优秀文化，弘扬社会主义核心价值观。电影片内容不应展示扰乱社会秩序，宣扬淫秽、赌博、吸毒，渲染暴力、恐怖，教唆犯罪或者传授犯罪方法等内容，以免对观影群众尤其是心智尚未成熟、尚不具备是非判断能力的未成年人造成错误的价值导向。我国《电影管理条例》第二十五条也作出类似规定，“电影片禁止载有下列内容:（六）扰乱社会秩序，破坏社会稳定的;（七）宣扬淫秽、赌博、暴力或者教唆犯罪的”。

（四）维护人格权利，保障个人隐私等合法权益

《中华人民共和国民法总则》第三条规定，“民事主体的人身权利、财产权利以及其他合法权益受法律保护，任何组织或者个人不得侵犯”。人身权利可分为人格权与身份权，其中人格权包含生命权、身体权、健康权、姓名权、名称权、肖像权、名誉权、隐私权等权利。隐私权作为自然人重要的人格权利，受到法律保护。电影作为面向大众放映的文化工具，其所拍内容一经观看，可能造成放大的舆论效应。任何人在未经授权的情况下，不得擅自在电影中暴露他人隐私，侮辱、诽谤他人，贬损他人人格，破坏他人名誉。尤其是近年来大银幕上不乏根据真人真事改编的电影，拍摄此类电影应事先征得当事人的许可，避免产生法律争议。

三、案例与实践

（一）电影《苹果》因违规制作传播色情片段被禁止公映

《苹果》是由李玉导演，范冰冰、佟大为主演，于2007年出品的电影。2008年1月3日，原国家广电总局发出《关于处理影片〈苹果〉违规问题的情况通报》。通报指出，由北京劳雷影视文化有限责任公司、北京保利博纳电影发行有限公司、北京中鸿房地产开发集团有限公司联合出品的影片《苹果》，违规制作色情内容的片段（未经审查通过），并擅自将未经审查通过的含有色情内容的影片在互联网上传播及制作音像制品，该行为违反了《电影管理条例》第二十五条的规定，造成了不良影响。为加强和规范电影制片及发行放映的管理，确保电影及各种媒体的传播健康有序，进一步净化银幕视频，原国家广电总局作出“吊销该片的《电影片公映许可证》；停止该片在影院发行、放映；停止网络传播”的行政处罚决定。

（二）电影《亲爱的》险遭人物原型诉侵权

由陈可辛执导的根据真实故事改编的电影《亲爱的》讲述了一个家庭艰辛寻子的故事，该片自播映后引起了较大社会反响。然而该片女主角的原型高永侠表示，影片虚构的下跪、陪睡内容令自己深受打击，欲起诉制片方侵犯其名誉权。尽管片方为规避责任，在影片片尾打出了“本片根据真人真事改编，部分情节并未真实发生”的字样，但是高永侠照片的出现难免让人有所联想，可能降低对人物原型的社会评价。

近年来，关于影视作品侵犯故事人物原型名誉权的案件屡屡发生，从法律层面来看，电影制片方的这种行为，可能会侵犯高永侠的两种权利。一是隐私权，在文艺创作中，应当保护人物原型的个人隐私，防止影响其个人生活。二是名誉权，所谓侵犯名誉权，是指采取捏造、侮辱、诽谤等方法，或者虚构某些事实，造成被害人的社会评价降低，正常生活遭到破坏。在影片创作过程中，应当尊重人物原型的名誉权。

《电影产业促进法》第十六条第七项对电影侮辱、诽谤、侵害他人隐私权等情形予以规制，这便要求创作人员在进行电影创作拍摄时，不能只顾博人眼球，擅自夸大事实、暴露隐私，尤其是在拍摄根据真人真事改编的电影时，应当取得当事人的许可。

（三）电影《鬼子来了》因基本立意出现偏差被禁止公映

由姜文执导的电影《鬼子来了》在没有报送剧本备案的情况下擅自展开拍摄，同时并未严格按照原国家广电总局电影局发出的《关于合拍片〈鬼子来了〉立项的批复》（电字〔1998〕第302号）中的意见修改剧本，此外该片还擅自增加多处台词和情节。致使影片不仅没有表现出在抗日战争大背景下，中国百姓对侵略者的仇恨和反抗，反而突出展示和集中夸大了中国百姓愚昧、麻木、奴性的一面；不仅没有充分暴露日本军国主义的侵略本质，反而突出渲染了日本侵略者耀武扬威的猖獗气势，由此导致影片的基本立意出现严重偏差，有损我国尊严、荣誉和利益，该片受到禁止公映的行政处罚。

第十七条

【电影审查】

法人、其他组织应当将其摄制完成的电影送国务院电影主管部门或者省、自治区、直辖市人民政府电影主管部门审查。

国务院电影主管部门或者省、自治区、直辖市人民政府电影主管部门应当自受理申请之日起三十日内作出审查决定。对符合本法规定的，准予公映，颁发电影公映许可证，并予以公布；对不符合本法规定的，不准予公映，书面通知申请人并说明理由。

国务院电影主管部门应当根据本法制定完善电影审查的具体标准和程序，并向社会公布。制定完善电影审查的具体标准应当向社会公开征求意见，并组织专家进行论证。

一、基本含义

本条是关于电影成片审查的规定，即行政许可程序的规定。

行政许可，是指行政主体（包括行政机关以及法律、法规、规章授权的组织）根据行政相对人（公民、法人或者其他组织）的申请，经依法审查，准予其从事特定活动的行为。摄制电影的法人、其他组织在摄制完成后拟发行、放映、送展等，必须向电影主管部门申请，经电影主管部门审查通过颁发电影公映许可证后，才能从事相关活动。如本法第二十条第二款明确规定：“未取得电影公映许可证的电影，不得发行、放映，不得通过互联网、电信网、广播电视网等信息网络进行传播，不得制作为音像制品；但是，国家另有规定的，从其规定。”

（一）电影成片的审查机关

本条第一款对电影成片的审查机关作出规定。

法人、其他组织在电影摄制完成后，应当将拟发行放映的电影成片送交电影审查机关审查，中央和地方即国务院电影主管部门和省级人民政府电影主管部门均享有成片审查权，成片审查属电影主管部门作出的行政许可事项。本条规定体现出简政放权，权力下放的核心思想，与国家新闻出版广电总局2014年发布的《关于试行国产电影属地审查的通知》规定相一致。

省级人民政府电影主管部门有权负责本行政区域内所属法人、其他组织摄制的各类影片的审查，并在规定的行政许可时限内，作出审查决定，颁发电影公映许可证。应当注意的是，省级人民政府电影主管部门仅对一般题材的影片享有终审权；对于特殊题材的影片，除由省级人民政府电影主管部门审查之外，按照行业惯例，还需要军队、文物、宗教、司法等相关行政部门参与审查，并取得相关审核意见；对于重大题材的影片，省级人民政府电影主管部门仅享有初审权，终审需送交国务院电影主管部门进行。根据国家新闻出版广电总局2014年发布的《关于试行国产电影属地审查的通知》的规定，对于重大革命和重大历史题材影片，由省级广电部门电影审查机构审查通过后，送国家新闻出版广电总局重大革命和重大历史题材影视创作领导小组终审；对于重大文献纪录影片，由省级广电部门电影审查机构审查通过后，送国家新闻出版广电总局重大文献纪录影视片创作领导小组终审。

此外，国务院电影主管部门或者省级人民政府电影主管部门在进行电影审查时采取内容与技术区分审查的方式。内容审查主要解决合法性和意识形态问题，保证影片内容符合本法第十六条相关规定；技术审查主要解决技术质量问题，保证电影画面、声音等符合质量标准。内容与技术区分审查制度最早诞生于1993年广播电影电视部制定的《电影审查暂行规定》，该制度一直沿用至今。

（二）电影公映行政许可程序要求

本条第二款对电影公映行政许可的程序作出规定。

国务院电影主管部门或者省级人民政府电影主管部门在受理法人、其他组织提出的电影片审查申请后，应当在30日内作出审查决定。对符合《电影产业促进法》相关规定的，应当准许公映，并颁发电影公映许可证（即所称“龙标”）；对不符合《电影产业促进法》相关规定的，不允许公映，同时审查机关应当书面通知申请人并说明作出决定的相关理由。其中，书面通知和说明理由是审查机关的法定义务和必要程序。

《行政许可法》第四十二条规定了行政机关除当场可以做出行政许可决定外，应当自受理申请之日起20日内做出行政许可决定，经本行政机关负责人批准，可以延长十日，但是法律、法规另有规定的依照其规定。本法作为法律层级的规范性文件，在本条中所规定的30日期限，与行政许可法的相应规定是特别法与一般法的关系，是电影主管部门对电影公映许可审批的规范时限。

《行政许可法》第八十二条规定：“本法规定的行政机关实施行政许可的期限以工作日计算，不含法定节假日。”《电影产业促进法》并未明确本法所称的期限是否为工作日，我们认为，从《行政许可法》在我国行政法律体系中的地位和作用，以及本条内容与《行政许可法》第四十二条内容的相近度来看，本条规定的30日也应理解为工作日，不含法定节假日，此点尚需通过日后的立法活动加以明确。

（三）国务院电影主管部门制定完善电影审查的具体标准和程序

本条第三款确定由国务院电影主管部门制定完善电影审查的具体标准和程序。该规定既是对国务院电影主管部门的授权，也是明确国务院电影主管部门的职责。在本法实施后，国务院电影主管部门应根据本法要求制定完善电影审查的具体标准及程序，并向社会公布，使电影审查标准统一化、公开化、透明化。在制定完善电影审查的具体标准的过程中，国务院电影主管部门需要征求社会公众的意见，同时组织专家参与相关论证。

二、立法目的和背景

（一）简政放权，激发电影市场活力

我国电影成片审查制度正式确立于1996年国务院发布的《电影管理条例》，其中第二十三条规定“国家实行电影审查制度。未经国务院广播电影电视行政部门的电影审查机构审查通过的电影片，不得发行、放映、进口、出口”。自2000年以后，民营资本逐步涌入电影行业，我国电影事业蓬勃发展，电影拍摄数量不断增加。如果所有电影都由广电总局行使成片终审权，无疑会大量增加广电总局的工作负担，同时拖慢整个电影审查进度，加长电影投资回报周期，增加电影上映的不确定因素。若要电影行业持续健康发展，权力下放、简化审批流程势在必行。

原国家广电总局于2003年颁布了《电影剧本（梗概）立项、电影片审查暂行规定》，其中第十条首次提及“经申请，省级广播影视行政部门可以受广电总局委托，对本省持有《摄制电影许可证》并依法注册登记的国有、非国有单位制作的部分电影片进行审查”。2010年，原国家广电总局发布了《关于改进和完善电影剧本（梗概）备案、电影片审查工作的通知》，确立了电影的“一备二审”制度，并在吉林、广东、浙江、陕西、湖北和北京率先试点开展成片终审权的下放工作。2014年国家新闻出版广电总局下发《关于试行国产电影属地审查的通知》，将属地审查由试点推广到全国，彻底实现了电影审批权下放。

本法正式通过法律的形式确定省级人民政府电影主管部门享有电影审查权，同时也是对原国家广电总局之前颁布的一系列文件的呼应与确认。按照属地管理原

则，各省级行政区域内的法人、其他组织在电影摄制完毕后，直接将电影（重大题材除外）送交本省级人民政府电影主管部门终审即可，无需再提交国家新闻出版广电总局，有利于简化审批流程，提高行政效率。

（二）统一电影审查期限，降低发行放映成本

2006年原国家广电总局发布的《电影剧本（梗概）备案、电影片管理规定》第十八条规定："制片单位对电影片审查决定不服的，可以自收到《影片审查决定书》之日起三十个工作日内向广电总局电影复审委员会提出复审申请。广电总局电影复审委员会应在二十个工作日内作出复审决定。"根据此条规定，原国家广电总局除享有电影审查权之外，还享有"复审决定权"，电影审查期限为五十日（初审三十日加复审二十日），电影审查期限变长无疑增加了电影上映的不确定因素。本次《电影产业促进法》直接省去复审程序，将电影审查期限统一规定为三十日，从而大大减少了电影上映的不确定因素，缩短了电影的成片审查期限，降低了电影发行放映的时间成本，有利于缩短电影的投资回报周期，促进电影产业的良性循环发展。

（三）明确电影审查标准，重视专家意见

《电影产业促进法》首次规定了制定完善电影审查的具体标准和程序，要求向社会公开征求意见并组织专家进行论证，同时还规定电影审查的具体标准和程序应当向社会公布。

电影审查标准的模糊性、导向性和不公开性，一直饱受业界诟病，不利于电影产业的健康发展。本次《电影产业促进法》的新规定有利于建立和完善电影审查标准，同时让社会公众都能以公开方式了解、熟知电影审查的具体标准和程序，从而帮助电影从业者准确评估、规避相关风险，规范自身拍摄行为，保障电影摄制内容符合电影审查相关标准。

（四）政府转变监管方向，放管结合，加强后续监督

过去我国政府对于电影的监管态度为严厉的事前控制，同时不放松事中和事后监管。电影从拍摄到公映需要完成剧本审查、获取摄制电影许可证、电影片公映许可证等一系列行政审批程序。繁琐的行政审批程序无疑会降低电影制作、发行、放映的运作效率，减缓整个电影产业的发展活力。本次《电影产业促进法》通过下放审查权力、缩短审查期限等措施表明政府监管方向的转变，由事前控制转变为事中、事后监督，有利于降低电影市场的准入门槛，激励更多有实力有梦想的从业人员进入电影行业，创作出更多优秀的电影作品，促进电影产业呈现出“百花齐放”的繁荣景象。

然而放松监管不等于不监管，必须坚持放管结合，加强后续监管。在简政放权的同时，本法也注重加强事中、事后监管力度，进一步规范电影审查标准的制定和公开程序，以规范市场秩序，引导形成统一开放、公平竞争的电影市场环境。

三、案例与实践

2014年，国家新闻出版广电总局下发了《关于试行国产电影属地审查的通知》，宣布从2014年4月起进一步下放审查职权至省级广电部门。电影《N见钟情》制片方便是该项政策的获益者之一，该片拍摄于四川，按照电影成片属地审查相关规定，该片送交四川省广播电影电视局终审即可，无需再送交国家新闻出版广电总局电影局审查。据该片制片人透露，过去四川出品的电影审片程序相当复杂，需要把影片从成都送到北京去审，一来一去至少耗费一个多月，并且手续也相当烦琐，但是倘若在四川本地广电局进行审查，成本降低，效率提升，有很大的便利，观众们也可以更快地看到新的电影作品。但应当明确的是，属地终审仅针对一般题材电影片，对于重大题材影片，即重大革命和重大历史题材影片、重大文献纪录影片，依然需要国家新闻出版广电总局终审；涉及对中央和国家机关（军队）所属电影制片单位

摄制的各类影片和进口影片的审查权也依然在国家新闻出版广电总局手中。[①]

《电影产业促进法》第十七条再次明确了一般题材影片属地审查的规定，正式将影片终审职能下放到省级人民政府电影主管部门。对制片方而言，有利于大大节约审片时间、简化审查程序、节约时间成本；对于观众而言，有利于在更短时间内看到各种优秀电影；对于国务院电影主管部门而言，有利于减轻繁重的工作任务，可谓一举三得。

① 参见杜恩湖：《电影地方审查尺度不变领导到北京参加培训班》，凤凰娱乐网，http://ent.ifeng.com/a/20140318/34864325_0.shtml，访问时间：2017年1月5日。

第十八条

【专家评审】

进行电影审查应当组织不少于五名专家进行评审，由专家提出评审意见。法人、其他组织对专家评审意见有异议的，国务院电影主管部门或者省、自治区、直辖市人民政府电影主管部门可以另行组织专家再次评审。专家的评审意见应当作为作出审查决定的重要依据。

前款规定的评审专家包括专家库中的专家和根据电影题材特别聘请的专家。专家遴选和评审的具体办法由国务院电影主管部门制定。

一、基本含义

本条是关于电影审查程序中专家评审的规定。

（一）专家评审程序的强制性规定

本条规定是对电影审查程序的规范和创新，不仅将专家评审纳入电影审查程序中，还规定“进行电影审查应当组织不少于五名专家进行评审”“专家的评审意见应当作为作出审查决定的重要依据”，采用了两个“应当”，强调了专家评审及专家评审意见的重要性和必要性。从广电总局的电影审查实践来看，电影审委会少于五人的审查是无效审查，审查一部电影一般不低于十人。审查委员会的委员不以个人的审美爱好为标准作为评判一部作品的尺度，审查全部依法、依规，主要参考本法第十六条到第十九条。如果意见不一致，发生争执，则以三分之二的票数，作为一个参照标准。如果发生严重争执，审委会要展开二次审查，最后取得一个共识。

电影审查部门在电影审查的过程中，未组织专家评审、专家评审程序不合法或未依据专家评审意见作出审查决定的，均属程序违法行为。报请审查的法人及其他组织对专家评审意见有异议的，可以由电影审查部门另行组织专家再次评审，对最终不准予公映的审查决定不服的，可以依据本法第五十八条的规定申请行政复议或者提起行政诉讼，请求撤销审查决定重新审查。

鉴于专家评审的强制性，本条第二款规定专家遴选和评审的具体办法由国务院电影主管部门制定。专家评审是一项系统工程，包括专家库、专家的职责、遴选、管理、监督，及专家评审的程序、标准等，因此，国务院电影主管部门需进一步规范专家评审制度，制定具体办法细化专家库的管理、专家遴选、专家评审程序等，确保专家评审意见的客观性、合法性和合理性。

（二）评审专家的组成

电影审查需从内容、技术等各方面进行全面审查，成员人数过少，不利于集思广益。因此，本条第一款对评审专家的人数作了强制性规定，进行评审的专家人数不得少于五名。本条虽未对评审专家组成人数的上限进行明确规定，审查部门可视具体情况确定评审专家的人数，但也不宜过多，否则会影响评审工作效率，增加评审费用。此外，评审专家人数应以奇数为宜，若各专家评审意见不一致时，可按照多数通过的原则产生评审结论。

本条第二款规定了专家遴选的来源，评审专家包括专家库中的专家和根据电影题材特别聘请的专家。电影审查包括内容审查和技术审查。本法第十六条、《电影管理条例》及《电影剧本（梗概）备案、电影片管理规定》等法律规定中对电影内容作出了禁止性规定，详见本书第十六条释义。《关于加强和改进历史题材影视创作管理的通知》《关于切实加强公安题材影视节目制作、播出管理的通知》还对重大历史题材和特殊题材的电影内容审查作出了特别规定。电影内容审查是电影审查的核心，主要审查电影片中是否包含上述法律法规中禁止的内容。审查部门可根据电影的内容、题材等方面选择不同专业的专家，如拍摄重大革命和重大历史题材影片可选择历史学专家，内容涉及公安、司法内容的可选择法学专家，涉及文教、经济、科技等题材的可以选择相关行业专家参加评审，确保评审意见的专业性和权威性。至于专家库中的专家和根据电影题材特别聘请的专家的构成比例，本条语焉不详。

电影技术审查是对电影的画面质量、音频质量、播放流畅度、字幕质量等技术指标进行的综合评价。[①] 审查部门可选择相关技术专家参加评审，根据广电部门发布的《立体电影送审数字母版声画技术质量主观评价方法》等技术标准作出评审意见。根据《电影数字母版技术审查管理办法（暂行）》规定送交技术审查的电影数字母版须已通过内容审查，且片头已经加上电影片公映许可证标准画面，审查通过后颁发《电影片（数字）技术合格证》。据《中国电影报》于2017年3月1日发布的《电影主管部门拟采取两大措施贯彻电影产业促进法》，“国家新闻出版广电总局电影局和全国各省级新闻出版广电部门拟采取以下措施：《电影片公映许可证》是电影片准予公映的唯一有效证明，不再单独发放《电影技术合格证》。在进行电影完成片审查时，只审一个主要发行版，其他发行版本的质量由出品单位、发行单位或其他版权主体负责”[②]。电影主管部门将进一步简政放权，同时做好各项服务工作，深入贯彻落实电影产业促进法。

（三）对专家评审意见有异议的，可申请另行组织专家再次评审

本条规定报请电影审查的法人及其他组织对专家评审意见有异议的，可以向审查部门提出，审查部门可以另行组织专家再次评审。本款采用“可以”二字，对是

① 参见赵国朋、杨珊珊：《说说与电影“技术审查”有关的那些事》，《现代电影技术》2005年第10期，第19页。

② 中国电影报：《电影主管部门拟采取两大措施贯彻电影产业促进法》，国家新闻出版广电总局电影数字节目管理中心，http://www.dmcc.gov.cn/mainSite/xw/zxgz/890456/index.html，访问时间：2017年3月16日。

否“再次评审”并未作强制要求，而只是任意性规定，即审查部门可以根据实际情况决定是否需要另行组织专家再次评审。

二、立法目的和背景

（一）创新监管方式，规范审查程序，确保审查决定的公正性和权威性

电影作为一种传播媒介，在一定程度上起到传播民族文化和社会价值观的作用，随着其商业特性的日趋显著，单靠市场机制难以在电影商业特性和主流文化价值观方面取得平衡。为了维护我国主流文化价值观、保护未成年人的身心健康，对电影进行审查是十分必要的。我国现行的电影审查制度由政府主导，审查主体不够独立，成员结构也不尽合理，且审查的标准较为宏观、抽象，自由裁量的空间过大，导致现行的电影审查制度存在一定的主观性和局限性。

鉴于现行电影审查制度存在的缺陷，《国家广播电影电视总局行政许可实施检查监督暂行办法》《电影剧本（梗概）备案、电影片管理规定》中均规定电影审查可选择专家参与评审，但并未对专家评审作具体规定。《关于加强和改进历史题材影视创作管理的通知》规定凡涉及重大历史题材的影视作品，须请有关特约审查单位推荐的历史学家参与剧本的审查和讨论。现有的法律法规中虽有涉及专家评审，但并未对专家评审、构成人数及评审意见作出强制性规定。本条规定明确将专家评审纳入电影审查的必备程序，并将专家评审意见作为审查决定的重要依据，同时明确授权国务院电影主管部门通过制定具体办法来进一步细化专家遴选及评审程序，规范电影审查程序，从而确保审查决定的公平、公正和权威。

（二）发挥行业专家的积极作用，调动行业自律，提高电影审查的效率

电影的内容和题材可能涉及各行各业，为确保电影审查决定的客观、公正，需要听取相关行业专家的专业意见。目前我国大部分行业均建立了专家库，进入专家库的专家应当是经政府有关部门通过一定的程序选择的在专业知识、实践经验和人格品质等方面比较优秀的专家。将专家评审及专家意见纳入电影审查的必备程序，一方面，依据不同专业领域的专家意见作出审查决定，确保评审结果的公平、公正、权威；另一方面，通过评审专家将审查的标准、程序、修改建议等信息反馈给行业协会、电影公司、制片人等，通过行业管理和自律，加强电影片的自审自查，保证电影的质量和水准，提高电影审查的效率和通过率。

三、案例与实践

2016年10月19日，在《湄公河行动》上映21天后，它的票房已经正式突破10亿大关。这是国产片第14次达到这一数字，却是主旋律电影和涉案类型片的第一次。《湄公河行动》出品人于冬认为："我其实不太同意主旋律这种提法，更准确一点，我们做的是'主流价值观电影'。"[①]《湄公河行动》不仅是一部电影，更是一部让中国乃至世界观众更加了解中国政府和中国警察对于毒品的态度的影片。"你之所以看不见黑暗，是因为勇敢的人把黑暗挡在了你看不见的地方。""这些人就是我们的政府和警察，正是有了他们，生活在中国的我们才能有满满的安全感。最后，谨以此文祭奠13位中国同胞的亡灵并致敬中国缉毒警察。"[②]

电影《湄公河行动》是根据"10·5中国船员金三角遇害事件"（湄公河惨案）

---

① 闫坤沐：《<湄公河行动>造就10亿票房新主旋律电影背后的秘密》，中国日报网，http://cnews.chinadaily.com.cn/2016-10/28/content_27210121.htm，访问时间：2017年1月9日。

② 参见陈静、杨涛：《<湄公河行动>：残酷现实与人性温情的跨时空交织》，载《电影评介》2016年第21期，第28页。

这一真实案件改编的，讲述了一支行动小组为解开中国商船船员遇难所隐藏的阴谋，揪出运毒案件幕后黑手的故事。[①] 该影片将一些真实的细节以及无法触碰的禁区如吸毒、娃娃兵、杀俘虏、人肉炸弹等血腥暴力的镜头搬上了银幕。大家难免会质疑该片是如何通过审查的。

电影《湄公河行动》属于特殊题材的电影，其审查需征求省级公安主管部门意见。《湄公河行动》能拍成，有公安部的支持，有扬我国威的需求，出现这么大的尺度似乎可以理解。为了能让所有敏感的情节过审，导演林超贤不仅要在剧本上下功夫，将情节设计得既合理又正能量，还要不厌其烦地和包括广电总局、公安部在内的所有审查部门充分沟通，让他们明白所有意图。[②] 显然，该影片的拍摄和审查，离不开公安部及公安部专家的支持，特别是审查过程中与评审专家充分有效的沟通，让该片顺利通过审查。

① 参见“百度百科”http://baike.baidu.com/link?url=c4dcgklRqV4-znYboL3GaNt0wpQtjPpfyNCUecaXUXkYQNEv7hwW7QbKV4Kw4JNPov8b1w9CCpGXcD6zju5V43wq5bc8RCWnRw7tKyOx6jQ04TvuSvE8KyOsz15CeKyXiqaPf0tyS6j1A9FWC4_uXK#reference-[2]-17627259-wrap，访问时间：2017年1月9日。

② 枯川：《电影<湄公河行动>推进了国内电影审查机制》，电影界，http://www.dianyingjie.com/2016/1007/10665.shtml，访问时间：2017年1月9日。

第十九条
【变更电影内容】

取得电影公映许可证的电影需要变更内容的，应当依照本法规定重新报送审查。

一、基本含义

本条是关于取得公映许可证的电影内容变更需要重新报送审查的规定。

公映许可证是一部电影的“出生证”。该许可证是国务院电影主管部门和省级人民政府电影主管部门依照本法第十七条的规定审查合格后予以颁发的。如果电影制作方在取得电影公映许可证后需要对其电影的内容进行变更，则变更后的电影视为未取得电影公映许可证，必须要按照本法第十七条的规定重新报送国务院电影主管部门和省级人民政府电影主管部门进行审查。如未依照规定重新报送审查并取得电影公映许可证，擅自将影片发行、放映、送展的，由原发证机关吊销许可证；县级以上人民政府电影主管部门没收电影片和违法所得；违法所得五万元以上的，并处违法所得十倍以上二十倍以下的罚款；没有违法所得或者违法所得不足五万元的，可以并处五十万元以下的罚款。

电影审查的核心是内容审查。从中外电影审查制度的演变轨迹看，所有电影审查制度几乎都集中于内容审查，对电影内容及表现手法及深浅程度予以一定的限制，主要体现在色情和性描写、凶杀暴力、犯罪等方面。我国的《电影产业促进法》《电影管理条例》及《电影剧本（梗概）备案、电影片管理规定》均规定电影片禁止载有违反宪法确定的基本原则、危害国家安全、破坏民族团结、扰乱社会秩序、损害未成年人身心健康等内容。因此，即使已取得电影公映许可证，一旦发生内容变更，就必须重新报送审查，重新取得电影公映许可证才可公映。

二、立法目的和背景

电影作为大众娱乐的特殊商品，拥有庞大的电影受众市场，其对社会价值观和社会道德方向具有引导性和极强的示范效应。因此，为了维护文化安全，弘扬社会主义核心价值观，势必需要通过法律和行政手段对电影的内容进行规范和引导。本法和《电影管理条例》以及《电影剧本（梗概）备案、电影片管理规定》等法律规定均对电影内容作出了禁止性规定。还有《关于加强和改进历史题材影视创作管理的通知》《关于切实加强公安题材影视节目制作、播出管理的通知》对重大历史题材和特殊题材的电影内容审查作出了特别规定。此外，国家重点扶持传播中华优秀文化、弘扬社会主义核心价值的重大题材电影，促进未成年人健康成长的电影，展现艺术创新成果、促进艺术进步的电影以及推动科学教育事业发展和科学技术普及的电影，并对优秀电影给予奖励，充分发挥电影的正面导向作用。上述规定均体现了电影内容审查的重要性。

但是制片方在电影内容通过主管部门审查并取得公映许可证后，或者由于艺术效果的需要，或者出于商业利益的考虑，或者原本就是为了规避主管部门的电影审查，都有可能会对电影的内容进行调整和变更。如果任由制片方在取得公映许可证后变更电影的内容，导致修改后的影片出现法律法规禁止的内容，无疑会使电影审查制度形同虚设，背离本法之立法目的。所以，本条规定在取得公映许可证后变更电影内容的，需要依法重新报送主管部门进行审查，重新取得电影公映许可证，否则不得公映，以禁止不良、有害作品的传播，树立电影行业的清风正气。

第二十条
【未取得公映许可证】

摄制电影的法人、其他组织应当将取得的电影公映许可证标识置于电影的片头处；电影放映可能引起未成年人等观众身体或者心理不适的，应当予以提示。

未取得电影公映许可证的电影，不得发行、放映，不得通过互联网、电信网、广播电视网等信息网络进行传播，不得制作为音像制品；但是，国家另有规定的，从其规定。

一、基本含义

本条是关于电影提示以及未取得电影公映许可证的行为禁止的规定。

（一）电影提示

本条第一款对摄制电影的法人、其他组织规定了二项电影提示义务：

1. 将电影公映许可证标识置于电影片头处。电影公映许可证标识俗称“龙标”，即电影开始放映时出现在片头的绿底龙头标志，并带有“公映许可证”字样以及电审字号，一直被视为电影的“准生证”。电影公映许可证是影片依法取得公映资格的证明，摄制电影的法人、其他组织必须将电影公映许可证标识置于电影的片头处，明示观众该电影片已通过审查，具备公映的资质，也便于社会监督。

电影公映许可证标识

2. 可能引起未成年人等观影不适感的应当予以提示。部分电影的内容或情节，可能会引起观众的恐惧、厌烦、焦虑等等身体或心理的不适，对观影人群的身心健康造成一定的影响。本条特别规定，电影放映可能引起未成年人等观众身体或者心理不适的，摄制电影的法人、其他组织有义务予以提示。因为未成年人的心智尚未发育完全，判断能力尚不健全，是最容易在观影中产生身体或心理不适的群体，故本条对于观影人群采用了“未成年人等”的表述方式，特别强调对未成年观影人群的保护。除了未成年人之外，老年人、心脏病患者等身体或心理比较容易受到外界刺激和影响的观影群体，也应当纳入到被提示的观影群体的范围中去。所以本条在未成年人之后加了一个“等”字。

观影提示并非“手动分级”。有观点认为，本条虽然并未像西方电影审查制度一样明确对电影分级，但采取观影提示的方式，似乎更像是一种委婉的、界限模糊的分级雏形，因此，这一条例也被网友和影评人戏称为“手动分级”“委婉分级”，称其“是中国电影分级的第一步”。目前已经有电影在海报上开始做出提示，比如《金刚狼3》，各大院线的购票处都有关于这部影片的提示：“小学生及学龄前儿童应在家长陪同下观看。”广电总局电影局局长张宏森明确表示，这是对《电影产业促进法》的一种误读。这仅仅是指面向观众的电影当中的部分情节和部分镜头，不适合未成年人，会造成他们的心理承受能力或者身体承受能力的过度反应，这仅仅是一个观影的指导提示，不存在其他的歧义，也没有更广阔的想象空间。[①]

（二）未取得电影公映许可证的行为禁止

本法根据“简政放权、加强事后监管”的行政体制改革要求，将电影公映许可作为电影完片进入市场的唯一监管措施，本条第二款明确规定了未取得电影公映许可证的行为禁止，包括：

1. 不得发行、放映；

2. 不得通过互联网、电信网、广播电视网等信息网络进行传播；

3. 不得制作为音像制品。

此外，根据本法第二十一条的规定，未取得电影公映许可证的电影不得送展参加电影节（展）。本法对未取得电影公映许可证的电影采取了全面禁止的“围堵性”监管措施，确保在简政放权的同时，通过电影审查机制和电影公映许可证的管理切实到达电影行政监管的目的。

本条第二款关于“国家另有规定的，从其规定”的内容，为电影管理中的特殊情况的处理以及法律援引提供了依据。

---

① 参见《电影局长：设置观影提示不是手动分级 不要误读》，参考消息网，http://www.cankaoxiaoxi.com/ent/ylgd/20170312/1759510.shtml，访问时间：2017年4月19日。

二、立法目的和背景

（一）突出强化电影公映许可在电影行政管理中的作用

本法取消了之前电影制片单位设立审批和电影摄制前期许可规定，简化了电影剧本审查制度，但并不意味着彻底取消对电影活动的监管，而是将原有的事前、事中、事后连续监管简化为加强事后监管。本法第十七条规定了电影成片审查的行政许可制度，规范了从事电影摄制活动的法人、其他组织的报审和电影主管部门的行政许可程序要求，在此基础上，本条第二款明确了未取得电影公映许可证的后果，即不得发行、放映，不得进行网络传播，不得制成音像制品，从而使电影公映许可证在电影行政管理中的作用清晰明了，对于电影主管部门的行政管理以及行政相对人的行为起到规范、指引的功能。

为促进从事电影摄制的法人、其他组织实现自我规范，加强公众监督，本法在原有规定的基础上，通过法律形式进一步明确摄制电影的法人、其他组织应当将取得的电影公映许可证标识置于电影的片头处，以向公众明示其许可资质。

（二）降低观影不适感，着重保护未成年人的身心健康

电影在社会生活中的作用涉及方方面面，“娱乐功能”也是其中之一，电影内容如果含有引起观众身体或心理不适的内容，无疑会对观影人群的情绪、身心造成影响甚至会对部分人群的世界观、人生观产生影响，对有关内容予以提示，可以使观影人群做出选择性判断或预防性准备。

未成年人在观影方面是一个特殊的群体，其辨别是非能力弱、好奇心和模仿能力强，观看电影时容易受电影内容、暴力镜头行为等负面信息的影响。我国十分重

视对未成年人的保护，《未成年人保护法》就明确作出了“国家鼓励新闻、出版、信息产业、广播、电影、电视、文艺等单位和作家、艺术家、科学家以及其他公民，创作或者提供有利于未成年人健康成长的作品”的相应规定。本条虽然没有解决受到普遍关注的分级制问题，但很明显也有其积极影响，既在一定程度上起到保护未成年观众的效果，也有利于电影人进行更为多元化的创作，这已是一个很大的进步。

本法从上述目的出发，强调对可能引起未成年人等观众身体或者心理不适的电影予以提示的义务，对于保护未成年人以及其他观影人群的身心健康和观影舒适感，促进电影产业的健康发展具有积极的意义。

三、案例与实践

（一）《金刚狼3》对小学生及学龄前儿童进行观影提示

《金刚狼3：殊死一战》片方二十世纪福克斯及国内各大院线在公映前均接到通知：“根据《电影产业促进法》相关规定，进口影片《金刚狼3：殊死一战》需在线上线下售票窗口显著位置标明以下提示：小学生及学龄前儿童应在家长陪同下观看。”片方已在2017年3月1日举办的首映发布会的海报上加上提示语，购票APP上也出现了提示，而卢米埃影城、耀莱影城等各大影院已经按通知实行。[①] 该事例充分体现了电影主管部门、业内相关主体贯彻落实本法的精神及执行力度。

① 参见《手动分级？金刚狼3明确公示：小学生以下需陪同》，新浪娱乐，http://ent.sina.com.cn/m/f/2017-03-01/doc-ifyavvsk4086486.shtml，访问时间：2017年3月30日。

（二）美国的电影分级制度——对未成年人身心健康的保护

如何避免部分电影内容对未成年人身心健康的负面影响，电影分级制一直是各界关注和研究的热点。提到电影分级制，不得不提到美国好莱坞完善的电影分级制度，什么年龄阶层可以看什么层次的电影，划分十分明晰，同时也方便电影创作人员施展创作才能，不用过分担心电影内容对未成年人造成错误的行为指引。

目前美国的电影分级制度由美国电影协会分为五个级别：

G：(GENERAL AUDIENCES, All ages admitted.) 大众级。适合所有年龄层次的观众观看，不含裸体、性爱、吸毒等镜头，在语言上可能僭越礼貌性对话，但不可粗野。G 类并不单指儿童片。

PG：(PARENTAL GUIDANCE SUGGESTED Some material may not be suitable for children.) 普通级。建议在家长陪伴指导下观看，一些内容可能不适合儿童。该类影片中可能偶然会有恐怖与暴力镜头，但不超过适度范围；不含明显的性爱场景，但允许有短暂的裸体；不含使用毒品的内容。

PG-13：(PARENTS STRONGLY CAUTIONED，Some material may be inappropriate for children under 13.) 特别辅导级。家长需特别谨慎对待，一些内容可能不适合13岁以下儿童观看。该类影片介乎 PG 级和 R 级之间，可以偶然出现使用毒品、暴力、裸体等场景，也可偶然使用粗言秽语；但暴力场景不得持续，程度必须有所控制，一般不得出现以性爱为目的的裸体镜头，与性有关的粗字一般不得多于一个，任何涉及毒品的影片至少应定为 PG-13级。

R：(RESTRICTED，Under 17 requires accompanying parent or adult guardian.) 限制级。17岁以下观众必须有家长或成人陪伴方可观看。该类影片绝对含有成人内容，包括粗言秽语或血腥暴力、煽情性裸体、滥用毒品等。家长或成人在陪伴17岁以下观众观看前，应先行取得关于该类影片的基本介绍。

NC-17：(NO ONE 17 AND UNDER ADMITTED) 17岁以下观众严禁观看。

该类影片系成人电影，具有强烈的暴力、性爱、吸毒或畸形变态内容。[①]

电影分级制度既能一定程度地保护未成年人的身心健康，又能促进电影的多样性创作，我国是否能引入电影分级制度呢？中国社科院法学所助理研究员吴峻认为，现阶段中国很难实施分级制，因为美国的分级制有很强的自律机制相匹配。比如特别不适合未成年人观看的影片可能不是所有影院都能放，只有特定一部分影院才会放；观众在甄别时也需要人人自律，美国也是经过很长时间后，才有了适合实施分级制的条件。[②] 我们认为，虽然在中国实行电影分级制度的呼声渐高，但目前中国实施电影分级制度确存在两方面的难点：一方面是主流意识形态及价值观使得电影内容多元化的空间不大，另一方面是缺乏电影分级制的配套措施及自律机制，没有健全的配套措施和自律机制，电影分级制当前难以落实。

① 参见《<罗曼蒂克消亡史>尺度引争议，电影分级呼声再起，审查还是分级，到底该如何取舍?》，载微信公众号“娱乐法内参”，2016年12月26日发布。

② 参见《专家：分级目前难实现<金刚狼3>加提示是进步》，新浪娱乐，http://ent.sina.com.cn/m/c/2017-03-01/doc-ifyavvsh7366719.shtml，访问时间：2017年3月30日。

第二十一条

【参加电影节（展）】

摄制完成的电影取得电影公映许可证，方可参加电影节（展）。拟参加境外电影节（展）的，送展法人、其他组织应当在该境外电影节（展）举办前，将相关材料报国务院电影主管部门或者省、自治区、直辖市人民政府电影主管部门备案。

一、基本含义

本条是关于参加电影节（展）前置条件以及参加境外电影节（展）的送展单位备案的规定。

摄制完成的电影参加电影节（展），必须取得电影公映许可证。将未取得电影公映许可证的电影擅自送展的，送展主体应当按照本法第四十九条及五十二条的规定承担相应的法律责任。此处的“电影节（展）”包括在境内举办的电影节（展），也包括在境外举办的电影节（展），且并不区分境内电影节（展）是否有涉外因素。

拟参加境外电影节（展）的，送展法人、其他组织应当在该境外电影节（展）举办前，将相关材料报国务院电影主管部门或者省、自治区、直辖市人民政府电影主管部门备案。按照《广播影视节（展）及节目交流活动管理规定》第十四条的规定，赴境外参展的国产电影片应在节（展）举办20天前报送备案，并提交下列材料：（一）《电影片公映许可证》复印件；（二）拟参加电影节（展）的名称、时间、地点；（三）该电影节（展）主办单位的邀请函及中文译文；（四）电影片出品单位联系人、联系电话、传真、电子邮件及通信地址;（五）如需国务院广播影视行政部门向海关出具电影片拷贝临时出入关函，须在申请中提出并注明出入海关的名称及时间。

需要说明的是本条规定了拟参加境外电影节（展）的送展法人、其他组织的备案制度，但现实中个人送展参加境外电影节（展）的情况并不少见，且本法第五十二条第二款对个人未取得电影公映许可证擅自参加电影节（展）规定了罚则，表明本法并不禁止个人送展参加境外电影节（展）的立场，故个人拟送展参加境外电影节（展）是否需要备案、如何与本条规定衔接等问题，需要日后通过相关的立法加以补充、完善。

二、立法目的和背景

电影作为最具商业特色的艺术形式，不仅仅是赚取票房的工具，在宣传和推广民族文化和文化价值观念方面具有得天独厚的优势。电影节（展）作为电影交流和竞赛平台，是传播文化价值观念和促进文化碰撞的有效媒介，参加电影展，特别是境外的电影展的电影，其对外宣传和推广不仅仅关系到商业利益问题，更是一个国家文化安全问题，因此有必要实施必要的管控措施。电影公映许可证是电影合法性的唯一凭证。如果未取得电影公映许可证，便没有拿到合法的“出生证”，既不能发行、放映、网络传播、制成音像品，也不能参加电影节（展），否则将承担相应法律责任，以突出电影公映许可证在电影活动中的重要性，不断提升中国电影的品质，树立中国电影的良好形象。

本法实施前的《电影管理条例》以及《广播影视节（展）及节目交流活动管理规定》，均规定在境内外电影节（展）参赛及展播展映的国产电影片，须取得电影公映许可证，赴境外参展的国产电影片需由出品单位报国务院广播影视行政部门备案，合拍电影片由各方出品单位共同报送备案。

本法在上述目的和背景下，沿袭了原有的相关管理措施，对于维护文化安全，弘扬社会主义核心价值观，确保中国文化的传承和发展，传递中华民族特有的文化价值观念，在世界范围内树立中国特色文化形象等具有不可替代的作用。

三、案例与实践

近年来，多部电影因未能通过电影主管部门审查、未取得电影公映许可证擅自参加境外电影节（展）而受到处罚，例如导演田壮壮于1993年拍摄的电影《蓝风筝》擅自参加东京国际电影节和夏威夷国际电影节；导演张艺谋于1994年拍摄的电影《活着》违规参加戛纳电影节；导演娄烨于2006年拍摄的电影《颐和园》违规参赛戛纳电影节等，在相关人员被电影主管部门予以处罚的同时，上述电影均被禁止公映。

第二十二条

【承接境外电影后期制作业务】

公民、法人和其他组织可以承接境外电影的洗印、加工、后期制作等业务，并报省、自治区、直辖市人民政府电影主管部门备案，但是不得承接含有损害我国国家尊严、荣誉和利益，危害社会稳定，伤害民族感情等内容的境外电影的相关业务。

一、基本含义

本条是关于规制承接境外电影的洗印、加工、后期制作业务的规定。

本条规定取消了原有的承接境外电影的洗印、加工、后期制作等业务的行政许可要求，改为备案制，并将备案权下放至省级人民政府电影主管部门。按照本条规定，公民、法人或其他组织可以承接境外电影的洗印、加工和后期制作业务，但需要符合下列要求：其一，需报省级人民政府电影主管部门备案；其二，不得承接含有损害我国国家尊严、荣誉和利益，危害社会稳定，伤害民族感情等内容的境外电影的相关业务。

二、立法目的和背景

本法实施前的《电影管理条例》规定，电影洗印单位接受委托洗印加工境外的电影底片、样片和电影片拷贝的，应当事先经国务院广播电影电视行政部门批准，并持批准文件依法向海关办理有关进出口手续，洗印加工的电影底片、样片和电影片拷贝必须全部运输出境。随着电影数字载体技术的日益发展以及我国参与国际电影市场的程度越来越高，原有的行政审批制度不仅阻碍相关业务的开展，也不再适应当前的市场环境，故本法取消了承接境外电影洗印、加工、后期制作业务的主体限制和行政审批规定，改为承接业务的主体放宽至公民、法人、其他组织的范围，即意味着有相应能力或技术的公民、法人、其他组织，均可承接相关业务。本法同时取消了承接境外相关业务的行政审批，改为向省级人民政府电影主管部门的备案制，以便使电影主管部门能够及时、全面掌握相关业务信息，为实施检查、监督管理提供必要的条件。这两项新举措都有利于鼓励我国公民、法人和其他组织等电影活动市场主体积极承接境外电影的洗印加工和后期制作等业务，鼓励他们积极参与到国际电影市场中去，提高他们就该业务领域在国际市场上的参与度和竞争力。

根据《宪法》以及其他法律的规定，中华人民共和国公民都有自觉维护祖国安全、荣誉和利益，维护民族团结，维护社会稳定的义务和责任，由于我国法律的效力无法触及境外电影的摄制活动，对于含有损害我国国家尊严、荣誉和利益，危害社会稳定，伤害民族感情等内容的境外电影，无法通过法律手段加以直接干预，但通过规范公民、法人和其他组织禁止承接含有相关违禁内容境外电影的洗印、加工和后期制作业务，可以在一定程度上降低影响和危害，同时也规范和引导公民、法人和其他组织自觉履行义务，维护国家利益、民族团结和社会稳定。基于该等现状，本法明确规定不得承接含有损害我国国家尊严、荣誉和利益，危害社会稳定，伤害民族感情等内容的境外电影的相关业务，并在本法第五十条规定了相应的处罚措施，确保本条规定的执行。

三、案例与实践

中影集团北京电影洗印分公司于2011年拿下了新加坡华语影片《行差踏错》的洗印加工单，这也是国内承接境外电影后期制作业务的海外第一单。中影集团北京洗印分公司负责人对记者称，“凭借着廉价的劳动力、先进的设备，美国好莱坞依托泰国两大著名后期制作公司 Oriental Post 与 Kantana，一度垄断着东南亚电影后期制作市场，甚至60%中国的影片都在泰国洗印”。2011年初，洗印分公司专门到新加坡考察市场，但新加坡一直是泰国后期制作公司相当看重的市场，难以对中国的后期制作商敞开胸怀，合作一度受挫，中国的后期制作商面临同时和几个境外制作公司竞争的紧张局面。“后来，我们经过多次沟通，反复地向他们展示我们的技术与服务。2011年6月，我们终于与新加坡、马来西亚两家公司就影片《行差错踏》后期制作与大量拷贝加工达成意向，订单金额近四万美元。”相关人士透露，除了已经发出的70部拷贝之外，《行差踏错》接下来还可能会加追订单，并在3月有望登陆马来西亚全国院线，彻底结束中国电影加工制作在海外市场的空白历史。[①]

---

① 参见《中国电影后期制作开拓市场拿下海外第一单》，凤凰网娱乐，http://ent.ifeng.com/zz/detail_2012_03/09/13089964_0.shtml，访问时间：2017年1月12日。

第二十三条

【电影档案管理】

国家设立的电影档案机构依法接收、收集、整理、保管并向社会开放电影档案。

国家设立的电影档案机构应当配置必要的设备，采用先进技术，提高电影档案管理现代化水平。

摄制电影的法人、其他组织依照《中华人民共和国档案法》的规定，做好电影档案保管工作，并向国家设立的电影档案机构移交、捐赠、寄存电影档案。

一、基本含义

本条是关于电影档案管理的主体及职责的相关规定。

根据《电影艺术档案管理规定》的规定，电影艺术档案是指在电影创作、生产、发行、放映过程中形成的文字、图片、标准拷贝、数字母版、影片素材等具有保存价值的资料。

电影艺术档案包括影片类和文字、图片类。影片类档案包括国产影片，与我国香港特别行政区、澳门特别行政区、台湾地区及外国合作摄制的影片的全新原底标准拷贝或者数字母版，画原底、画翻正、画翻底，片头、片尾、唱词等各类字幕原底，片头、片尾、衬景原底，十格小底片，光号卡，国际乐效，混录声底、混录光学声底等。文字、图片类档案包括文学剧本、分镜头剧本、译制片台本，完成台本

（含字幕表），对国外发行的国产影片各语种和国内民族语言的翻译本，导演阐述，影片审查决定书，有关部门对影片的审查意见和决定，影片海报、宣传画、工作照、剧照、说明书、特刊，国产影片在国内外获奖的证件复印件及有关照片，剧本内容的有关依据和历史考证材料，以及取材或者改编前的原作，主创人员的创作设想和音乐总谱、歌词，场景气氛图，服装、化妆、道具设计图，演员定妆照，有关摄制决定，分场分景表，摄制工作日志，摄制工作总结，主创人员艺术创作总结，其他在电影创作、生产、发行、放映过程中形成的具有保存价值的资料等。

电影艺术档案管理主体包括电影档案机构和摄制电影的法人、其他组织。电影档案机构由国家设立，如中国电影资料馆直属于国家新闻出版广电总局，是唯一的国家级专业电影档案馆，上海电影资料馆隶属上海文化广播影视集团等。电影档案机构作为国家设立的电影档案管理机构，其职能是依法接收、收集、整理、保管并向社会开放电影档案，对电影艺术档案进行科学专业的管理。电影艺术档案的收藏需要特殊的环境和设施，因此本条就对电影档案管理的设备和技术提出了标准和要求，规定电影档案机构应当配置必要的设备，采用先进技术，提高电影档案管理的现代化水平。

摄制电影的法人、其他组织是摄制电影的主体，也是创作、拥有、移交电影艺术档案最重要的主体，应做好电影档案的保管、移交等工作。根据《电影艺术档案管理规定》的规定，电影摄制组应当负责电影艺术档案的形成、积累，指定专人负责电影艺术资料的收集工作。电影摄制单位应当在影片取得电影公映许可证后三个月内向中国电影资料馆移交影片类档案中的标准拷贝或者数字母版及文学剧本、分镜头剧本、译制片台本、完成台本（含字幕表）、对国外发行的国产影片各语种和国内民族语言的翻译本、导演阐述、影片审查决定书，并在影片取得电影公映许可证后一年内向中国电影资料馆移交其他影片类档案。此外，即使影片未取得电影公映许可证，电影摄制单位如不再重新报请审查，也应当在接到审查决定后一年内向中国电影资料馆移交电影艺术档案。

二、立法目的和背景

电影作为一种艺术形式，具有文化、教育和历史价值，电影艺术档案反映了不同时期的电影艺术成果和文化特点，是中国电影事业发展的真实记录，也体现了电影文化的传承和发展。电影艺术档案是国家档案的重要组成部分，档案的管理水平是事关电影艺术价值能否有效发挥的重要因素。本条规定意在保护电影文化，促进电影艺术传承和学术研究。

电影档案机构由国家设立，需具备电影档案管理的场所、设备、条件和专业人员，但是由于人员结构的限制，对电影收集存在很大的局限性，而电影摄制单位掌握着其拍摄的电影第一手资料，具备电影收集的优势，因此要充分调动电影摄制单位的主动性，鼓励其积极移交、捐赠、寄存电影档案，共同做好档案管理工作。本条以法律的形式明确向国家设立的电影档案机构移交、捐赠、寄存电影档案系摄制电影的法人、其他组织的义务，有利于促进电影档案的规范化管理。

三、案例与实践

（一）中国电影资料馆

中国电影资料馆成立于1958年，直属于国家新闻出版广电总局。1980年成为国际电影资料馆联合会（FIAF）正式会员。1984年，与文学艺术研究院（现中国艺术研究院）电影研究所合并，在原基础上成立“中国电影艺术研究中心”。中国电影资料馆是国家广电系统重要公益性文化事业单位，是唯一的国家级专业电影档案馆，是我国电影理论研究教育的专业机构。半个世纪，特别是改革开放以来，中国电影资料馆在电影档案的收集保管、研究利用、文化交流等方面取得了显著成就，在电影理论和学术研究、电影报刊出版、电影人才培养、电影国际交流等多个领域取得了全面健康的发展，已经成为我国电影档案资料管理、艺术研究、科研教学和国际交流的重要基地，为我国电影事业、电影产业的发展与繁荣，发挥了重要的推动作用。①

（二）西安电影资料库

截至2015年7月，西安电影资料库存有国产影片素材13900部，外国影片素材约5100部，共计21万余本。其范围和内容包括国内各电影制片厂、制片公司摄制并通过发行影片节目的画原底，片头、片尾、唱词各类字幕原底，片头、片尾衬底，光号卡等电影素材；在中国内地公映的中国台湾、中国香港及澳门地区摄制的影片资料；译制发行的外国影片素材；与我国台湾、香港、澳门地区及外国合作摄制的影片画原底（或画翻正一套）、光学混合声底等电影素材。西安电影资料库具有防碱、防酸、防火、防爆保护设施，影片素材保持在恒温、恒湿环境。从1975年5月至1984年底，有计划、有步骤地将硝酸片基的易燃影片素材，复制为醋酸片基的安全片。目前西安库设定的影片保存温湿度标准为：安全影片：温度10℃ ±1℃相对湿度 45%±5%，易燃影片：温度5℃ ±1℃相对湿度45%±5%，彩色影片：温度5℃ ±1℃相对湿度65%±5%。②

（三）台湾地区第一部彩色动画片《龟兔赛跑》拷贝捐赠给中国电影资料馆

2015年5月5日，被誉为“台湾动画之父”的美籍华人、美术家赵泽修将其编

① 参见中国电影资料馆网，http://www.cfa.org.cn/tabid/531/Default.aspx，访问时间2017年1月12日。

② 参见中国电影资料馆网，http://www.cfa.org.cn/tabid/532/InfoID/4769/frtid/533/Default.aspx，访问时间2017年1月12日。

剧、导演的中国台湾地区第一部彩色动画片《龟兔赛跑》拷贝捐赠给中国电影资料馆。《龟兔赛跑》是泽修美术制作所于1968年拍摄完成的台湾第一部彩色卡通片。1969年，赵泽修凭借动画片《龟兔赛跑》获得台湾电影金马奖个人特别奖，这是金马奖史上首个与动画有关的奖项。[①]

① 参见《< 龟兔赛跑 > 拷贝捐赠中国电影资料馆》，中国社会科学网，http://www.cssn.cn/wh/ys/yszx/ 201505/t20150508_1741902.shtml，访问时间：2017 年 1 月 12 日。

第三章　电影发行、放映

本章说明

本章是关于电影发行和放映的规定。

本章共计十二个条文。第二十四条、二十五条规定了电影发行制度，第三十五条系关于举办涉外电影节（展）的规定，除此之外，均为与电影放映有关的规定。电影发行是指电影片的出售、出租活动，是影片发行企业的业务。电影放映是指将电影影片上记录的形象和声音，通过技术手段予以还原表现出来。其中，区分电影的固定放映与流动放映是构建本章诸多条文的基础，两者在主体、条件和取得资格的方式上有所不同。从主体上看，固定放映的主体为企业、个体工商户，流动放映的主体为企业、个人；从条件上看，固定放映需要具有与所从事的电影放映活动相适应的人员、场所、技术和设备等条件，而本章对于流动放映的条件并未提出此要求；从取得资格的方式来看，固定放映需要经所在地县级人民政府电影主管部门批准，而流动放映只需将企业名称或者经营者姓名、地址、联系方式、放映设备等向经营区域所在地县级人民政府电影主管部门备案。

本章在《电影产业促进法》中具有基础性地位。一方面，电影发行、放映是电影创作、摄制之后投入市场的必然阶段；另一方面，本章的许多规定本身也回应了我国电影产业面临的种种挑战，如国产电影面临巨大压力、虚假票房扰乱市场等现实存在、亟待解决的难题。

本章内容详实、科学，尤其体现在对电影发行、放映的各个环节之中。比如，第二十五条对电影发行、电影院固定放映的行政许可做出的程序性规定，体现了效率、程序正当、公开、保障申请人权利等内容，是亮点之一；第二十七条中“按照国家有关规定对农村电影公益放映活动给予补贴”和第二十八条中“国务院教育、电影主管部门可以共同推荐有利于未成年人健康成长的电影，并采取措施支持接受义务教育的学生免费观看，由所在学校组织安排”等内容，以立法的形式呈现保障广大农村地区群众观影需求、支持中小学生免费观看推荐的电影的国家政策导向，具有积极的意义。

第二十四条

【电影发行、放映活动的资格】

企业具有与所从事的电影发行活动相适应的人员、资金条件的，经国务院电影主管部门或者所在地省、自治区、直辖市人民政府电影主管部门批准，可以从事电影发行活动。

企业、个体工商户具有与所从事的电影放映活动相适应的人员、场所、技术和设备等条件的，经所在地县级人民政府电影主管部门批准，可以从事电影院等固定放映场所电影放映活动。

一、基本含义

本条是关于从事电影发行、放映活动资格的相关规定。

（一）本条第一款是关于从事电影发行活动的资格的规定

第一，从事电影发行活动的主体仅为企业。

本款规定可以从事电影发行活动的主体仅限于企业，即在工商行政管理部门登记注册领取营业执照的、从事营利性活动的组织，包括法人企业和非法人企业，其中非法人企业以个人独资企业、合伙企业为主要形式。个人独资企业，是指依照《个人独资企业法》在中国境内设立，由一个自然人投资，财产为投资人个人所有，投资人以其个人财产对企业债务承担无限责任的企业组织形式；合伙企业，是指自然人、法人和其他组织依照《合伙企业法》在中国境内设立的，由两个或两个以上的主体通过订立合伙协议，共同出资经营、共负盈亏、共担风险的企业组织形式，包括普通合伙企业和有限合伙企业。普通合伙企业由全体普通合伙人对合伙企业债务承担无限连带责任，有限合伙企业的普通合伙人对合伙企业债务承担无限连带责任，有限合伙人以其认缴的出资额为限对合伙企业债务承担责任。

本条规定的从事电影发行活动的主体限定为企业，排除了其他的民事主体（例如本法其他条款提及的公民、个体工商户以及非营利性的机关单位、事业单位、社会团体等）从事电影发行活动的主体资格。

第二，从事电影发行活动的企业应具备的条件。

本款规定从事电影发行活动的企业应具备与电影发行活动相适应的人员和资金条件，此为国务院电影主管部门或省级人民政府电影主管部门审批许可企业从事电影发行活动的实质性条件。“相适应的人员和资金条件”的具体标准，需要相应电影主管部门加以进一步明确或通过后期立法加以完善。

第三，对从事电影发行活动实施行政许可的行政机关为国务院电影主管部门或省级人民政府电影主管部门。

从事电影发行活动属于依法需要取得行政许可的特定活动。对电影发行活动实施行政许可的机关为国务院电影主管部门或者省级人民政府电影主管部门。按照现有的电影发行经营许可证审批权限划分，在省级人民政府辖区内从事专营国产影片发行的，由所在地省级人民政府电影主管部门批准；在全国范围内从事专营国产影片电影发行活动的，应当由国务院电影主管部门批准。进口电影的发行由国家指定的专门企业根据法定授权进行，目前尚不属于本条规范的范畴。

（二）本条第二款是关于从事固定放映场所电影放映活动资格的相关规定

第一，从事固定放映场所电影放映活动的主体仅为企业和个体工商户。

目前国内电影放映的主要方式是在固定放映场所放映，固定经营场所以电影院为主要形式。《电影院票务系统（软件）管理实施细则》对电影院作出了定义：电影院是指在中华人民共和国境内依法设立的固定场所的营业性电影放映单位。

本款规定可以从事固定放映场所电影放映活动的主体仅限于企业和个体工商户。对于企业的理解上文已详细解释，不再赘述，个体工商户是指经依法登记从事工商业经营的自然人，个体工商户可以起字号。企业、个体工商户均需通过国家工商行政主管部门领取营业执照，这是判断企业、个体工商户与其他主体的最主要的形式区别。

第二，从事固定放映场所电影放映活动的企业和个体工商户应具备的条件。

随着电影摄制技术的不断创新和发展，对电影放映的技术和设备的要求也不断提高。本款规定从事固定放映场所电影放映活动需具备相适应的人员、场所、技术和设备等条件，相关具体标准需要相应电影主管部门加以进一步明确或通过后期立法加以完善。

第三，对从事固定放映场所电影放映活动实施行政许可的行政机关为县级人民政府电影主管部门。

本款规定从事电影院等固定放映场所电影放映活动，由所在地的县级人民政府电影主管部门批准。

二、立法目的和背景

从事电影发行、放映活动客观上需要从业主体具备一定的专业人员、技术条件及专业设备等，因此对电影发行、放映活动的管理，仍有必要实施行政许可制度。

《电影产业促进法》出台前，《电影管理条例》和《电影企业经营资格准入暂行规定》对设立电影发行、放映单位应当具备的条件以及行政许可程序均有明确的规定。例如《电影管理条例》第三十六条规定设立电影发行、放映单位应具备名称、章程、业务范围，适应业务范围需要的组织机构、专业人员、资金、场所和设备等条件;《电影企业经营资格准入暂行规定》第十条规定电影发行单位还需受电影出品单位委托代理发行过两部电影片或受电视剧出品单位委托发行过两部电视剧等等。本条规定较《电影管理条例》和《电影企业经营资格准入暂行规定》而言，放宽了从事电影发行、放映活动的准入门槛。

基于上述目的和背景，本法在简政放权，降低从事电影发行、放映活动的准入条件的条件下，同时保留原有的行政许可制度，既可以保障从行政管理层面规范电影市场秩序，也有利于促进电影产业的有序健康发展和电影文化的普及。

第二十五条
【电影发行、放映活动的行政许可】

依照本法规定，负责电影发行、放映活动审批的电影主管部门，应当自受理申请之日起30日内，作出批准或者不批准的决定。对符合条件的，予以批准，颁发电影发行经营许可证或者电影放映经营许可证，并予以公布；对不符合条件的，不予批准，书面通知申请人并说明理由。

一、基本含义

本条是关于电影发行、放映活动的行政许可程序的规定。

（一）电影主管部门的审查时限为三十日

本条规定了电影主管部门对电影发行、放映活动行政许可审查的时限为三十日，需自受理申请之日起三十日内作出批准或不批准的决定。

《电影产业促进法》并未明确本法所称的期限是否为工作日，我们认为，本条规定的三十日应理解为工作日，不含法定节假日，此点尚需通过日后的立法活动加以明确。有关内容详见本书第十七条释义内容。

（二）行政许可决定

根据本条规定以及《行政许可法》的相应规定，受理申请的电影主管部门应对申请人是否符合条件进行审查，包括主体是否适格，是否合法存续，是否具有本法第五章所规定的从业禁止情形，是否符合本法第二十四条以及相应配套文件规定的人员、场所、技术和设备、资金等的具体标准等，分别做出下列行政许可决定并履行释明职责：

1. 对符合条件的，予以批准，颁发《电影发行经营许可证》或《电影放映经营许可证》，并予以公布。

2. 对不符合条件的，不予批准，并应书面通知申请人、说明理由，告知申请人享有申请行政复议和提起行政诉讼的权利。

二、立法目的和背景

（一）提高审批效率，规范行政许可行为

按照本法实施之前的《电影管理条例》的规定，从事电影发行、放映活动应当先行取得前置许可，即取得电影主管部门颁发的《电影发行经营许可证》《电影放映经营许可证》后，持相应许可证件到所在地工商行政管理部门登记，依法领取营业执照；在审批权限方面，设立从事省级区域内的电影发行单位的，由所在地省级人民政府电影行政部门负责受理、审批，设立从事跨省级区域的电影发行单位的，由国务院广播电影电视行政部门负责受理、审批，设立电影放映单位的，由所在地的县或者设区的市人民政府电影主管部门受理、审批；在审批时限方面，均规定为自受理申请之日起60日内做出批准或不予批准的决定。

本法在取消《电影管理条例》规定的设立经营主体的前置许可、降低市场准入门槛的同时，根据电影行政许可的特点和客观实际，做出了缩短时限至30日的要求，并将电影放映活动的审批权限统一至县级人民政府电影主管部门，有助于提高电影行政主管部门的工作效率，保护行政相对人的合法权益，对于规范电影主管部门的行政许可行为、推动电影产业的健康发展，具有现实的积极意义。

（二）保留许可证制度，强调电影发行与放映的准入机制

电影发行和固定场所的电影放映具备一定的专业性、特殊性，是当前电影产业中与市场直接连接的重要条件。电影发行和固定场所放映活动的监管，不仅仅关系到电影产业的健康发展问题，还会引发更深层次的国家利益、民族团结、社会稳定等问题，因此，本法对于从事电影发行、放映活动仍然依旧设定了行政许可，从而保证电影主管部门对从事电影发行、放映活动的有效监管。

第二十六条

【电影流动放映管理】

企业、个人从事电影流动放映活动，应当将企业名称或者经营者姓名、地址、联系方式、放映设备等向经营区域所在地县级人民政府电影主管部门备案。

一、基本含义

本条是关于电影流动放映备案管理的规定。

（一）电影流动放映的适格主体是企业和个人

电影流动放映活动不同于电影院等固定场所的电影放映活动，其在现实中通常是由专门的流动放映组织（如流动放映队）或个人，携带相关的放映设备到农村、社区以及其他未被固定放映模式所覆盖的临时场地、场所进行电影放映的行为。

本条规定电影流动放映的从业主体为企业和个人。关于“企业”的范围已在第二十四条释义内容作出阐述，这里不再赘述。本条所称的“个人”，范围较为宽泛，包括自然人以及与自然人法律地位相同的个体工商户、个人合伙等特殊形式。

（二）从事电影流动放映活动实行备案管理

本条所规定的电影流动放映的备案管理机关为县级人民政府电影主管部门，备案内容为“企业名称或者经营者姓名、地址、联系方式、放映设备等”。

此处的行政备案与本法规定的从事固定场所电影放映活动的行政许可不同，是电影主管部门对从事流动电影放映的企业、个人报送的信息进行存档备查的行为，目的是为电影主管部门收集与此相关的信息，以便加强行政监督和检查。相关从业主体未予备案的，不能根据本法第四十七条规定以擅自从事电影放映活动为由予以行政处罚，但该问题应如何规范和管理，尚需日后的立法加以完善。

二、立法目的和背景

流动放映模式并非当今电影的主要放映模式，其服务群体具有一定的针对性，其技术手段、人员要求、资金需求等均低于固定场所放映模式，而且，电影流动放映行为本身的商业性也远低于电影的固定放映模式。因此，对于电影流动放映行为并不需要如固定场所放映般的行政许可制，采用备案制度即可。

本法实施前的《电影管理条例》第四十条规定：“申请从事农村16毫米电影片发行、放映业务的单位或者个人，可以直接到所在地工商行政管理部门办理登记手续，并向所在地县级人民政府电影行政部门备案；备案后，可以在全国农村从事16毫米电影片发行、放映业务。”该规定虽然也使用了单位、个人的从业主体描述，且也规定了备案制，但仍然要求从事农村16毫米电影片发行、放映业务的从业者到工商行政主管部门办理登记手续，即领取相应的营业执照，并在向县级人民政府电影行政部门备案以后，方可从事流动放映业务，此处的备案内容为从事流动电影放映的前置条件，带有部分强制性规范色彩。

本条内容实质降低了从事电影流动放映活动的主体要求，不再要求个人办理工商登记，有助于鼓励个人参与电影流动放映活动，更好地满足广大人民群众的观影需求。同时取消了原有的“先备案、再从事”的表述模式和管理模式，只强调对于从事电影流动放映活动的需向电影主管部门办理备案，该变化体现出鼓励和支持电影流动放映工作的立法思路。

第二十七条

【农村电影放映】

国家加大对农村电影放映的扶持力度，由政府出资建立完善农村电影公益放映服务网络，积极引导社会资金投资农村电影放映，不断改善农村地区观看电影条件，统筹保障农村地区群众观看电影需求。

县级以上人民政府应当将农村电影公益放映纳入农村公共文化服务体系建设，按照国家有关规定对农村电影公益放映活动给予补贴。

从事农村电影公益放映活动的，不得以虚报、冒领等手段骗取农村电影公益放映补贴资金。

一、基本含义

本条是关于扶持我国农村电影放映的规定。

（一）国家加大对农村电影放映的扶持目标与实现途径

第一款规定了国家加大对农村电影放映扶持力度的目标以及实现该目标的四个途径：

首先，由政府出资来建立和完善农村的电影公益放映服务网络。就是要按照“企业经营、市场运作、政府购买、农民受惠”的农村电影发展思路，逐步建立公共服务和市场运作相协调、固定放映和流动放映相结合的农村电影服务体系。值得注意的是，此处由政府出资的直接扶持范围仅限于电影的公益放映，而不包括农村的商业性放映服务，即对于农村公益放映服务网络的建立和完善由政府来出资完成。

其次，引导社会资金投入农村电影放映。在鼓励投资农村的电影放映产业层面上，立法规定的放映服务的范围发生了变化，已经不局限于公益放映了，既包括公益放映，也包括商业性放映。

再次，改善农村观影条件。这里的观影条件主要是指农村观影的硬件设施和技术水平。

最后，统筹保障农村地区观众的观影需求。这一层面则包括了许多方面，比如设置相应的排片标准，调整院线的排片内容，增加公益放映次数，调整公益放映影片，增加流动放映次数等。

（二）将农村电影公益放映纳入农村公共文化服务体系

第二款明确了将农村电影公益放映纳入农村公共文化服务体系并给予补贴等内容。

农村公共文化服务体系是指由政府主导，社会共同参与，主要着眼于农村社会效益，以推进农村文化设施和服务网络建设为依托，加大文化资源向农村倾斜，建立农村公共文化建设长效机制等为主体，为农村提供非营利性的公共文化产品和服务的总称，农村电影放映作为文化服务的重要组成部分理所当然应纳入农村公共文化服务体系。

本款还规定了对农村电影公益放映活动发放补贴。为了规范补贴的落实和发放，我国在2007年出台了《农村数字电影发行放映实施细则》，其中的第六章明确了农村电影公益放映的补贴制度，规定最终补贴金额标准“应按照各省制定的场次补贴办法，由各院线公司向本地电影主管部门申报领取后，保证足额兑现并按时下发到放映队”。在2008年和2010年我国财政部和广电总局又先后出台了《财政部、广电总局关于印发〈农村电影公益放映场次补贴专项资金管理办法〉的通知》《广电总局关于印发〈农村电影公益放映场次补贴管理实施细则〉的通知》和《广电总局关于推动农村电影放映工程持续健康发展的通知》三份通知，明确了农村电影公益放映的补贴标准、发放补贴程序等内容。

（三）禁止骗取农村电影公益放映补贴

第三款是关于禁止骗取农村电影公益放映补贴的规定，即从事农村电影公益放映的主体不得采用虚报（与事实不符）或冒领（假冒他人领取）等方式骗取补贴。本法第五十四条进一步明确了“以虚报、冒领等手段骗取农村电影公益放映补贴资金”的法律责任。

二、立法目的和背景

农村电影工作是农村文化建设的重要组成部分，而扶持农村电影公益性放映又是加强农村电影工作的政策措施之一。为了解决好农民看到、看好电影的问题，1998 年，国家广电总局和文化部联合提出实施农村电影放映“2131”工程，迄今近20年。如今，“2131”工程的提法已成为历史，农村电影公益性放映已提升至农村公益电影服务体系建设，并纳入了国家“建设新农村”的发展规划之中，这进一步保障了广大农民的观影需要，使得我国的电影产业繁荣更好地惠及农民。2016年10月召开的全国农村电影发行放映工作座谈会上，国家新闻出版广电总局电影局局长张宏森提出农村电影公共服务要服务于“全面小康”这个目标，以满足人民群众精神文化需求为出发点和落脚点，进一步提升农村电影发行放映工作步伐，进一步推动农村电影放映工程持续健康发展。截至2016年，全国农村电影市场已建立数字电影院线319条；数字电影版权方275家；地面卫星接收中心站210个；实际运营的放映设备（一年内参与订购的设备）48553套。数字电影交易服务平台可供订购影片3575部，共有3492部影片被院线订购，影片订购率达到97.68%。全年订购场次达995万5429场，较2015年增加18万3322场，涨幅1.88%，再创历史新高。2016年农村版权影片401万9609场，农村版权以外影片593万5820场，首次出现全年订购商业场次超过公益场次，占比59.62%。①

一直以来，我国都非常重视农村电影放映活动，陆续出台了多部支持和保障农村电影公益放映的文件，除了上述的《农村数字电影发行放映实施细则》《财政部、广电总局关于印发〈农村电影公益放映场次补贴专项资金管理办法〉的通知》《广电总局关于印发〈农村电影公益放映场次补贴管理实施细则〉的通知》，还有原国家广电总局在2010年1月21日发布的《广电总局关于推动农村电影放映工程持续健康发展的通知》、国务院办公厅于2010年1月21日发布的《国务院办公厅关于促进电影产业繁荣发展的指导意见》等。

本次立法将我国长期以来贯彻执行的扶持农村电影公益放映工作的政策通过法律文件的形式予以呈现，不仅体现了国家对农村电影公益放映的扶持，也使得该项工作有法可依、于法有据。

① 参见《2016年农村电影市场盘点》，转引自微信公众号“中国电影市场”，2017年1月23日。

第二十八条

【特殊群体观影保障】

国务院教育、电影主管部门可以共同推荐有利于未成年人健康成长的电影，并采取措施支持接受义务教育的学生免费观看，由所在学校组织安排。

国家鼓励电影院以及从事电影流动放映活动的企业、个人采取票价优惠、建设不同条件的放映厅、设立社区放映点等多种措施，为未成年人、老年人、残疾人、城镇低收入居民以及进城务工人员等观看电影提供便利；电影院以及从事电影流动放映活动的企业、个人所在地人民政府可以对其发放奖励性补贴。

一、基本含义

本条是关于保障未成年人、老年人等特殊群体观影需求的规定。

第一款规定国务院教育和电影主管部门可以共同推荐有利于未成年人健康成长的电影，并落实具体措施支持义务教育阶段的学生免费观看，组织安排学生免费观看的任务由学生所在的学校负责。根据《义务教育法》第二条规定，我国义务教育年限为九年，即本款所规定的接受义务教育的学生，通常系指小学生和初中生。

第二款规定国家鼓励电影放映从业者对未成年人、老年人等特殊群体提供观看电影的便利，并且规定了对提供上述便利的电影院以及从事电影流动放映活动的企业、个人，可以由政府发放奖励性补贴。本款中的特殊群体包括未成年人、老年人、残疾人、城镇低收入居民和进城务工人员等。为特定群体提供便利措施包括但不限于“票价优惠、建设不同条件的放映厅、设立社区放映点”，只要是方便前述特定群体观看电影的措施，都属于本款所规定的便利措施。

值得注意的是，国家为了鼓励电影院以及从事电影流动放映活动的企业、个人积极为前述特殊群体提供观影上的便利，在本条规定了政府可以对其发放奖励性补贴的内容，宣示了立场，并为政府鼓励、奖励相关主体提供了法律依据。

二、立法目的和背景

影视教育模式已成为我国教育规划体制内对于未成年人进行教育的一种重要手段，因此，选择、推荐有利于未成年人健康成长的和爱国主义类型的影片并支持未成年人免费观看是实现影视教育方式的一个重要途径，也是一项重要内容。

我国一直重视电影的育人功能，本法实施前的《电影管理条例》第五十条规定：“国家鼓励、扶持科学教育片、纪录片、美术片及儿童电影片的制片、发行和放映。”这一规定明确了我国对于科学教育片等影片的鼓励和扶持制度，也从一定程度上反映了我国对于影视教育模式的鼓励和扶持。教育部、国家发改委、财政部、文化部和国家广电总局于2008年6月19日联合发布的《关于进一步开展中小学影视教育的通知》中，直接明确了“组织中小学生观看优秀影视作品，是加强爱国主义教育和革命传统教育的客观要求，是培养和造就中小学生健康人格的时代需要，是生动形象引导中小学生健康成长的有效途径，是进一步丰富学校教育的重要措施”，并明确了从“将影视教育纳入中小学教学计划，充分发挥优秀影片的育人功能；采取多种方式，促进影视教育的均衡发展；加大支持和扶持力度，为影视教育提供保障”三个方面来进一步开展中小学影视教育。此外，在2010年1月21日发布的国务院办公厅9号文件——《国务院办公厅关于促进电影产业繁荣发展的指导意见》中，也明确了公共服务领域的目标：“公共服务能力显著加强。加强农村和学校数字电影院线建设，改善放映条件，提供公益服务，确保每个行政村每月放映一场电影，确保每个学期为中小学生放映两场爱国主义教育影片。”由此可见，对于未成年人的影视教育一直以来都是国家十分重视的文化教育的重要内容之一。为完成这一任务，本条确定了教育主管部门、电影主管部门和教育机构三方合作机制，能够更有力地实现对未成年人的影视教育任务。

为了满足和保障未成年人、老年人、残疾人、城镇低收入居民以及进城务工人员等特殊人群的观影需求和观影权益，国家首次在法律中明确鼓励企业和个人为其提供观影上的便利。这些群体或需观看特定类型的影片，或行动不便、需要接受不同条件的观影服务，或收入有限、一般的电影服务无法满足他们的特殊需求。因此，国家鼓励电影院以及从事电影流动放映活动的企业、个人采取包括但不限于票价优惠、建设不同条件的放映厅、设立社区放映点等措施来更好地服务不同的特殊群体。

三、案例与实践

在2017年3月1日召开的电影产业促进法宣传贯彻座谈会上，教育部副部长朱之文表示，教育系统对实施电影产业促进法高度重视，将组织学生观看电影纳入学校教育的重要内容，并着力发挥电影的育人功能。教育部将重点从以下三方面进一步抓好贯彻落实：一是加强条件保障，研究出台关于开展中小学生电影教育工作的指导意见，对中小学生电影教育的场地设施、经费、师资等作出明确的规划。二是充分发挥电影的育人功能，探索如何把影视教育有机融入中小学德育和美育的教育中，通过组织观看影视作品，激发中小学生对党、对国家、对人民的热爱，培养和践行社会主义核心价值观。三是强化考核评价，把电影艺术与欣赏纳入学生综合素质评价，把电影教育列入义务教育和高中阶段教育的课程安排，进一步发挥教育督导的作用，督促各地、各校严格落实。

第二十九条

【保障国产电影放映】

电影院应当合理安排由境内法人、其他组织所摄制电影的放映场次和时段，并且放映的时长不得低于年放映电影时长总和的三分之二。

电影院以及从事电影流动放映活动的企业、个人应当保障电影放映质量。

一、基本含义

本条分两款，第一款是保障国产电影放映的规定，第二款是保障电影放映质量的规定。

（一）保障国产电影放映

为保障国产电影放映，本条第一款在要求电影院合理安排国产电影的场次和时段的同时，具体限定了国产电影放映的时长，即放映国产电影的时长不得低于年放映电影时长总和的三分之二。

"由境内法人、其他组织所摄制电影"即为国产电影，其外延除了完全由境内法人、其他组织所摄制的电影之外，还应当包括"符合创作、出资、收益分配等方面的比例要求"的合作摄制电影。

以电影摄制主体是否具有涉外因素为标准，可以将电影分为三类：第一类是完全由境内摄制、投资，没有任何涉外要素的电影；第二类是完全由境外摄制、投资，没有任何境内参与完成的电影；第三类是兼有境内、境外两种要素的电影，也就是合拍片。第一类电影是纯粹的国产电影，第二类电影则是纯粹的外国电影，第三类电影兼有境内、境外两种要素，需要按照具体情况来判断其是否归属于国产电影管理。《中外合作摄制电影片管理规定》第五条列举、界定了中外合作摄制电影片的三种形式：联合摄制，即由中外双方共同投资（含资金、劳务或实物）、共同摄制、共同分享利益及共同承担风险的摄制形式；协作摄制，即外方出资，在中国境内拍摄，中方有偿提供设备、器材、场地、劳务等予以协助的摄制形式；委托摄制，即外方委托中方在中国境内代为摄制的形式。《电影产业促进法》第十四条第二款规定："合作摄制电影符合创作、出资、收益分配等方面比例要求的，该电影视同境内法人、其他组织摄制的电影。"结合《中外合作摄制电影片管理规定》第五条和《电影产业促进法》的第十四条第二款的规定，只有"符合创作、出资、收益分配等方面比例要求"的联合摄制电影方属于"视同境内法人、其他组织摄制的电影"，此类联合摄制的影片享有国产电影的待遇，其放映时段、场次、总时长方面应计算到国产电影的范畴中。

本条第一款所指的"合理安排"国产电影的场次和时段，是指电影院应当给国产电影安排较多的场数，将其安排到较好的时间和档期。

电影院除了应当合理安排国产电影放映的场次和时段，还应当保障其放映国产电影的时长不低于年放映电影时长总和的三分之二。前者是从场数、时段方面的原则性规定，后者则是国产电影放映时长所占比例的具体要求。

（二）保障电影放映质量

本条第二款是关于保障电影放映质量的规定。

保障电影放映质量是从结果层面上，要求电影院与从事流动放映的企业、个人所放映的电影从视觉、听觉甚至触觉层面达到国家的质量标准，以保证观众的观影体验。这一方面要求放映电影的设施、设备达到国家的质量标准，另一方面要求电影放映者了解电影放映设施、设备的工作原理、操作流程，以保障最终的放映质量。

二、立法目的和背景

本法实施前，《电影管理条例》《广电总局电影局关于进一步规范城市专业数字电影院（厅）发行放映工作的通知》《关于印发〈数字电影发行放映管理办法（试行）〉的通知》等法规和规范性文件均对国产电影的放映时长比例进行了明确规定。《电影管理条例》第四十四条规定："放映电影片，应当符合国家规定的国产电影片与进口电影片放映的时间比例。放映单位年放映国产电影片的时间不得低于年放映电影片时间总和的三分之二。"《广电总局电影局关于进一步规范城市专业数字电影院（厅）发行放映工作的通知》第五条规定："进口数字影片仍由中影集团进出口分公司引进，中影集团发行分公司、华夏电影发行公司发行。按照《电影管理条例》的有关规定，放映单位年放映国产影片的时间不得低于年放映电影片时间总和的三分之二。"《关于印发〈数字电影发行放映管理办法（试行）〉的通知》第八条规定："各数字院线公司和数字电影放映单位，要认真放映好国产影片，并提供优质服务，国产影片的放映时间和影片数量不得低于年度总放映时间和影片数量的三分之二。依照《关于鼓励影院放映国产数字影片的通知》（电专字〔2004〕3号）文件，对于年度放映国产数字影片达到要求的城市影院，给予当年按比例先征后返国家电影专项资金的优惠政策。在农村、社区和学校等非专业放映场所放映国产数字电影的收入，免征国家电影专项发展资金。"

国外也不乏保护国产电影的先例。例如韩国1965年《电影法》明文要求国外影片的进口量不能超过国产片的三分之一，1985年该法规修正后规定电影院必须有三分之一的放映日播放韩国电影。1995年，韩国政府规定韩国电影院每年每个厅都必须上满146天的本土电影，全国电视台也必须播放一定比例的国产电影。

本条第一款规定了国产电影放映时长所占年度总放映时长的比例，实际上算是一种广义上的电影配额制度。所谓电影配额制度就是规定进口电影要与国内电影成一定比例的制度，包括对放映时长、数量、场所等方面的限制，其中《电影产业促进法》第二十九条第二款即为电影配额制度的一个方面。此制度兴起于20世纪二三十年代的欧洲，彼时好莱坞的快速发展与电影输出使欧洲国家感到紧迫，许多欧洲国家便采取这种限制数量进口的非关税措施，保护自身的电影发展，避免被好莱坞电影所取代。[①] 目前，随着中外电影交流的逐渐深入，保护国产电影十分必要。相较于国产电影，好莱坞电影在投融资、摄制、发行等方面均享有巨大的优势，这是不可否认的事实。只有采取适当措施加强扶持，国产电影才能在外国电影的巨大冲击下，保有充分的发展空间，逐渐壮大。

三、案例与实践

国产电影保护月是一个不成文的惯例。一篇名为《"国产电影保护月"沈阳遇冷引发议论》的文章中说道："国产电影保护月是国家电影局从扶植国产电影的角度考虑，2004年口头下达的希望全国各院线支持国产影片的通知，每年6月10日至7月10日（或7月到8月）期间，不鼓励引进海外分账大片。这段时间则被媒体和业界称为'国产电影保护月'。保护月存在的初衷，是为完成国产片每年所占票房比的份额。"

国产电影保护月曾起到了积极的保护作用。2015年暑期档外国大片几乎消失（仅有一部《罪恶赎金》），国产电影集体霸屏。《道士下山》《小时代4》《太平轮：彼岸》《杨贵妃》《捉妖记》纷纷上映，撑起了暑期档的大半壁江山。《捉妖记》一度票房登顶，《大圣归来》也获得超高口碑，国产电影市场在保护伞下蓬勃发展。

---

① 参见石磊：《中国电影产业的法律规制及其完善》，西南政法大学2008年硕士学位论文，第32页。

第三十条

【电影放映设备、设施】

电影院的设施、设备以及用于流动放映的设备应当符合电影放映技术的国家标准。

电影院应当按照国家有关规定安装计算机售票系统。

一、基本含义

本条是对电影放映设施、设备标准要求和电影院安装计算机售票系统义务的规定。

（一）电影放映设施、设备应当符合国家标准

电影院的设施是指为放映电影而建立的机构、组织、建筑等，如电影院的外部建筑、承重结构等。电影院的设备以及用于流动放映的设备是指可供电影放映中长期使用，并在反复使用中基本保持原有实物形态和功能的生产资料和物质资料的总称，如屏幕、音响等，包括通用设备和专用设备。

电影放映技术是指电影放映的方法及方法原理，包括工艺、工具、设备、设施、标准等表现形式。1951 年，随着松花江牌电影放映机的投入使用，代表着我国电影技术的正式起步，该设备仿制苏联的电影放映机。到了20世纪六七十年代，我国已经研制出具有自主知识产权的电影放映机，其代表机型有井冈山、长

江、甘光、新曙光等。20世纪80年代后期至90年代中期，在我国电影市场上，放映机基本形成三大品牌，即珠江、东风、松花江，且都有了很大程度的自主创新。20世纪90年代后期，逐渐开始运用数字式电影放映技术，使得声音更加真实，立体感更强。进入 21 世纪后，我国电影业中的 3D 数字放映技术得到快速发展，大大提高了观影质量。①

随着电影从无声发展到今天的立体声，从2D发展为3D，从黑白发展到彩色电影，电影院及流动电影放映的技术也在经历诸多伟大的革新。电影院的形象、大小、银幕尺寸和声学技术都有了很大发展，数字电影流动放映的机器、原理、场地、效果等方面也有了很大进步，以使观众获得更好的视觉、听觉甚至触觉效果。在电影放映技术突飞猛进的背景之下，国家制定了统一的标准，包括《数字影院暂行技术要求》(GD/J017—2007)、《数字电影巨幕影院技术规范和测量方法》(GD/J040—2013)、《数字影院立体放映技术要求和测量方法》(GD/J047—2013)、《电影院星级的划分与评定》(GB/T21048—2007)，确保影院银幕亮度、清晰度、色温、均匀度、平整性以及影厅还音响度与频响的技术指标符合标准要求。

本条第一款规定，电影院的设施、设备以及用于流动放映的设备应当符合电影放映技术的国家标准。需要说明的是，本条第一款与第二十九条第二款在内容上关系密切。第二十九条第二款规定了电影放映者保障电影放映质量的义务。而若要保障电影的放映质量，电影放映者的电影放映设备、设施就应符合电影放映技术的国家标准。也就是说，本条第一款侧重于规定电影放映设备、设施需要符合国家标准，二十九条第二款侧重于规定电影放映者保障电影放映质量，前者是后者的必然要求。

（二）电影院应安装计算机售票系统

计算机售票系统是指利用高科技产品条形码作为通行电子门票，结合电子技术、条形码记录技术、单片机技术、双机热备技术、自动控制技术、无线传输技

① 参见楼伯林：《论电影放映技术的创新和发展》，《科技与创新》2016年第8期，第36页。

术、精密机械加工技术及计算机网络技术、加密技术等诸多高科技技术，从而实现了计算机售票、检票、查询、汇总、统计、报表、防伪等各种门票通道门禁控制管理功能的电子系统。这种售票系统在监控、管理和效率上具有人工售票所不可比拟的优势。用计算机技术实现售票系统的科学化管理,是现代化影剧院管理的需要。①

《电影院票务系统（软件）管理实施细则》规定了电影院安装计算机售票系统的要求。该细则规定国家电影事业发展专项资金管理委员会办公室负责建立和管理全国电影院票务综合信息管理系统，负责全国电影院票务数据的接收、统计和服务以及全国电影院计算机售票系统的管理工作。省、自治区、直辖市电影行政主管部门和电影专项资金省级管委会办公室，负责辖区内电影院计算机售票系统的管理工作。本细则适用于所有在电影院安装使用的电影院票务管理系统软件和各类电影票网络代售票务软件的检测备案、销售和使用。

需要注意的是，本条第二款规定的是电影院安装计算机售票系统的义务，义务主体不包括从事电影流动放映活动的企业、个人。本款与第三十四条关系密切。第三十四条规定了电影发行企业、电影院如实统计电影销售收入的义务，以抵制票房造假行为。本条第二款是三十四条所规定的“提供真实准确的统计数据”的基础条件要求。

二、立法目的和背景

（一）保障电影放映设施、设备符合国家标准，从而保障电影放映质量

2014年，国家新闻出版广电总局电影局根据数据出具专门报告，对全国的电影

① 参见孙朝云，王秀松:《现代影院售票系统计算机管理设计与实现》，《计算机应用与软件》2001年8月18日，第49~51页。

放映质量进行了一次总结。[①] 报告指出，电影放映质量保障的工作有所成就，也有不足，主要在于“标准的宣贯”。一方面，检测部门和技术监督部门对这些标准的实施不够彻底；另一方面，很多电影行业从业人员并不知道或不理解这些标准。

基于以上问题，电影放映质量参差不齐、电影放映质量不达标等情况频频出现。本条第一款规定电影院的设施、设备以及用于流动放映的设备应当符合电影放映技术的国家标准，将电影放映市场放置在统一的国家标准之下，从而保障电影放映质量，进而保障消费者的观影权利。

（二）安装计算机票务系统，以保证票房数据真实

《电影院票务系统（软件）管理实施细则》中规定了安装计算机售票系统的要求，规定国家电影事业发展专项资金管理委员会办公室负责建立和管理全国电影院票务综合信息管理系统，负责全国电影院票务数据的接收、统计和服务以及全国电影院计算机售票系统的管理工作。省级人民政府电影主管部门和电影专项资金省级管委会办公室，负责辖区内电影院计算机售票系统的管理工作。

本条第二款规定电影院按照国家有关规定安装计算机售票系统的义务。一方面，建立计算机售票系统，是规范、检测、管理、监督电影院售票活动的必然要求，也是实现电影院售票现代化、高效化的良好途径；另一方面，安装计算机售票系统也是本法第三十四条统计真实票房的基本要求。只有这样，才能有效打击和治理偷漏瞒报票房的非法行为，促进电影产业的健康有序发展。

① 参见龚波:《遵循技术标准保障电影放映质量——在CinemaS2015影院放映质量管理与标准论坛上的发言》，《现代电影技术》2015年8月，第10~16页。

第三十一条

【禁止盗录电影】

未经权利人许可，任何人不得对正在放映的电影进行录音录像。发现进行录音录像的，电影院工作人员有权予以制止，并要求其删除；对拒不听从的，有权要求其离场。

一、基本含义

本条是关于禁止在放映电影现场非法盗录电影以及电影院工作人员有权阻却现场非法盗录行为的规定。

（一）未经权利人许可，任何人不得对正在放映的电影作品录音录像

未经权利人的许可，对正在放映的电影不得进行录音录像，否则即为盗录电影的非法行为。为了保护权利人的著作权，防止盗录行为侵犯权利人权益，影响电影市场的繁荣发展，本条规定任何人在未经权利人许可的情况下，均不得对正在放映的电影进行录音录像。日常生活中经常所说的“枪版电影”，实际上指的就是未经权利人许可，由他人在电影放映过程中非法录制的盗版电影。枪版电影由侵权人利用录音、录像设备在电影放映场所进行录制，并在录制完毕后通过网络或其他渠道进行传播。枪版电影传播速度快，传播范围广，直接导致影院观影人数的下降，对权利人的经济利益造成了严重的损害。枪版电影其音质、画质等质量均低于正常观

影地放映的电影的质量，其低质量也会导致观影者对影片作出不准确的评价，严重损害权利人利益和我国电影产业的健康发展。

（二）本法赋予电影院工作人员对现场非法盗录行为享有现场阻却权力

盗录行为多发生在观影过程中，为了更有力地打击盗录行为，本法赋予电影院工作人员对于现场的侵权行为一定的阻却权。在电影放映过程中，一旦发现有人对影片进行录音录像，电影院工作人员有权予以制止，并要求其删除；对拒不听从的，有权要求其离场。本条规定有利于及时制止盗录、偷录等侵权行为，有利于保护权利人的权益。

二、立法目的和背景

2015年国家新闻出版广电总局电影局发布《关于严厉打击在影院盗录影片等侵权违法行为的通知（影字〔2015〕578号文）》，通知强调影片刚刚上映即在影院被盗录并通过网络非法传播的侵权行为，严重影响了中国电影产业正在建立的投资回报良性循环体系，损害了投资者对中国电影市场的信心和投资热情，伤害了创作人员的创作热情，长此以往必将影响中国电影行业的整体利益，阻碍电影产业健康、持续发展。

在进一步促进我国电影产业繁荣的过程中，保护电影作品的著作权可谓重中之重。当今对等网络技术的不断提升和覆盖人群的不断增加以及网络非法传播平台层出不穷，使得我国对电影版权作品的保护具有一定的难度，而枪版电影的不断涌现和广泛传播则是长久以来的顽疾之一。但是，想要杜绝枪版电影的侵权问题，则一定要从源头上抓起。

本条专门就此界定了枪版电影的违法性，明确了在未经权利人许可的情况下，对于正在放映的电影进行录音录像的行为是违法的，且为了杜绝这一现象，赋予电影院的工作人员对现场侵权行为的直接阻却权，从而通过电影院工作人员的现场处置和管理，将著作权保护落到实处。

三、案例与实践

我国盗录盗播电影侵犯知识产权第一案

湖北省黄石市于2016年宣判一起侵犯影视作品著作权案件，犯罪嫌疑人被依法判处有期徒刑。案件事实如下：2015年12月，黄石市文化新闻出版广电局按照省新闻出版广电局有关要求，组织文化市场执法部门依法对卫某经营的汇梦影视茶吧进行检查。经查，自2014年10月至2015年12月，卫某在黄石港区某大学内开办汇梦影视茶吧，通过播放电影收取门票。在未取得电影放映经营许可证的情况下，卫某为获得电影新片源，采取从网上下载、向他人购买以及到电影院盗录电影等方式，在未经著作权人许可的情况下获得影片，并在其经营的影视茶吧进行播放获得门票收入。

2016年6月22日，黄石市黄石港区人民检察院指控被告人卫某犯侵犯著作权罪，向黄石港区人民法院提起公诉。9月6日，黄石港区人民法院审理终结，以侵犯著作权罪判处被告人卫某有期徒刑10个月、处罚金5000元，并对其违法所得予以追缴。①

我国在维护电影产业的健康、持续发展，通过行政执法与司法判处相结合的模式，使《著作权法》与《刑法》产生良好的互动作用。本法施行以后，电影院的工作人员被赋予了对现场侵权行为的直接阻却权，对侵权违法的盗录、偷录电影的行为从各个环节予以严厉监控，强力打击。有利于我国电影产业的蓬勃发展，激发创作人员的创作热情，增强投资者对我国电影产业的投资信心，保护电影行业的整体利益。

---

① 案件来源：中国扫黄打非网，http://www.shdf.gov.cn/shdf/contents/771/305301.html，访问时间：2017年3月21日。

第三十二条

【影院广告放映】

国家鼓励电影院在向观众明示的电影开始放映时间之前放映公益广告。

电影院在向观众明示的电影开始放映时间之后至电影放映结束前，不得放映广告。

一、基本含义

本条是关于电影院放映广告的规定，其中第一款是鼓励电影院映前放映公益广告的规定；第二款是禁止电影院在向观众明示的电影播映时间段内插播广告的规定。

（一）电影广告及其分类概述

电影广告是以电影及其衍生媒体为载体的广告形式。电影广告依据不同的标准可做下列分类：

1. 以电影广告内容和目的的不同为标准，分为公益广告和商业广告。

公益广告是不以营利为目的而为社会公众切身利益和社会风尚服务的广告。公益广告在宣传公益信息的同时，可以引导观众树立正确的价值观，倡导新风尚，如在电影放映前播放预防艾滋病、消防安全等内容的广告。

商业广告是商品经营者或服务提供者通过一定的媒介形式，直接或间接地介绍所推销的商品或提供的服务的广告。商业广告是广告主为了利益而制作的广告，针对目标市场的受众，期望获得产品使用者、购买决策者及潜在消费者的普遍关注。

2. 以电影广告表现形式的不同为标准，分为硬广告和植入式广告。

硬广告是直接介绍商品、服务内容，通过影片宣传活动、影院屏幕、影片等为载体，可以让受众直接看到、听到的宣传商品、服务内容的传统形式的广告。

植入式广告又称为软广告、置入式广告、隐性广告等，通常是在影片中以实物道具、画面场景、台词语言的特别提示等方式，将产品、服务或品牌的符号、元素等融入其中，以视觉或听觉的方式传递给观众的一种广告方式。相比带有强制性播放、观看特点的传统广告而言，植入式广告达到了润物细无声的传播效果，使观众在不知不觉中成为广告的受众。

3. 以电影广告的发布者不同为标准，分为影院广告和贴片广告。

影院广告是广告商与院线或电影院直接展开合作，由电影院在电影放映前直接播放的广告，受益方是院线或电影院。由于长期以来影院广告被规制为需在影片放映前播出，故在行政管理、行业惯例中将其称之为“映前广告”。

贴片广告是广告商与电影制片方或发行方直接展开合作，将广告内容与影片一同拷贝，同影片一同播出的广告，受益方是制片方或发行方，在行业惯例中也称之为“随片广告”。由于院线或电影院在播放电影时有能力对贴片广告进行剪辑，在电影市场曾一度出现贴片广告被影院随意剪辑的混乱现象。

（二）向观众明示的电影开始放映时间的界定

根据2004年6月25日广电总局电影局发布的《关于加强影片贴片广告管理的通知》和2009年2月10日广电总局电影局发布的《广电总局电影局关于进一步规范电影贴片广告和映前广告管理的通知》的规定，电影开始放映的时间为播放《电影公映许可证》（即龙标）画面的时间节点。

本条规定的“向观众明示的电影开始放映时间”，是指通过电影票面、广告媒体上公布的电影开始放映的时间。

（三）本条规定鼓励电影院映前播放公益广告，禁止插播广告

本条第一款明确规定了国家鼓励电影院在向观众明示的电影开始放映时间之前放映公益广告，即鼓励映前广告的内容为公益广告。此处确定的是鼓励放映公益广告，并未排除商业广告。

本条第二款规定电影在院向观众明示的电影开始放映时间之后至电影放映结束前，不得放映广告。该款规定的广告是硬广告，电影植入式广告随着电影审查的完成并取得电影公映许可证后，因其广告内容已融入电影情节和画面当中，已无从在电影放映过程中加以管制。

向观众明示的电影开始放映时间之前播放广告的时长，中国电影发行放映协会、中国电影制片人协会于2011年9月29发布了《电影贴片广告、映前广告自律规则》，该行业文件第十四条规定“播放电影广告时间不得超过10分钟。其中，片方、发行方的贴片广告不超过5分钟，院线和影院的映前广告不超过5分钟。”

二、立法目的和背景

（一）支持公益事业

2015年修订的《广告法》新增的有关公益广告的规定以及国家新闻出版广电总局等六部门于2016年1月15日发布的《公益广告促进和管理暂行办法》，都将公益广告作为传播社会主义核心价值观，倡导良好道德风尚，促进公民文明素质和

社会文明程度提高，维护国家和社会公共利益的重要渠道。在影院电影放映之前的时间段已是观众习以为常的广告时段，这一时段播放广告既不会影响电影的放映效果，又有很强的观众覆盖率和影响力，因此在这一时间段内播放公益广告，是增强公益广告影响力的一个重要途径，因此国家鼓励电影院在向观众明示的电影开始放映时间之前放映公益广告。

（二）保障观众观影质量

早在2004年6月25日原国家广电总局电影局在《关于加强影片贴片广告管理的通知》中，明确列举了关于电影放映过程中广告方面存在的一些问题："一些影片贴片广告时间过长，电影放映中间随意插播广告，影响了观众正常观看电影；有的影片贴片广告内容庸俗，格调不高；一些单位不经电影版权方同意随意搭载、删减广告"。为此该通知明确规定："影片贴片广告一律加在《电影片公映许可证》画面之前，不得占用电影放映时间。"在此后发布的《广电总局电影局关于进一步规范电影贴片广告和映前广告管理的通知》中也有相同的规定，进一步明确贴片广告、映前广告一律加在《电影公映许可证》前并在电影票面上标注的放映时间前放映，不得在电影放映中播放广告。

在电影内容的连续播放时段，若在这一时段内插播广告，则会对观众的观影体验直接造成影响，不利于对观众观影权益的保护。同时，如果电影院没有插播广告而是故意的延后电影放映时间，大量的播放映前广告或贴片广告，无疑也是对观众的权利的侵害和观影体验的破坏，本条内容将之前的电影广告管理相关规则以法律的形式加以规范，有利于进一步保护观众的观影感受，杜绝电影放映中滥播广告的乱象。

第三十三条

【电影放映场所安全保障】

电影院应当遵守治安、消防、公共场所卫生等法律、行政法规，维护放映场所的公共秩序和环境卫生，保障观众的安全与健康。

任何人不得携带爆炸性、易燃性、放射性、毒害性、腐蚀性物品进入电影院等放映场所，不得非法携带枪支、弹药、管制器具进入电影院等放映场所；发现非法携带上述物品的，有关工作人员应当拒绝其进入，并向有关部门报告。

一、基本含义

本条是关于电影放映场所安全与健康保障的相关规定。

（一）本条第一款规定电影院应当履行维护公共秩序和环境卫生，保障观众安全和健康的义务

电影院是人员高度集中的公共场所，其运营必须遵守治安、消防、公共场所卫生等法律、行政法规，包括《治安管理处罚法》《消防法》《公共场所卫生管理条例》等等。例如:《治安管理处罚法》第三十二条第二款规定，非法携带枪支、弹药或者弩、匕首等国家规定的管制器具进入公共场所或者公共交通工具的，处五日以上十日以下拘留，可以并处五百元以下罚款。

（二）本条第二款规定任何人不得携带违禁物品进入电影院等放映场所

对该款的理解应当着重注意下列几点：

其一，本款使用了“任何人”的概念，涵盖了进入电影院等放映场所的一切人员，包括但不限于电影放映场所工作人员、观影人员等。

其二，对于“电影院等放映场所”的理解应做扩大性解释，其范围不仅包括电影院固定放映场所，也包括流动放映电影的操场、空地以及其他放映电影的场所等。这有别于第一款中的义务主体为电影院的表述。

其三，违禁物品包括爆炸性、易燃性、放射性、毒害性、腐蚀性物品以及枪支、弹药、管制器具等。该款规定的“枪支”是指以火药或者压缩气体等为动力，利用管状器具发射金属弹丸或者其他物质，足以致人伤亡或者丧失知觉的各种枪支；“弹药”是指枪弹、炮弹、手榴弹、炸弹、地雷等具有杀伤能力或其他特殊作用的爆炸物；“管制器具”的范围较广，包括匕首、三棱刀、带有自锁装置的弹簧刀以及其他相类似的单刃、双刃、三棱尖刀等管制刀具以及电棍、催泪器等国家管控的、足以影响人身安全和健康的其他器具等。

其四，电影院等放映场所的工作人员发现非法携带违禁物品的，应当拒绝其进入，并有义务向公安机关等有关部门报告。

二、立法目的和背景

维护公共场所的公共秩序、环境卫生、保障人民群众的安全与健康，在诸多的法律、行政法规中均有涉及，它是全社会的共同责任。本法实施之前的《电影管理条例》第四十五条中就有明确规定：“电影放映单位应当维护电影院的公共秩序和环境卫生，保证观众的安全与健康。”

电影院等电影放映场所是人群高度集中的地方，一旦发生火灾、场所倒塌、爆炸、不法人员行凶等事故，会对人民群众的生命、财产造成严重的影响，往往会造成大规模的人员伤亡和财产损失。1994年12月8日发生在新疆克拉玛依市友谊馆的大火事件就是一个惨痛的教训，在克拉玛依市教委组织的专场文艺演出活动中，由于舞台纱幕被光柱灯烤燃，火势迅速蔓延至剧厅，各种易燃材料燃烧后产生大量有害气体，加之馆内很多安全门紧锁导致师生无处逃生，最终酿成325人死亡、132人受伤的惨剧。

本条规定电影院等放映场所的安全、健康保障等义务，重在明示电影院等放映场所从业人员的责任，明示相关主管部门对电影院等放映场所相关事务的检查和管理，以切实保障观影群众的安全和健康。

三、案例与实践

（一）广电总局于2016年底发布《关于做好元旦春节期间电影安全放映工作的通知》

电影市场高速发展，电影院等各类电影放映单位成为广大群众文化消费的重要场所，特别是一些重要档期时段，人流密集，安全问题尤为突出。国家新闻出版广电总局电影局于2016年12月27日发布《关于做好元旦春节期间电影安全放映工作的通知》。

该通知要求各级电影行政主管部门、院线公司及放映单位，要以高度的政治责任感和责任心重视安全保卫工作，深刻领会中央领导关于几起特别重大安全事故的重要指示精神，充分认识安全工作的重要意义，将安全保卫工作作为首要任务，始终保持常态化管理。要进一步提高员工的安全意识，教育员工严格遵守国家有关安全法律法规，严格执行各项安全管理制度和安全操作规程，自觉维护社会稳定和安全，确保放映场所人身安全、财产安全。突出做好防火、防爆、防破坏、防盗窃等安全防范工作。另外，各院线及放映单位要建立健全安全保障机制，将安全检查制度化、长期化。要全方位检查本单位的安全保卫工作的部署、安全教育的开展、安全责任的落实、安全防范的措施、安全隐患的整改的情况，排查安全隐患，堵住安全漏洞。要切实加强领导，严密部署，针对电影放映的行业特点，认真分析安全形势，提出安全要求，制定安全措施，做好安全预案。在电影放映经营期间，除业务人员在岗外，必须安排安全保卫人员值守。在安全工作上要加大投入，在人力、物力、财力等方面给予充分保障，要做好治安、消防监控系统和自动灭火系统的维护、保养，确保系统24小时有效监控。要建立健全突发事件应急预案，提高对突发事件的应急处理能力。发现安全问题及时报告、及时处理，涉及重大安全问题，必须立即向有关部门报告。

在元旦、春节这样的重要档期时段，该通知反映了国家电影主管部门对于电影放映场所安全保障义务的重视，以期营造欢乐祥和的社会氛围，切实保障和谐安全的观影环境。

（二）南京青奥会期间南京市43家营业性影院实施高级别安检

2014年南京青奥会之前，为保障青奥会的顺利安全召开，南京市召开电影院安全工作专题会议，决定在全市43家营业性影院实施高级别安全检查。

在南京青奥会举办期间，南京市公安局和南京市文化广电新闻出版局共同在电影院检票口设立相关告示牌，并要求每位观影人员必须进行开包检查，饮料开盖查验，危险品一律禁止带入。对于不愿意接受安检的观众，工作人员会要求其将相关包裹寄存，对于顾客不愿意寄存的情况，工作人员会安排退票服务。由于新增安检环节，检票时间从之前的10—15分钟调整为20—25分钟。除了安检设备之外，还为进行安检工作的影院工作人员配备了钢盔、盾牌等专业设备以防不测。

除入场前安检以外，南京市电影院安全工作会议还要求电影院做好其他方面的安全措施，严格把关其所出售的食品与饮品，配备消防器材和设施等并确保正常，确保消防通道的畅通，并保证影院监控设施的正常使用，以保障市民的安全观影。

电影院的安全环境直接关系到观影者的生命和财产安全，影响社会稳定，南京市43家营业性电影院实施高级别安检在南京青奥会期间极大保障了电影院作为公共场所的安全性，履行了电影院应有的安全保障义务。

第三十四条
【如实统计电影销售收入】

电影发行企业、电影院等应当如实统计电影销售收入，提供真实准确的统计数据，不得采取制造虚假交易、虚报瞒报销售收入等不正当手段，欺骗、误导观众，扰乱电影市场秩序。

一、基本含义

本条是关于电影发行企业、电影院等主体应当如实提供电影销售收入统计数据，不得采取不正当的手段扰乱电影市场秩序的规定。

（一）如实统计电影销售收入，提供真实准确的统计数据的义务

电影销售收入是指电影通过影院放映渠道获得的收入，俗称“票房”。

电影发行企业、电影院等主体负有如实统计电影销售收入，提供真实准确的统计数据的义务。负有该项义务的主体除电影发行企业、电影院以外，还包括与电影销售有关的其他主体，如互联网在线票务平台（例如猫眼电影、微影时代、淘票票、百度糯米等）。

本法第三十条关于电影院应当按照国家有关规定安装计算机售票系统的规定，是从技术层面对如实统计电影销售收入的基础保障。

（二）不得采取不正当手段

电影发行企业、电影院等主体不得采取制造虚假交易、虚报瞒报销售收入等不正当手段欺骗、误导观众，扰乱电影市场秩序。

1. 制造虚假交易

“虚假交易”顾名思义是指不存在的、不真实的买卖行为。在电影产业中，制造虚假交易的典型方式就是制片方或发行方自购票房，即制片方或发行方自掏腰包做高票房，既没有合规的购票过程，也没有对应的真实观众，这种行为在业内称为“过数”。

社会上俗称的“幽灵场”（又称虚假排场）就是制造虚假交易的典型写照，制片方或发行方与院线私下达成协议，在影院的非营利时间段（通常在午夜到凌晨时间段内）安排场次，数据显示场场爆满，实际却并无观众，而制片方或发行方实际只需支付影院播放成本，再给影院一些利益或好处，就可以刷高票房；还有一种相对隐蔽的方式是社会上俗称的“花样包场”，就是在影院营利时间段内，制片方或发行方提前买下影院的部分位置，而实际上并无观众前去观影，这种票房注水手法更不易查出。

制片方或发行方自购票房可以制造高票房的数据，但往往成本较低，一般通过与院线的私下合作，购票资金在扣税、分账后可以再次回到自己手中。制片方或发行方自购票房的目的多样，有的是为制造高票房舆论，误导市场、引导消费；有的是以此提高影院对影片的信心，进而增加影片的排片机会，即“票房锁定排片”；更有甚者是借电影之名行金融之实，与资本市场挂钩以获取利益。

2. 虚报瞒报销售收入

“虚报瞒报销售收入”是掩盖真实的票房数据，其报告（或反映、公示，下同）的数据与真实情况不符，通常将报告但数据不真实为“虚报”、隐匿不报为“瞒报”。主要方式有：

（1）电影院故意报低票房，悄然占有票房剩余部分，是虚报瞒报销售收入的主要形式，这种行为对片方来说极不公平，电影投资方、制片方、发行方花费巨大人力、物力、财力拍摄、宣传电影，期待最终通过票房分账收回成本、取得合理收益，然而影院通过虚报瞒报等行为，将本属于片方的收入截留，会严重挫伤电影从业者的积极性，损害行业秩序的健康发展。

（2）偷挪票房。就是观众买的是 A 电影的票，票面上却写着 B 电影的片名，或者，观众在柜台买的是电子票，得到的却是手写票。这种虚报瞒报销售收入的情况在早年较为常见，有的是发行方和影院勾结，影院管理者收取回扣而为之；有的是影院自己暗中将约定分账少的电影票房，转移到高分账的电影上，从而获得高收益。但随着电影票务系统（软件）的普及，以及2014年《国家新闻出版总局关于加强电影市场管理规范电影票务系统使用的通知》和《电影票务系统（软件）管理实施细则》的实施，这种票面片名与实际观看不符的违规行为已有所减少，但并未彻底根除。

本条规定采用了“制造虚假交易、虚报瞒报销售收入等不正当手段”的表述方式，表明现实中存在的、本条所要规制的并非仅限于上述两类不正当手段。例如近年来在业内较为普遍的“变更分账比例”“票补”等行为，虽在形式上并不具备未如实统计销售收入的条件，但极容易成为不良企图者变相推高票房、欺骗误导观众、扰乱电影市场秩序的工具，需要在实践中不断加以认识、判断并通过完善立法加以规制。

本法第五十一条对于电影发行企业、电影院等有制造虚假交易、虚报瞒报销售收入等行为，扰乱电影市场秩序的，规定了相应的法律责任。

二、立法目的和背景

票房造假的危害已触及方方面面，有的票房造假的目的在于直接吸引从业人员、媒体、观众的关注，制造舆论，引导消费者买票观影；有的票房造假的行为是为完成年度国产影片票房考核指标，例如有的影院为超额完成国产影片票房考核比例指标，常虚报国产影片票房以期得到奖励；有的院线好大喜功，以票房数据争夺所谓的全国排名……等等。此外，随着文化产业的繁荣发展，票房造假还与金融资本操作相关，许多票房造假的行为多是借电影之名行金融之实，与资本市场挂钩，通过虚假票房与二级市场联动，推高背后相关上市公司股价，进而再通过二级市场减持以获得不正当利益。

制造虚假交易、虚报瞒报电影销售收入等不正当行为，严重影响了票房统计的真实性，干扰了正常的电影市场秩序。如不加以大力地治理整顿，将严重损害电影行业的健康、可持续发展。

国家新闻出版广电总局于2014年出台了《关于加强电影市场管理规范电影票务系统使用的通知》，从五个方面对票房秩序加以规范：一是严格完善票务软件产品市场准入制度；二是切实加强票务软件产品市场应用管理；三是严格规范影院经营行为；四是大力加强行业监管；五是加大对违法违规行为的打击力度。《电影产业促进法》通过本条以及本法第五十一条规定的结合，禁止电影发行企业、电影院有制造虚假交易、虚报瞒报销售收入等扰乱电影市场秩序的行为，并对违法者予以严厉惩罚，对于制止、打击票房造假现象，建立和完善公平、公正、公开、透明的电影市场秩序具有保障作用。

三、案例与实践

（一）电影《叶问3》因虚假排场遭受严厉处罚

2016年《叶问3》被全国电影市场专项治理办公室认定存在非正常时间虚假排场的现象，查实的场次有7600余场，涉及票房3200万元。同时，该片总票房中含有部分自购票房，发行方认可的金额为5600万元。在票房造假的背后，是快鹿集团通过旗下数十家关联的金融平台和影视平台，形成复杂的投融资模式，并将融得的资本提前预支成为投融资盈利的“赌本”。“快鹿系”众关联公司穿梭在电影的资本操作过程中，等待最后的“高票房”来点燃这场资本盛宴，届时快鹿系不仅可以活络资金链还本付息，同时可以通过股价上涨在二级市场获利，此外还可以赢得投资者信任，然而《叶问3》票房远不如预期，快鹿系不得不斥资自购票房，通过影院虚假排场来刷新票房成绩，此举被国家新闻出版广电总局电影局察觉，并遭受严肃查处。①

（二）电影《捉妖记》因票房造假遭央视曝光

据《捉妖记》官方数据显示，《捉妖记》的内地票房（24.2859亿元）以203万元的优势超过《速度与激情7》（24.2656亿元）。在如此巨大的票房之下，《捉妖记》被质疑票房“注水”。央视曾就此问题展开深入调查。2015年8月28号，在《捉妖记》公开放映43天之后，制片方宣布开始公益放映活动，即买自己公司旗下29家影城的电影票，为特定人群免费放映《捉妖记》，所有公益场次放映票房总额为4042万元，被计入票房总额。央视分别对参与公益放映的北京、杭州等地的多家影城进行了调查。以杭州百老汇为例，调查发现根据当天排片的场次、票价，即便按照“场场都满座”的情况进行计算，结果却是54.9万元，比公开数据72.48万元相差17.58万元。更有甚者，影院安排的凌晨场次，不仅场场爆满，而且上座率要达到108%，也就是说有观众买了“站票”看电影。种种迹象指明《捉妖记》通过公益放映、“幽灵场”等方式进行了票房造假，舆论对此一片哗然。②

---

① 郑道森、高庆秀、李忻融：《“票补”消失之后，“自购票房”又出现了——注水票的“产业链”》，“搜狐公众平台”，http://mt.sohu.com/20160724/n460721531.shtml，访问时间：2017年1月9日。

② 范丽珍：《电影票房造假的灰色内幕》，《新经济》，2010第1期，第76—79页。

（三）北京米瑞酷电影放映有限责任公司瞒报销售收入被处罚案

2017年3月23日，北京市文化执法总队依法对北京米瑞酷电影放映有限责任公司（日坛店）进行检查时，发现该单位票房销售收入账面数据与上报国家电影事业发展专项资金管理委员会办公室的数据不一致，经核实，该公司在2017年3月1日至22日期间，通过第三方电子商务售票平台（猫眼、淘票票、微影、糯米、卖座、时光网）和影院计算机售票系统销售收入合计111533元，但实际上报的销售收入为63983元，已构成虚报瞒报销售收入47550元的违法行为。依据新颁布的《电影产业促进法》，北京市文化执法总队责令北京米瑞酷电影放映有限责任公司立即改正，没收违法所得23299.5元，罚款18万元。

第三十五条

【境内举办涉外电影节（展）】

在境内举办涉外电影节（展），须经国务院电影主管部门或者省、自治区、直辖市人民政府电影主管部门批准。

一、基本含义

本条是关于在境内举办涉外电影节（展）的规定。

（一）在境内举办涉外电影节（展）须报请审批

本条规定在我国境内举办涉外电影节（展），须经国务院电影主管部门或者省级人民政府电影主管部门批准。

涉外电影节（展）可理解为具有涉外因素的电影节（展），该涉外因素包括境外影片参展、境外人员参加、境外机构出资或委托举办等等，北京国际电影节、上海国际电影节和丝绸之路电影节是目前我国举办的具备一定影响力的涉外因素的电影节（展）。

（二）举办涉外电影节（展）的适格主体为法人、其他组织

本条虽未提及举办境内涉外电影节（展）的适格主体，但并不意味着在境内举

办涉外电影节（展）没有主体资格的限制。结合本法第五十二条之规定，法人或其他组织经批准可以在境内举办涉外电影节（展），但禁止个人在境内举办涉外电影节（展）。

（三）举办涉外电影节（展）的批准机关

举办涉外电影节（展）的批准机关为国务院电影主管部门和省、自治区、直辖市人民政府电影主管部门。

二、立法目的和背景

通过本法规定的有关电影节（展）的内容，大致可以分为参加电影节（展）和举办电影节（展）两个方面，对于送展参加电影节（展），本法规定以送展影片取得《电影片公映许可证》为唯一的监管措施，并辅之以本法第二十一条规定的送展法人、其他组织拟参加境外电影节（展）需报国务院电影主管部门或省级人民政府电影主管部门备案的规定。参加电影节（展）的规制，重在与电影内容审查制度的结合。

在境内举办没有涉外因素的电影节（展），本法并未做出限制性规定，但对于在境内举办涉外电影节（展），因该类活动涉及国际交流合作、文化安全、外交事务、国家形象等诸多因素，因此仍有必要采取行政许可措施，需要取得国务院电影主管部门或者省级人民政府电影主管部门的批准。

三、案例与实践

我国现今的电影产业已经日益完善了其国际化道路，在举办电影节（展）方面，我国境内的国际电影节（展）已经广泛获得了世界电影产业的关注，以上海国际电影节为例：始于1993年，至2016年已经举办了19届，作为中国第一个获得国际电影制片人协会认可的国际A类电影节，其国际影响力已是十分巨大。在2016年举办的第19届电影节中，在6月11日至6月19日的九天中，391部中外佳片在覆盖了上海全市17个区县的45家影院的51块银幕上放映了1275场，观影人次超30万，票房近1800万元。类似于上海国际电影节这一类的境内涉外电影节（展）的举办，根据本条规定须经国务院电影主管部门或者省、自治区、直辖市人民政府电影主管部门批准，否则不能举办。

第四章　电影产业的支持、保障

本章说明

本章是关于国家对电影产业的支持和保障的规定，主要从财政、税收优惠、人才培养、政府监管等角度原则性地规定了国家多方面扶持电影产业的发展。

首先，国家支持创作、摄制各类优秀国产影片，地方政府对电影创作、摄制提供必要的便利和帮助；其次，在财政、税收、土地、金融、用汇等方面对电影产业采取优惠措施，激励资本投入、降低运作成本；第三，国家积极扶持电影科技研发、公益放映、人才培养、境外推广等事业发展，为电影产业发展夯实工业基础、培育人才梯队、拓展电影市场空间；最后，明确政府对电影市场的监管义务，规范电影市场秩序，促进电影产业健康有序地发展。

《电影产业促进法》将国家长期以来对电影产业各方面的扶持措施、政策上升到法律的层面，将更加有利于引导国产电影的创作、摄制符合先进文化的发展方向；有利于引导更多资金、基金投向电影产业，为电影产业的发展提供更好的金融服务和税收条件；有利于培养更多适应电影市场发展的人才，为电影产业的繁荣储备人才；有利于增强国产电影的竞争力，提高国产电影在国际上的地位；有利于规范电影市场的有序发展，培育诚信守法的市场秩序。

第三十六条

【国家支持电影范围】

国家支持下列电影的创作、摄制：

（一）传播中华优秀文化、弘扬社会主义核心价值观的重大题材电影；

（二）促进未成年人健康成长的电影；

（三）展现艺术创新成果、促进艺术进步的电影；

（四）推动科学教育事业发展和科学技术普及的电影；

（五）其他符合国家支持政策的电影。

一、基本含义

本条是关于国家支持创作和摄制的电影题材和类型的规定。共有四类：

第一类是传播中华优秀文化、弘扬社会主义核心价值观的重大题材电影。党的十八大以来，习近平总书记多次强调要传承和弘扬中华优秀传统文化。他指出：“中华文明源远流长，蕴育了中华民族的宝贵精神品格，培育了中国人民的崇高价值追求。自强不息、厚德载物的思想，支撑着中华民族生生不息、薪火相传。”在中华民族五千多年的悠久历程中，融汇了众多民族的文化、思想和智慧，形成了儒、道、法、墨等诸子百家思想体系，概括出由基本理念、核心价值、行为规范、理想信念等构成的文化经典，形成中华民族特有的信仰追求、价值取向、高尚品质、文明准则、思维方式和生活方式，经过千百年的锤炼，世代相传，汇集成博大精深、底蕴深厚的中华文化传统，构成中华民族的脊梁、血脉和灵魂。同时，这些核心思想又通过语言、文字以及各种具体的文化活动渗透百姓生活的方方面面，成为维系中华民族繁衍生息、不断强盛的精神家园，展示了中华民族的性格、气节和气魄。党的十八大提出，倡导富强、民主、文明、和谐，倡导自由、平等、公正、法治，倡导爱国、敬业、诚信、友善，积极培育和践行社会主义核心价值观。富强、民主、文明、和谐是国家层面的价值目标，自由、平等、公正、法治是社会层面的价值取向，爱国、敬业、诚信、友善是公民个人层面的价值准则，这24个字是社会主义核心价值观的基本内容。实现中华民族伟大复兴的“中国梦”，是全体中华儿女的共同梦想。社会主义核心价值观是中华民族的核心价值观，融社会主义的价值特性与中华民族的文化特性于一体。因此，能够传播中华优秀文化、弘扬社会主义核心价值观的重大题材电影，就是一般常说的“主旋律”电影，必然是国家重点支持的电影类型。

第二类是促进未成年人健康成长的电影。电影已成为当今世界文化传媒中传播最广最快，对人们的思想意识、生活方式影响最大的艺术创造和文化传播方式之一，对未成年人世界观、价值观、人际关系、道德观等诸多社会人格方面，起着特殊的潜移默化的作用。促进未成年人健康成长的电影作品，指的是贴近未成年人的精神世界与审美心理感受，有益于未成年人健康成长的作品，这方面的电影尤其以动画片为主，例如美国迪士尼公司的系列动画影片，日本宫崎骏导演的系列动画影片，能够寓教于乐，在缤纷的动画影像里，为少年儿童构筑了一个个快乐美好亦不失人文熏陶与教育意义的艺术世界。中国的动画影片，曾经产出过许多经典佳作，例如《三毛流浪记》《黑猫警长》《大闹天宫》等，但是也经历过创作与市场的双重低潮。近年来，在中国电影产业发展整体进入快车道的形势下，国产动画以及少儿电影业进入了一个新的发展阶段，有更多的电影人投入其中，不断有新的精品涌现出来。

第三类是展现艺术创新成果、促进艺术进步的电影。这类一般要具备两个条件，一是在叙述形式上有新的探索；二是在人文关怀的基础上，具有批判性的、探索性的先锋意识。保护艺术电影就是在保护一种独立思考的精神，保护民族的想象力，保护艺术对现实的敏感触觉，最终是在保护电影艺术和电影产业的未来。因此，我们需要在制度上保护艺术电影的表达。否则，我们的电影有可能丧失艺术的灵感，丧失对现实的关注，丧失想象的翅膀，最终丧失的是电影的艺术魅力。比如，《我不是潘金莲》探索采用方圆画幅，是在叙事和画面上的双重探索，展现出了独特的艺术特质。

第四类是推动科学教育事业发展和科学技术普及的电影。每一次的电影重大变革都得利于技术的发展。从无声到有声，从黑白到彩色，特别是自20世纪90年代以来，数字技术的应用，极大地增强了电影对于观众的吸引力。正是因为有了数字技术的进步，使得电影有了更强大的表现力和视听冲击，让电影更深入人心。而电影本身对于表现力和实现方式的要求也促进了技术的不断进步。好莱坞电影中大量体现了科技元素，比如《阿凡达》《星球大战》等。

第五类是其他符合国家支持政策的电影。这是一项开放性规定，旨在为更多符合国家政策、符合先进文化发展方向、符合电影产业发展规律的优秀电影留下空间。在当代中国电影发展进程中，诸如微电影这样有利于青年电影人成长的电影类型，以及戏曲电影这样能够弘扬民间文化、服务广大基层民众的电影类型，都应当是国家政策鼓励和扶持的方向。

二、立法目的和背景

本条是《电影产业促进法》中的“国家政策支持条款”，立法目的在于引导电影的创作、摄制方向，同时也为政府相关具体政策的出台提供法律依据。通过国家政策支持艺术发展，是政府履行宏观文化宏观调控职能的重要手段。准确了解国家政策支持电影条款，对于从事电影摄制、创作以及相关的投资、宣发等活动有着重要的指引意义。我国的电影支持政策既具备了各国电影政策都具有的共性，也呈现出鲜明的中国特色。一方面，我们特别强调电影要取得社会效益和经济效益，两者出现矛盾时，社会效益必须放在首位；另一方面，我国虽已成为电影大国，电影发展正步入重要机遇期，但距离电影强国还有很大差距。面对美国电影的强力冲击，国产电影的核心竞争力还难以占据优势地位，人均电影消费水平与发达国家相比，还处于起步阶段。因此，国家政策层面的支持十分重要。

本法实施之前的《电影管理条例》中就有“国家鼓励、扶持科学教育片、纪录片、美术片及儿童电影片的制片、发行和放映”的规定。广电总局也专门下发过《改进少儿、农村题材影片资助工作的管理办法》，规定按照“思想性、艺术性、观赏性”统一的艺术标准，以促进市场发行放映为目的，每年计划资助少儿、农村题材影片各20部。2010年，国务院办公厅还下发过《关于促进电影产业繁荣发展的指导意见》，提出要弘扬主旋律，提倡多样化，精心组织生产好弘扬民族精神和时代精神，讴歌真善美、鞭挞假丑恶，反映现实生活和人民主体地位的重点影片，着力强化思想性、艺术性和观赏性的有机统一，充分发挥电影在振奋精神、增强信心、凝聚力量、促进和谐方面的积极作用。积极扶持现实、农村、少数民族以及少儿题材的电影故事片创作，积极促进动画片、纪录片、科教片以及适合网络、手机等新媒体新形式传播的产品的生产，努力形成多类型、多品种、多样化的电影创作生产格局。

三、案例与实践

（一）中宣部和广电总局等表扬《西游记之大圣归来》体现了中国精神和中国气派[①]

2015年8月4日，中宣部文艺局和国家新闻出版广电总局电影局联合在中国电

① 参见《中宣部总局表扬<大圣>：体现中国精神和气派》，新华网，http://news.xinhuanet.com/video/2015-08/05/c_128096575.htm，访问时间：2017年3月26日。

影资料馆召开国产动画电影《西游记之大圣归来》研讨会。来自政府部门、片方、学界、评论界、媒体的近50位代表参与讨论。国产动画电影《西游记之大圣归来》，从古典名著《西游记》中吸取灵感，凭借优良的制作技术和丰富的视觉效果获得了观众的追捧。截至当时，该片票房已超过八亿元人民币，创造了国产动画电影的最高纪录，是一部"叫好又叫座"的优秀国产电影。与会人员肯定了该片的大胆创造、合理想象，对经典充满敬意，体现了中国精神和中国气派。与会人员认为《西游记之大圣归来》对于国产动画电影发展具有里程碑意义。它昭示了一条将传统与现代有机结合的国产动画电影发展道路，是一部符合"互联网+"时代要求、整合中国与国外动画资源、具备世界眼光的影片。更重要的是，影片的成功开始改变国产动画的低迷状态，让国产动画的投资人、创作者和观众都重拾希望和期待。

（二）《湄公河行动》凭借创新的艺术表达、精彩的视觉呈现、商业化的包装手段实现了同类题材的类型突破，受到中宣部等部门肯定[①]

2016年10月31日，由国家新闻出版广电总局电影局主办，中国电影艺术研究中心承办的电影《湄公河行动》研讨会在北京举行，中宣部副部长景俊海、国家新闻出版广电总局副局长童刚出席。中宣部文艺局局长汤恒、副局长王强，国家新闻出版广电总局电影局局长张宏森、副局长李国奇、副巡视员周建东，中国电影艺术研究中心主任（中国电影资料馆馆长）孙向辉等，与多位专家学者和影片主创也参加了研讨会。

景俊海在致辞中说，作为一部主旋律电影，《湄公河行动》在前期不被市场看好、排片不占优势的情况下，凭借超高的口碑实现了票房逆袭，在多家网站上被评价为"2016年度最好的国产电影"，让人振奋。他指出，"这部电影有希望成为中国电影转折点，载入中国电影的史册"。景俊海表示，电影《湄公河行动》凭借创新的艺术表达、精彩的视觉呈现、商业化的包装手段实现了同类题材的类型突破，

① 参见《业界研讨电影〈湄公河行动〉》，《光明日报》2016年10月31日。

取得了口碑和市场的双赢，是一部弘扬主流价值观的精品佳作。电影《湄公河行动》的成功有力证明，我们有能力、有实力拍出好看的主旋律电影。创作要抓住电影的本质、规律、属性，挖掘美、彰显美，才能抓心、走心。电影创作必须以大众喜闻乐见的方式，对故事进行传达和构建，营造出绚丽多彩的视听奇观，创作出更多更好的主旋律佳作。

第三十七条

【电影产业资金支持】

国家引导相关文化产业专项资金、基金加大对电影产业的投入力度，根据不同阶段和时期电影产业的发展情况，结合财力状况和经济社会发展需要，综合考虑、统筹安排财政资金对电影产业的支持，并加强对相关资金、基金使用情况的审计。

一、基本含义

本条是关于相关文化产业资金、基金支持电影产业的规定。

资金和基金的区别在于，资金是单向的划拨或投入，而基金往往有分享收益、保值增值的安排，但实践中二者经常混用。目前，相关文化产业专项资金主要包括国家电影事业发展专项资金、电影精品专项资金和文化产业发展专项资金。

国家电影事业发展专项资金由《电影管理条例》首次提出设立。2006年财政部制定《国家电影事业发展专项资金管理办法》，规定国家对县及县以上城市电影院电影票房收入，按5%的标准征收国家电影事业发展专项资金（以下简称“电影专项资金”）。资金主要用于：资助城市影院放映国产影片；资助城市影院更新改造；资助影院计算机售票系统；资助少数民族电影译制；其他经财政部和广电总局批准的、对电影事业发展有重大影响的项目。

电影精品专项资金原称“影视互济电影精品资金”，发起于 1996 年，当时规定要从各级电视台广告收入中提取 3% 资助电影创作生产。2007 年3月，原国家广电总局与财政部修订了《影视互济资金管理办法》，并正式更名为《电影精品专项资金管理办法》。办法规定，电影精品专项资金由中央财政在预算内安排，主要用于支持优秀国产影片的创作生产和宣传发行放映，加强国产电影保护和电影制作、发行、放映单位的更新改造等。专项资金的使用范围主要是：中国电影华表奖及夏衍剧本奖的奖励；资助重大革命历史题材和重点题材影片剧本创作及影片摄制；资助优秀国产影片的生产和影片宣传、发行、放映以及购买公益性放映版权；资助电影制作、发行、放映单位的更新改造以及数字电影研发、推广、制作和设备购置；资助农村电影；资助打击走私盗版、保护电影版权；经财政部批准的其他支出。支出内容包括：奖励金、设备购置费、版权购置费，在规定使用范围内发生的奖项评审费、资助费、补贴费等相关费用，以及经财政部批准支出的其他费用。

文化产业发展专项资金由财政部2012年设立。支持方向主要是：推进文化体制改革、培育骨干文化企业、构建现代文化产业体系、促进金融资本和文化资源对接、推进文化科技创新和文化传播体系建设、推动文化企业“走出去”和财政部确定的其他文化产业发展领域。支持方式包括项目补助、贷款贴息、保费补贴、绩效奖励和财政部确定的其他方式。

在中央的引导下，一些地方政府也成立了地方性的专项资金。比如，上海设立了电影发展专项资金。

基金方面特别值得介绍的是中国电影基金会（CFF）。CFF创立于1989年10月27日，是在中华人民共和国民政部注册登记的全国性公募基金会，业务主管单位是国家新闻出版广电总局。原始基金数额为人民币800万元，来源于社会捐赠。中国电影基金会公益活动的业务范围包括：依据《中华人民共和国公益事业捐赠法》接受海内外热心支持中国电影事业的政府、组织、团体、企业和个人提供的资金、物资捐赠及技术援助；按照合法、自愿、有效的原则，广泛募集公益资金，增加基金来源，实现公益基金的保值增值；资助具有社会公益价值、弘扬社会主旋律、满足人民群众需要的影视创作，鼓励创新和探索跨媒体、多形式的影视优秀作品；支持和鼓励国产影视的译制和推广，打造中外影视交流平台，建立长效交流机制；构建专业性、高水平的学术平台，支持影视文化学术研讨和学术专著出版；搭设公益服务平台，开展电影专项评选和奖励活动，组织开展公益放映惠民工程，号召影视艺术家投身公益事业；搭建电影人才培育平台，拓展人才培养载体建设，扶持和推介具有较大发展潜力的青年拔尖人才，提升中国电影新生力量的影响力；支持影院、院线建设，积极吸纳社会资本，开拓影视融资中介服务，开发多元化影视市场，推动电影产业繁荣发展；支持电影技术的革新和开发，有效实现产业融合与协作，推动影视文化创意产业科学发展；其他有益于电影事业发展的公益活动。

资金和基金对电影的支持分为三个层次：第一层次是国家引导相关文化产业专项资金、基金加大对电影产业的投入力度。这一层的关键词是“引导”，国家并非直接安排，而是通过对专项资金和相关基金的引导进行间接的支持。第二层次是根据不同阶段和时期电影产业的发展情况，结合财力状况和经济社会发展需要，综合考虑、统筹安排财政资金对电影产业的支持。这一层的关键词是“安排”，是一种直接的资金支持。第三层次是加强对相关资金、基金使用情况的审计，由专设的审计机关依照法律对资金和基金使用情况进行事前和事后审查的独立性经济监督，确保达到支持的目的。

除了政府层面的基金外，民间资本通过设立基金的方式参与电影投资也不鲜见。比如，2016年7月25日，阿里巴巴影业集团宣布发起设立文化产业基金，目标资金为20亿元。阿里影业在港交所发布的公告称，海南阿里巴巴影业文化产业基金合伙企业（有限合伙）将投资于在电影及电视娱乐行业价值链上的公司。

二、立法目的和背景

作为一个产业，中国电影无论从产业规模还是社会影响上，都引起了国家层面的重视，国家开始关注并参与推动中国电影的发展，将资金支持写入国家立法，说明中国电影的发展进入了一个新的阶段。在很长的时间里，电影行业基本上是一个规模比较小、比较封闭的行业，入不了金融业的“法眼”。在国家政策鼓励、居民收入增加、消费习惯形成等因素的共同作用下，近年来电影的观影人次、票房和相关收益都呈现快速上升趋势，电影项目赚钱效应扩大，中国电影投资环境越来越好，除传统来自电影制片企业（包括国企和民企）的资金外，来自地产、信托、产业资金、互联网等行业的实力雄厚的企业，或信贷投入，或投资电影项目，或并购重组电影企业，或投资影院建设，兴起前所未有的投融资热潮。[①] 电影产业现有的热度，与国家的引导和支持是分不开的。

早在1996年，当时的广播电影电视部、财政部就曾下发《关于设立支持电影精品“九五五〇”工程专项资金有关规定的通知》，规定“中央电视台每年按电视广告纯收入（缴纳营业税后的纯收入，下同）的3%计算，上缴广播电影电视部（每年不少于3000万元），专户存储，支持电影精品摄制。各省、自治区、直辖市的省级电视台按其电视广告纯收入的3%计算，上缴给省广播电视（影视）厅（局），专户存储，支持电影精品摄制”。随着《电影管理条例》《国家电影事业发展专项资金管理办法》《电影精品专项资金管理办法》等文件的出台，电影的资金支持体系不断完善。如今，电影产业虽已有长足发展，但在资金或基金上的引导和支持仍然要在较长时间内坚持。

三、案例与实践

（一）2016上半年国家电影专项资金收缴简报[②]

按2016年1至6月票房统计，截至7月，中央和省级管委会共收缴电影专资

① 参见刘汉文:《政策创新力助中国电影由“大”转“强”——关于支持电影发展若干经济政策的通知解读》，《电影艺术》2014年第5期。

② 中国电影数据信息网，2016年8月4日发布。

12.3亿元，比去年同期增收2.22亿元，增长率为22%，其中，中央国库共收到电影专资4.92亿元。上缴到中央国库的省（不含港、澳、台地区）排名依序为广东7196万元、江苏4545万元、浙江3794万元、上海3261万元、北京3097万元、四川2762万元、湖北2459万元、山东1869万元、福建1767万元、河南1751万元、辽宁1714万元、安徽1490万元、湖南1430万元、重庆1326万元、陕西1248万元、河北1130万元、江西1051万元、广西985万元、黑龙江905万元、云南783万元、吉林766万元、山西709万元、天津695万元、贵州539万元、内蒙古482万元、甘肃475万元、海南439万元、新疆310万元、宁夏188万元、青海126万元、西藏51万元。

与去年同期相比，高于全国平均增长率的省，排名依序为：湖南、黑龙江、贵州、广西、江西、陕西、安徽、四川、甘肃、山西、福建、海南、云南、吉林、山东、河北、湖北、青海、河南。

（二）国家电影专项资金奖励新政策出台，最高不超600万元①

2017年起，国家电影事业发展专项资金将对奖励优秀国产影片出台新的政策。2016年12月24日，国家电影专资办主任姜涛对此项奖励政策出台的初衷、目的和评审办法给予了深入解读。

1. 出台背景和目的

奖励优秀国产影片“具体奖励政策”，是国家电影专项资金管委会积极贯彻党的文艺政策的一项重要举措，也是深入落实习总书记文艺工作座谈会讲话精神，特别是第十次文代会、第九次作代会上习总书记再次强调的“文艺事业是党和人民的重要事业，文艺战线是党和人民的重要战线”这一重要理念。国产影片奖励政策的制定出台，是对习总书记系列讲话精神的深入领会和积极响应。

奖励政策旨在鼓励广大电影工作者，创作更多思想性、艺术性、观赏性相统一

①《中国电影报》2016年12月24日。

的优秀电影；扶持更多传播中华优秀文化和弘扬社会主义核心价值观的优秀电影；引导电影出品单位创作出更多思想精深、艺术精湛、制作精良的电影作品，实现由电影大国向电影强国迈进，由高原向高峰的攀登，进一步推动和促进中国电影产业的创新和发展。

2.评审流程

参评国产影片范围明确规定为以下四类：一、配合党和国家中心宣传任务的优秀影片；二、运用立体、巨幕、全景声、CG、动感等高新技术制作的影片；三、优秀动画影片；四、需特殊鼓励和资助补贴的其他种类和题材的优秀影片。入围的参评影片必须是每年1月1日至12月31日期间发行放映的，原则上观看电影人次应达到10万（含）以上，且国内电影市场票房收入达到2000万元（含）以上（以全国电影综合信息管理系统统计的数据为准）。

进入评审环节，又分为初评和终评两个阶段。其具体方式是，根据社会效益、艺术质量、技术创新、市场份额情况打分评比。在初评环节，由专家委员会审看入围影片后，以打分的方式选出30部提名影片进入终评。评选委员会对这30部影片进行评议和打分，从中评选出20部，并根据分数排名确定奖励档次和奖励金额。具体来说，影片奖励分为三个档次，最高一档单部影片奖励金额不超过600万元。优秀国产影片奖励政策每年评选一次（拟从2017年初开始，评选2016年上映的影片）。第一季度完成上一年入围影片的初评工作，第二季度完成终评工作。奖励结果在国家新闻出版广电总局、电影资金办、中国电影制片人协会网站及《中国电影报》公布。获得奖励的影片出品单位按照《关于对优秀国产影片进行奖励的通知》（电专字〔2016〕1号）要求办理。

3.评审委员会

按照《中央级国家电影事业发展专项资金预算管理办法》的相关规定，国家电影事业发展专项资金管理委员会秉承公平、公正、公开的原则，拟定了奖励优秀国产影片的评选章程。在评审机构设置方面，建立了优秀国产影片评选委员会。评选委员会由国家电影专资管委会、电影局、电影审查委员会和电影专资办几方面人员组成，并设评选委员会主任一名。同时，也建立了由电影业资深人士、电影评论家和新闻媒体工作者等组成的专家委员会，专家委员会也设主任一名。评选工作的组织和日常工作，由国家电影专资办承担。

电影专资管委会要求“两委会”成员均需严格遵守评选章程和纪律，以认真贯彻党的文艺方针政策为前提，尊重电影生产创作规律，对入围电影作品进行客观准确的评判。同时“两委会”实行回避制度，凡与参评影片有直接关系或密切关系者，在评选相关影片时不参与打分并回避。

（三）2016年121个电影项目获上海电影发展专项资金扶持①

2016年底，促进上海电影发展专项资金资助项目名单公布，共121个项目获得资助。在面向电影全产业链的同时，2017年该专项资金重点向电影创作项目倾斜，新增设选题孵化项目，一批重大革命历史题材和现实主义题材的项目有望在获得资助后，打造成为优秀影片。

1. 专项资金资助范围

《促进上海电影发展专项资金实施细则》（2016年版）规定，“专项资金资助主要用于扶持讴歌中国梦、弘扬社会主义核心价值观、激发爱国主义、弘扬优秀传统文化、反映社会现实、表现民族精神，具有较高思想、艺术水准和市场价值的优秀影片和新人新作。重点支持新建多厅数字化影院建设，支持电影发行，支持上海电影后期制作技术项目的引进、创新与发展。支持优秀国产艺术电影的放映，支持电影‘走出去’，支持电影教育和优秀青年电影人才培养等电影产业链上相关的重要项目”。

2. 获资助项目主要特征

（1）主旋律电影创作受青睐

2016年获得电影创作内容资助的大多是体现家国情怀、承载人文精神的主旋

① 《解放日报》2016年12月7日。

律电影创作项目，宣传和汇聚了实现中华民族伟大复兴“中国梦”的强大正能量。其中，反映重大革命历史题材、紧扣重大节点的创作项目有纪念建党100周年的《一个政党的诞生》、献礼新中国成立70周年的《沉睡的老课本》、庆祝香港回归20周年的《明月几时有》《马照跑，舞照跳》、重现抗日战争时期上海宝山保卫战的《捍卫者》、反映民族振兴和“中国梦”主题的《甲午江南岸》等；深入现实生活、反映时代风采的创作项目有围绕改革开放40周年城市家庭生活变迁的《地久天长》、记录当下农村现状的纪录片《失落的山村》、聚焦反腐和海外追捕贪官的《围猎》等；还有弘扬社会主义核心价值观、讴歌先进人物的《俞卓伟》，以及回眸著名画家谢稚柳与陈佩秋夫妇艺术生涯的纪录片《鱼饮高花》。

（2）向优秀影片和新人新作倾斜

促进上海电影发展专项资金公布了获得2016年度佳作奖励的12个项目。佳作奖励不仅凭票房业绩，而是在设定亿元票房（新人新作为3000万元）“门槛”的基础上，更倾向于具有较高思想、艺术水准和市场价值的优秀影片和新人新作。曾在创作阶段获得文化发展基金会电影剧本资助的《七月与安生》被誉为“近年来最好的青春片”；陆川执导的纪录片电影《我们诞生在中国》开创了国内纪录片票房新纪录；上影集团出品的《盗墓笔记》票房逾10亿元，专项资金也给予重点鼓励。

此外，对有望获得较好社会效益和较高经济效益的类型片创作项目《欧洲攻略》，专项资金也予以资助，体现了“百花齐放”努力满足观众多样化的文化需求。

第三十八条

【电影产业税收优惠】

国家实施必要的税收优惠政策，促进电影产业发展，具体办法由国务院财税主管部门依照税收法律、行政法规的规定制定。

一、基本含义

本条是关于电影产业税收优惠政策的原则性规定。

为了促进电影产业的发展，国家对电影产业给予税收优惠政策。我国的税收优惠政策主要包括了减税、免税、优惠税率和税收返还等。

本条是授权性规范。在宣示了对电影产业实行税收优惠的原则后，授权国务院财税主管部门按照本法的精神和目的、相关税收法律和行政法规的规定，制定具体的税收优惠办法。其中，本条规定的国务院财税主管部门是指国务院下属的履行财税行政职能的部门，如财政部、海关总署和国家税务总局等。

二、立法目的和背景

电影产业的发展和繁荣，离不开政府税收政策的促进和扶持。在我国经济发展处于转型期的背景下，电影产业作为文化产业中重要的一环，关乎未来我国经济的发展。但目前我国电影产业所承担的税负，在一定程度上制约了电影产业的发展。

目前，我国电影产业从业主体须承担增值税（及其附加税费）、政府性基金收费和企业所得税等多项税费。

首先，电影产业须缴纳增值税（及其附加税费）。广播影视服务业“营改增”后，一般纳税人电影企业（即应税服务年销售额不低于500万元）原则上采用一般计税方法（即进项税额准予抵扣）缴纳税率6%的增值税。除增值税外，电影产业还须根据实际缴纳的增值税税额计算缴纳附加的城市维护建设税、教育费附加和地方教育费附加，对应的税（费）率分别为实缴增值税税额的7%、3%和2%。

其次，电影产业还须缴纳两项特殊的政府性基金费用：一、县及县以上城市的电影院须缴纳电影票房收入的5%作为电影事业发展专项资金；二、电影企业广告服务的销售额须缴纳费率为3%的文化事业建设费。

最后，电影产业还须缴纳企业所得税，通常适用25%的企业所得税税率。

本法实施后，通过本法授权的国务院财税主管部门制定减税、免税、优惠税率等税收优惠政策，有利于从整体上减轻电影产业从业主体的税负。不仅如此，电影产业的税收优惠能使投资者降低投资成本与风险，创造良好的投资效益，由此会带来示范效应，引导更多的社会资金流向电影产业。

实际上，我国一直以来都非常重视电影产业的发展，并在政策上给予了相当多的优惠。比如，国务院颁布的《电影管理条例》第四十八条第一款规定，“国家建立电影事业发展专项资金，并采取其他优惠措施，支持电影事业的发展”。其中，其他优惠措施就包括了税收优惠。国务院办公厅2010年颁布的《国务院办公厅关于促进电影产业繁荣发展的指导意见》规定，“对非公有制电影企业在财税政策给予国有电影企业同等待遇，对大力发展城镇数字影院建设的企业给予税收优惠”。《财政部海关总署国家税务总局关于继续实施支持文化企业发展若干税收政策的通知》（财税〔2014〕85号）规定，“自2014年1月1日至2018年12月31日，新闻出版广电行政主管部门（包括中央、省、地市及县级）按照各自职能权限批准从事电影制片、发行、放映的电影集团公司（含成员企业）、电影制片厂及其他电影企业取得的销售电影拷贝（含数字拷贝）收入、转让电影版权（包括转让和许可使用）收入、电影发行收入以及在农村取得的电影放映收入免征增值税。一般纳税人提供的城市电影放映服务，可以按现行政策规定，选择按照简易计税办法计算缴纳增值税”。

三、案例与实践

万达电影院线股份有限公司（以下简称“万达电影”）2015年的审计报告显示，该公司享受国家给予的与电影产业相关的税收优惠政策主要包括：

（一）根据《财政部、国家税务总局关于将铁路运输和邮政业纳入营业税改征增值税试点的通知》（财税〔2013〕106号）附件二第一条第六款第四目“试点纳税人中的一般纳税人提供的电影放映服务、仓储服务、装卸搬运服务和收派服务，可以选择按照简易计税办法计算缴纳增值税”，万达电影的164家门店申请增值税简易征收办法计算增值税。

（二）据财政部、国家发展和改革委员会、国土资源部、住房和城乡建设部、中国人民银行、国家税务总局、新闻出版广电总局《关于支持电影发展若干经济政策的通知》（财教〔2014〕56号）中“对电影制片企业销售电影拷贝（含数字拷贝）、转让版权取得的收入，电影发行企业取得的电影发行收入，电影放映企业在农村的电影放映收入，自2014年1月1日至2018年12月31日免征增值税”之规定，万达电影该部分电影发行收入免征增值税。

第三十九条

【影院建设保障】

县级以上地方人民政府应当依据人民群众需求和电影市场发展需要，将电影院建设和改造纳入国民经济和社会发展规划、土地利用总体规划和城乡规划等。

县级以上地方人民政府应当按照国家有关规定，有效保障电影院用地需求，积极盘活现有电影院用地资源，支持电影院建设和改造。

一、基本含义

本条要求县级以上地方人民政府切实采取措施，促进和保障电影院建设和改造，这些措施包括将电影院建设和改造纳入国民经济和社会发展规划、土地利用总体规划和城乡规划，以及积极盘活现有电影院用地资源，有效保障电影院用地需求等。

国民经济和社会发展规划包括短期的年度计划、中期的5-10年规划和10年以上的长期规划，一般包含了国民经济发展和社会发展两部分内容。国民经济发展方面的内容包括从生产、流通、消费到积累，从发展指标到基本建设投资，从部门到地区发展，从资源开发利用到生产力布局等，内容非常广泛。社会发展方面的内容包括人口、就业、住宅、社会福利、环境保护等。国民经济和社会发展规划的主要任务是：综合分析经济社会发展形势，搞好经济预测；合理确定国民经济和社会发展战略；规划重大经济结构和合理确定产业政策；规划生产力布局、国土整治和重点建设；研究提出宏观经济调控的目标与政策。

当前我国从国家层面正在实施的是《中华人民共和国国民经济和社会发展第十三个五年规划纲要》，简称“十三五”规划（2016-2020），各级地方政府也根据本地的实际情况制定了各级政府的“十三五”规划。在本法正式生效后，各级政府应当按照本法规定，将电影院建设和改造纳入本级政府的国民经济和社会发展规划，以此引起各级政府对电影院建设和改造工作的高度重视，切实保障和推进该项工作落到实处。

土地利用总体规划是在一定区域内，根据国家社会经济可持续发展的要求和当地自然、经济、社会条件，对土地的开发、利用、治理、保护在空间上、时间上所作的总体安排和布局，是国家实行土地用途管制的基础。土地利用总体规划是指在各级行政区域内，根据土地资源特点和社会经济发展要求，对今后一段时期内（通常为15年）土地利用的总安排。城乡规划编制是指各级人民政府根据一定时期城市的经济和社会发展目标，依法编制规划文件，以确定城市性质、规模和发展方向，合理利用城市土地，协调城市空间功能布局，综合部署各项建设。在本法正式生效后，各级政府应当按照本法规定，将电影院建设和改造纳入本级政府的土地利用总体规划和城乡规划，切实保障电影院的建设用地和配套设施。

二、立法目的和背景

本法实施前的《电影管理条例》第五十二条第一款规定，县级以上地方人民政府制定的本行政区域建设规划，应当包括电影院和放映设施的建设规划。本法第一款沿袭了该项内容并进行了新的科学描述，规定县级以上地方人民政府应将电影院建设和改造纳入国民经济和社会发展规划、土地利用总体规划和城乡规划等。同时，各地区的人口基数、居民消费水平和习惯，以及人口素质和文化程度、地区文化发展程度等等因素，客观决定了本地区的市场需求，因此本条第一条规定应“依据市场需求”与“电影市场发展的需要”量体裁衣，科学规划影院建设布局和总量，防止因低水平重复建设和过度竞争导致的资源浪费与市场混乱。

本条第二款规定县级以上地方人民政府在履行有效保障电影院用地需求职责时，应积极盘活现有的电影院用地资源。这不仅源于土地资源乃国家稀缺资源，应按照规划高效、节约利用，更是为了防止地方政府借着影院建设的名义大兴征地之风，侵害民众根本利益，影响社会稳定与和谐。此外，随着国家加大扶持城镇影院建设的力度，出现了获得影院建设用地后擅自改变土地用途的情况，对此2014年国土资源部、住房和城乡建设部在多部门联合发布的《关于支持电影发展若干经济政策的通知》中强调要严格影院用地的供后监管，并确定若干具体措施。

电影艺术作为文化的重要组成部分，对繁荣文化产业提升综合国力有着至关重要的影响，而电影院作为放映终端，直接服务大众，是大众电影文化生活的一部分，电影产业的改革深化，带动了电影终端产业的高速发展。然而国家发展中存在的东西差异、城乡差距问题同样反映在了全国的影院建设中，与大中城市如火如荼的影院建设相比，城镇影院建设却一度低迷，场地旧、片源老、环境差，甚至电影院早已荒废弃用就是我国大部分城镇影院面临的窘境。平衡地区发展差异，让广大民众共享改革发展成果一直是我国社会主义建设的基本目标，本条规定的影院建设保障内容，为合理布局和推动各地的影院建设和改造，完善各地的公共文化服务体系，奠定了法律基础。

三、案例与实践

2011年7月由中宣部和国家广电总局共同主办的全国县级城市数字影院建设工作会议在河北唐山召开。会后各地纷纷出台了实施意见，明确了县级城市影院建设的总体要求和目标任务。山东省在出台的《关于推进全省县级城市数字影院建设的实施意见》中，提出了要在“十二五”末，保证全省每个县级市至少建成一座多厅数字影院的目标。之后山东省专门出台“以奖代补”实施办法，积极筹措2000余万元资金支持县级城市数字影院建设，明确规定对验收达标的影院按照一类、二类标准分别给予20万元和15万元的政府补助。省里还通过信贷支持、税收优惠、补贴奖励等措施，引导和鼓励各类企事业单位、经济组织及社会资本投资县级城市数字影院建设，先后有八家省外院线加入。截至2012年底，山东省累计新建并投入使用数字影院88家，实现了县级城市数字影院全覆盖。[①] 此外，山东省在推进县级城市数字影院的建设中，强调高标准原则，部分县级城市按照国家五星级标准进行建设，影院设施豪华、设备先进、功能齐全，在设施和服务水平上让观众享受到的是大城市高档影院的氛围。以滨州博兴县齐纳国际影城为例，影城总投资达4000多万元，设有四个3D电影厅、一个VIP厅、一个巨幕厅，可容纳1286人同时观影，是按照国家五星级影城标准建造的现代化数字影院。昌乐县时代今典影院投资达到1200万元，设有四个超一流数字专业影厅，很好地满足了群众的观影需求。[②]

① 参见卞德民:《山东省级城市数字影院全覆盖》,《人民日报》2013年4月25日。

② 参见王红军、付永:《在高档影院里低价看大片》,《大众日报》2012年12月23日。

第四十条

【电影产业融资、保险支持】

国家鼓励金融机构为从事电影活动以及改善电影基础设施提供融资服务，依法开展与电影有关的知识产权质押融资业务，并通过信贷等方式支持电影产业发展。

国家鼓励保险机构依法开发适应电影产业发展需要的保险产品。

国家鼓励融资担保机构依法向电影产业提供融资担保，通过再担保、联合担保以及担保与保险相结合等方式分散风险。

对国务院电影主管部门依照本法规定公告的电影的摄制，按照国家有关规定合理确定贷款期限和利率。

一、基本含义

本条是关于国家鼓励金融、保险、融资担保机构积极参与、支持电影活动从业主体（以下简称“电影从业者”）融资的相关规定。

（一）金融机构融资服务

第一款规定国家鼓励金融机构（银行或信用社等）为电影从业者开展电影活动、改善电影基础设施提供融资服务。

金融机构的融资服务方式主要为信贷。广义的信贷是指金融机构存款、贷款、结算的总称，狭义的信贷一般指金融机构的贷款。本款中的“信贷”应作狭义解释，指的是在电影产业融资中金融机构提供的贷款融资服务。目前我国的信贷融资主要分为三种类型：抵押贷款、质押贷款以及信用担保贷款。

抵押贷款是指债务人向金融机构借款时，抵押人不转移对财产的占有，将该财产作为债权的担保。当债务人不履行债务时，作为债权人的金融机构（抵押权人）有权依法以抵押财产折价或者以拍卖、变卖该财产的价款优先受偿。抵押人可以是债务人，也可以是债务人以外的第三方。

质押贷款是指债务人向金融机构借款时，出质人将其动产或权利移交给债权人占有，将该动产或权利作为债权的担保。当债务人不履行到期债务时，作为债权人的金融机构（质权人）有权依法以该动产或权利折价或者以拍卖、变卖该动产或权利的价款优先受偿。出质人可以是债务人，也可以是债务人以外的第三方。[①] 由于电影是特殊的文化创意产业，其核心价值在于电影作品的内容，从法律层面而言，即指作品的版权及伴随放映产生的票房收益权。因此，金融机构在为影视公司等电影从业者办理质押贷款业务时，逐步衍生出独具特色的知识产权质押融资和票房收益权质押贷款。2006年华谊兄弟传媒股份有限公司以电影《集结号》的票房收益权作质押，成功从招商银行融得5000万元贷款，这是我国票房收益权质押贷款的首例。

知识产权质押融资主要指电影版权质押贷款融资，即影视公司等电影从业者在电影拍摄完成前，先行将电影的版权质押给金融机构，金融机构通过估计电影版权未来可取得的商业价值，进而为借款人提供一定量的贷款融资。如果借款人到期无法还本付息，金融机构可以将质押的电影版权折价或者拍卖、变卖，金融机构作为质权人对所得价款享有优先受偿的权利。2004年华谊兄弟传媒股份有限公司以电影《夜宴》的版权作质押，从深圳发展银行申请到5000万元贷款成为我国电影版

① 参见《中华人民共和国担保法》第六十三条规定：“本法所称动产质押，是指债务人或者第三人将动产移交债权人占有，将该动产作为债权的担保。债务人不履行债务时，债权人有权依照本法规定以该动产折价或者以拍卖、变卖该动产的价款优先受偿。前款规定的债务人或者第三人为出质人，债权人为质权人，移交的动产为质物。”

权质押贷款的成功首例。随着我国电影市场的繁荣发展，电影版权的含金量不断提高，通过电影版权质押获得的贷款融资规模不断扩大，版权质押贷款逐渐成为电影融资的重要渠道之一。

信用担保贷款的内容，请详见下述第（三）款内容。

（二）保险产品支持

第二款规定国家鼓励保险机构业务创新，依法开发适应电影产业发展需要的保险产品。目前从整体而言，我国电影产业的保险意识还相对薄弱，许多影视公司等电影从业者为降低成本，不考虑购买保险，我国电影行业在快速发展的背后亦潜藏着危机，无法完片成为其中最大的问题。

如果将电影行业保险险种比喻成一座金字塔，一般保险（General Standard Insurance）位于底层，旨在保证最基础的人身意外伤亡、财产损失。电影基本要素保险（Essential Elements Insurance）位于中间，是专门针对电影拍摄创制的一种保险，范围覆盖演员、道具等等。而位于顶层的完片保险（Completion Guarantees, Completion Bond，也称为完片担保、完片保证，以下统称为完片担保）则是最顶尖的保险，保证影片在预算内按期完成。[①] 具体而言，完片保险起源于美国，是一种专门针对电影行业的保险制度，保证一部电影能够按照预定时限及预算拍摄完成，否则给投资方银行造成的损失由完片担保公司承担，其对于帮助中小电影制片公司融资拍摄、保护银行投资方利益起到了极大作用。美国先进的完片担保制度针对电影无法完片的难题创制了一系列保险措施，其经过60余年发展，依旧显示出蓬勃的生命力，为电影起到保驾护航的重要作用。我国电影行业若要长效健康发展、与国际接轨，必然需要完善保险制度，合理引入完片担保制度。

① 参见吴晓武:《为什么完片担保在中国举步维艰》,《电影艺术》2011年第1期，第68页。

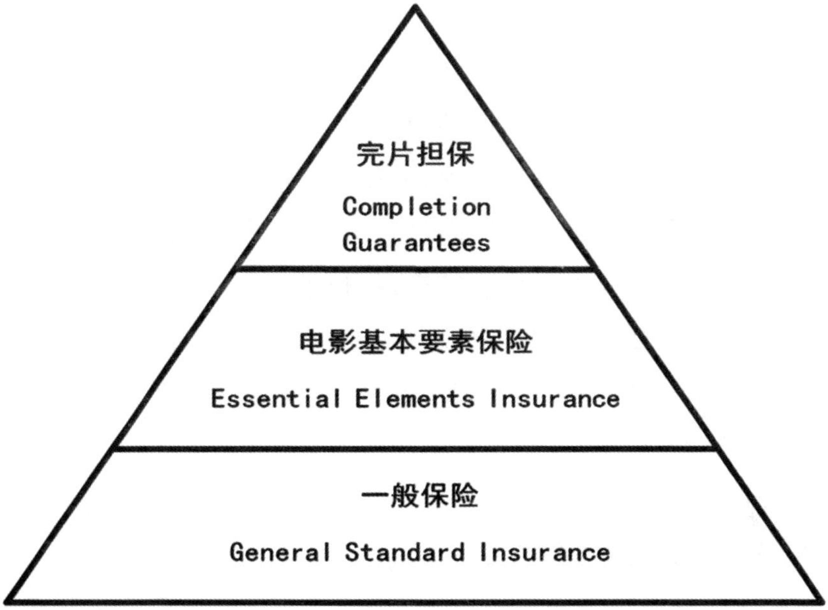

电影保险综合解析图①

（三）融资担保支持

第三款规定国家鼓励担保机构为电影产业提供融资担保。此处的“融资担保”主要指由融资担保机构为电影从业者向金融机构的借款提供信用担保。

信用担保贷款是指是指债务人向金融机构借款时，由第三方向金融机构提供保证担保，在债务人不能履行债务时，由提供保证担保的第三方承担合同约定的偿还责任，从而保障金融机构债权的实现。保证人是第三方，金融机构通常认可的是资金实力雄厚的专业担保机构。

信用担保贷款相较于传统的抵押贷款而言，是更为高级的形式。信用担保贷款无需债务人提供抵押财产，金融机构更加注重考察债务人的综合能力。2008年华谊兄弟为电影《功夫之王》贷款融资时采用的便是信用担保贷款模式，由中国出口

① 参见吴晓武:《为什么完片担保在中国举步维艰》，《电影艺术》2011年第1期，第68页。

信用保险公司作为第三方机构提供担保，成功从广东发展银行融得6500万元贷款。

此外，担保机构可通过再担保、联合担保、担保与保险相结合等方式来分散自身风险。再担保是指为保证担保人设立的担保，再担保是相对于原担保而言，是担保链条的延续，与再保险相似，是再担保人对原担保人信用的增级或信用损失的弥补，也为维护与实现债权人的利益起到保障作用。通常运作模式是原担保人以缴付再担保费为代价将部分担保风险责任转移给再担保人。联合担保又称联保、分保、共同担保，即两个以上的担保机构对同一债权共同提供保证担保。担保与保险相结合是指既采取担保方式同时又采取保险方式，将两种方式相结合以期最大程度分散融资风险，保障债权人的合法利益。

（四）合理贷款利率与期限支持

第四款规定金融机构对于国务院电影主管部门公告的电影的摄制，在遵守国家有关规定的前提下合理确定贷款利率和期限。贷款利率是指借款期限内利息数额与本金额的比例。我国金融机构的贷款利率由中国人民银行统一管理，中国人民银行根据社会经济和金融体系的运转水平，即时调整公布金融机构贷款基准利率，向金融机构发布贷款指导性利率。此外，中国人民银行负责调整、取消不同金融机构（主要为商业银行和城市信用社、农村信用社）贷款利率的浮动区间（以基准利率为基础通常以倍数为标准确定），金融机构具体贷款利率的确定应当符合中国人民银行发布的贷款利率浮动区间的规定并符合报批、决定等相关要求。贷款期限分为短期贷款（一年以下）、中期贷款（超过一年、五年以下）、长期贷款（超过五年）。除部分特定种类贷款需严格遵守国家规定的贷款期限外，例如票据贴现贷款期限最长不得超过六个月，一般情况下贷款的具体期限由金融机构根据监管规定、资金供给能力、内部管理要求以及借款人的需求、偿债能力等因素与借款人协商确定。本款规定旨在明示金融机构在符合国家相关金融政策的前提下，根据电影摄制活动的规律、生产周期及其他需求，合理地确定贷款期限和利率，以促进电影产业的发展。体现出国家鼓励对电影产业贷款融资的政策导向，具体措施有待国家金融机构出台相关实施细则。

二、立法目的和背景

（一）帮助电影从业者筹集资金，提高我国电影拍摄数量和质量

电影作为一部聚合众人智慧劳动的作品，不论是前期拍摄制作，还是后期宣传发行都需要巨额的资金支持，缺乏资金支撑的电影犹如无源之水，无本之木。大型制片公司通常不存在资金问题，即便拍摄过程中发生意外，也能利用其自身丰厚的资源完成影片的拍摄。而小型制片公司以及独立制片人在筹拍电影时，因其缺乏社会名气和财力担保，资金不足往往成为最大的障碍，直接导致许多有优秀才华的电影人梦想夭折。

2010年1月，国务院办公厅下发了《关于促进电影产业繁荣发展的指导意见》，该文件是我国出台较早的专门针对金融支持电影产业发展的指导意见，由此奠定了国家振兴电影产业与金融支持文化产业的政策基调。2010年3月和2014年5月，国家相继出台了《关于金融支持文化产业振兴和发展繁荣的指导意见》《关于支持电影发展若干经济政策的通知》。上述政策均倡导应多方面拓宽电影融资渠道，鼓励电影企业融资，推动开发适合电影产业需求特点的信贷产品，彰显出国家通过金融政策促进电影产业发展而做出的努力。①

① 参见2014年5月31日通过的《财政部、国家发展改革委、国土资源部、住房城乡建设部、中国人民银行、国家税务总局、新闻出版广电总局关于支持电影发展若干经济政策的通知》，第七条；2010年1月21日通过的《国务院办公厅关于促进电影产业繁荣发展的指导意见》，第二条；2010年3月19日通过的《中央宣传部、中国人民银行、财政部、文化部、广电总局、新闻出版总署、银监会、证监会、保监会关于金融支持文化产业振兴和发展繁荣的指导意见》，第二至第五条。

《电影产业促进法》第四十条对国家鼓励金融机构从事电影产业投融资作出详尽规定，除沿袭保留部委文件提出的鼓励信贷融资、合理确定贷款期限利率、拓宽融资渠道等政策之外，还创造性地提出鼓励保险机构依法开发适应电影产业发展需要的保险产品，鼓励融资担保机构依法向电影产业提供融资担保，鼓励开展与电影有关的知识产权质押融资业务。这是《电影产业促进法》首次从法律层面确立了金融机构应为电影产业提供支持，具有重大意义：有利于帮助电影人逐步解决融资难的问题，帮助广大电影从业者实现拍摄电影的梦想；有利于增加我国电影拍摄数量，促进电影片类型多元化，提升电影拍摄质量。

（二）改善电影基础设施，提高电影放映质量

2004年国家电影事业发展专项资金管理委员会发布了《关于对新建影院实行先征后返国家电影专项资金的通知》，通知规定“对新建影院，国家电影专项资金管委会决定在一定期间内给予先征后返国家电影专项资金的优惠政策”，以鼓励投资新建影院的积极性。2014年财政部、国家发展改革委、国土资源部、住房城乡建设部、中国人民银行、国家税务总局、新闻出版广电总局联合发布《关于支持电影发展若干经济政策的通知》，其中第八条规定“实行支持影院建设的差别化用地政策”。

《电影产业促进法》规定国家鼓励金融机构为改善电影基础设施提供融资服务，与此前国家相关部委、电影专资办颁布的影院建设措施相互呼应。电影基础设施是电影放映的基础，要促进电影产业长效持久发展，需不断新建影院、新建银幕，以满足人民日益增长的物质文化需求。各地应根据当地影院建设和发展实际，科学规划影院建设布局和总量，防止低水平重复建设和过度竞争，确保影院建设有序进行。一方面影院建设过多的地区应严格控制新建影院数量，以调整优化影院布局、结构作为重点；另一方面影院建设滞后的地区，应按相关规划，积极推进影院建设。同时影院内部还应当不断增加完善放映设备从而为观众带来更

好的视听感受，帮助电影效果更为生动直观地呈现。3D 影厅因其可以兼容放映 2D 电影，因此 3D 影厅或会成为影院建设主流，同时还应不断增多 IMAX、杜比影厅的建设数量。①

（三）促进相关机构业务创新，开辟新的获益渠道

目前从整体而言，我国影视产业的保险意识还相对薄弱。就影视制作机构而言，并非所有机构都会购买保险，有些小制作的影视机构，为降低成本放弃购买保险，实践中存在大量的不购买保险的情况。就保险业务的范围而言，影视机构目前在人身保险方面的投保意识尚可，但对财产保险则重视程度较低，“除非是出现爆炸等危险性极高的大场面”和在保护性建筑群或著名景点拍摄时，剧组才考虑投保财产安全险。就保险专业机构而言，我国目前并无专门针对影视产业提供保险服务的公司，只有极少数传统保险公司在影视领域新开展了业务，② 直接导致保险业很难向影视产业提供完善的服务。③

《电影产业促进法》以法律形式鼓励保险机构依法开发适应电影产业发展需要的保险产品，鼓励融资担保机构依法向电影产业提供融资担保，有利于相关机构业务创新，探索开展与电影行业相关的金融业务，开辟新的获益渠道。

① 根据国家新闻出版广电总局电影局的统计数据显示，截至 2016 年 12 月 20 日，中国内地银幕数已达到 40 917 块，超过美国的 40 759 块，成为全球银幕数最多的国家。此外，中国内地影院 3D 银幕已经达到银幕总数的 85%。

② 目前只有中国人民财产保险股份有限公司、中国太平洋财产保险股份有限公司、中国出口信用保险公司三家试点公司开展影视领域相关业务。

③ 参见张辉峰：《期待版权担保融资模式中投资方的风险及控制分析——以中国电影产业为例》，《新闻大学》2011 年第 4 期，第 87 页。

三、案例与实践

（一）我国知识产权质押融资业务现状

2004年由冯小刚导演，章子怡、葛优等大牌明星出演的电影《夜宴》成为我国电影版权质押贷款的成功首例，出品方华谊兄弟以《夜宴》的版权作质押，从深圳发展银行申请到5000万元贷款。随着我国电影市场的繁荣发展，电影版权的含金量不断提高，通过电影版权质押获得的贷款融资规模不断扩大，版权质押贷款逐渐成为电影融资的重要渠道之一。

国内电影版权质押贷款融资情况①

电影企业	贷款银行	贷款额度（贷款时间）	担保方式	贷款用途
华谊兄弟	深圳发展银行	5000万元（2004年）	版权质押 + 中国出口信用保险公司担保 + 董事长王中军个人无限连带责任保证	《夜宴》
	招商银行	5000万元（2006年）	版权质押、票房受益权质押+ 董事长王中军和执行总裁王中磊的个人无限连带责任保证 + 阿里巴巴董事局主席马云的个人名义担保	《集结号》
	工商银行北京分行	1.2亿元（2009年）	版权质押 + 董事长王中军的个人无限连带责任保证	《风声》《追影》《唐山大地震》《狄仁杰之通天帝国》

① 参见王伟、吴东兴、徐华：《中国电影业银行贷款难的成因与启示》，《武汉金融》2013年第6期，第33页；邱瑶溪：《我国电影产业融资模式的优化研究》，景德镇陶瓷学院2014年硕士学位论文，第19页；其他公开资料。

续表

电影企业	贷款银行	贷款额度（贷款时间）	担保方式	贷款用途
保利博纳	工商银行北京分行	5500万元（2009年）	版权质押＋总裁于冬的个人无限连带责任保证	《十月围城》《大兵小将》《一路有你》
	北京银行	1亿元（2010年）	版权质押＋总裁于冬的个人无限连带责任保证	《龙门飞甲》《抓猴》《美丽人生》《大话射雕英雄》
	北京银行	5亿元意向性综合授信（2012年）	版权质押＋总裁于冬的个人无限连带责任保证	3D《林海雪原》3D《白发魔女传》等十部电影
北京世纪佳映	北京银行	1000万元（2008年）	版权质押＋总经理肖凯的个人无限连带责任保证	《画皮》
光线传媒	北京银行	2亿元意向性综合授信（2009年）	版权质押＋总裁王长田的个人无限连带责任保证＋北京首创投保有限责任公司部分担保	未来三年40部电影的制作和发行
北京新画面影业	民生银行	1.5亿元（2010年）	版权质押＋总裁张伟平的个人房产抵押	《金陵十三钗》

从上表中可以看出，随着我国电影市场的繁荣发展，电影版权的含金量不断提升，通过电影版权质押获得的贷款融资规模不断扩大，从最初的几千万一路攀升至数亿元。同时银行为分散风险，也创造出许多复合担保模式，除要求影视企业提供版权质押外，还会要求影视企业提供房产等财物抵押或第三方机构提供保证，甚至要求企业实际控制人以个人资产提供无限连带担保责任。此外，银行还新增打包贷款模式，将一笔贷款同时用于几部影片，当其中一部影片的市场效益不好时，还可以通过其他影片的盈利来弥补损失收回贷款，从而有效地防范和分散单片贷款带来的项目风险。

（二）我国完片担保业务的开设情况

2015年1月，全球业务量最大的完片担保公司——美国电影金融公司（Film Finances Inc.，FFI）在中国上海开设了分公司。《长城》《卧虎藏龙2》这两部中美合拍片，均与其签订了完片担保服务协议。由张艺谋、袁和平这样的大导演领头实践完片担保制度无疑是一个好的信号，吸引了广大本土电影从业者的注意。

完片担保制在拍摄过程中，着实也发挥了极大的作用。袁和平执导的《卧虎藏龙2》台前幕后共300多场，在新西兰拍摄期间一度遭遇片场大火，通过完片担保公司保驾护航，最终依旧得以在四个月内杀青。《长城》作为投资超1.5亿美元、中美工作团队近千人的古装巨制，有了完片担保保证有条不紊地拍摄。FFI总裁史蒂夫·兰瑟霍夫对中国完片担保实践情况如是评价："虽然中国迟早会成为世界第一大电影产业国，但现在这里的完片担保理念尚在'襁褓期'，我们对制作方近乎严苛的要求可能被指责是'管家婆'。"他坦言："当我们通过制约现金流来约束行规，确实会有部分中国影人产生抵触情绪，但我认为，久而久之这种约束有利于现金流的透明化，更利于行业的健康发展。"①

目前国内已有文化产业融资担保公司开设完片担保业务，北京国华文创融资担保有限公司以及上海盛万投资有限公司便是其中典型代表。北京国华文创融资担保有限公司作为政策性国有融资担保机构，背后的国有资源及相关平台成为其天然优势。早在几年前完片担保制度就引起了其注意，其意识到中国不适合照搬好莱坞模式，必须践行"中国式完片担保体系"。目前该公司已运作了三个电影项目，并且开创了适合我国的"融资担保和完片担保并举"的形式，在逐步探索中前进。

2014年6月16日，第17届上海国际电影节举行了完片担保——影视金融产品

① 王彦：《为什么说中国电影需要"完片担保"制度》，腾讯网 http://cul.qq.com/a/20150120/022472.htm，访问时间：2017年1月9日。

本土探索论坛暨《如果还能遇见你》与《双重记忆》项目完片担保的签约仪式，上海盛万投资有限公司和中影国际两家机构成为上述两个影视项目的担保方，《双重记忆》由上海盛万投资有限公司提供完片担保服务。《双重记忆》作为该公司首个完片担保标的，运行情况良好，并未出现严重的逾期超支情况。[①]

① 参见郑洁:《中国式“完片担保”的独特生态》，人民网 http://culture.people.com.cn/n/2015/ 0411/c172318-26828847.html，访问时间：2017 年 3 月 22 日。

第四十一条

【电影领域对外投资】

国家鼓励法人、其他组织通过到境外合作摄制电影等方式进行跨境投资，依法保障其对外贸易、跨境融资和投资等合理用汇需求。

一、基本含义

本条是关于电影领域对外投资的规定，主要涉及如下两方面内容：

（一）国家鼓励境内企业通过多种方式进行对外电影投资。

国家鼓励企业进行对外投资，这既有助于加强各国间的国际合作，在合作中不断提升我国的国际竞争力，也有助于我国经济与社会的稳定、可持续发展，可谓一举多得。中国近些年的对外投资高歌猛进，整个2016年，中国对外投资额创下了1888亿美元的新纪录，同比增长30%(其中，非金融类直接投资1701亿美元，增长44%)。与此同时，中国企业对并购交易的积极性骤增，全年共达成622笔交易，总额2217亿美元，比2015年增长147%。中国也成为继美国之后全世界第二大投资国(占全球总额的4.4%)。[①]

从2016年我国企业对外投资和并购交易的结构来看，传媒娱乐行业赫然居于前列。这是近年来我国对外投资中出现的一个新变化，即我国企业已经开始注重电

① 俄罗斯《生意人报》2017年5月15日。

影领域的对外投资。本法在民间企业实践先行的基础之上重申国家对于企业进行域外电影投资的鼓励态度，意在强调电影产业在我国对外投资中的重要性，强调电影产业肩负的文化输出和文化强国的重要使命。

本条对于对外电影投资只明确规定了“境外合作摄制电影”一种方式，凸显出了境外合作摄制电影是对外电影投资中的最典型形态，也是国家鼓励的方向所在。但也绝不代表这是仅有的对外电影投资方式。对外电影投资除了合作摄制电影之外，还可以采取开发、单独制作、发行、放映等多种多样的对外电影投资方式，本条在到境外合作摄制电影后加上“等方式”三字，意在为立法留出解释空间，也为中国企业的未来选择留出余地。

（二）依法保障对外电影投资的合理用汇需求。

在外汇政策的执行上，中国依据现有的外汇管理政策，依法依规进行管理，加强对交易的真实性、合规性审核，打击外汇领域违法违规活动，维护外汇市场的健康稳定运行。外汇管理是一国政府为平衡国际收支和维持本国货币汇率而对外汇进出实行的限制性措施。当外国资本流入时一般要兑换成本币，则外汇供应增加；当国内资本流出时要兑换成外币，则外汇需求增加；因此资本的输出入直接影响一国外汇供求和国际收支状况，资本输出入也就成为外汇管制的重要领域。2016年以来中国企业对外直接投资出现了一些不够理性的倾向，一些企业对外直接投资带有很强的盲目性。为了使中国企业“走出去”更加健康、有序，监管部门有必要加强对外直接投资的引导。但也应当注意的是，不合理的外汇管理措施会导致企业对外投资的困难，所以本法明确规定依法保障对外电影投资的合理用汇需求，意义重大。具体说来，可以参照国家外汇管理局2009年发布的《境内机构境外直接投资外汇管理规定》来依法保障对外电影投资企业的合理用汇需求：

一是扩大境外直接投资外汇资金来源。境内机构可使用自有外汇资金、符合规定的国内外汇贷款、人民币购汇或实物、无形资产、留存境外利润等多种资金来源进行境外直接投资。二是将境外直接投资外汇资金来源的审核方式由事前审查改为事后登记。三是对境外直接投资企业的后续融资提供支持，明确境内机构可以向其境外直接投资企业提供商业贷款及融资性担保。四是将外汇局对境内机构境外投资资金汇出的管理由以往的核准制调整为登记制。境内机构向外汇指定银行提交相关文件，由银行进行真实性审核后，即可为其办理投资资金汇出。五是允许境内机构在其境外项目正式成立前的筹建阶段，经外汇局核准，可以汇出其投资总额一定比例的前期费用。六是明确了境外投资企业利润以及减资、转股、清算等资本变动所得留存境外或汇回境内的处置方式和管理原则。七是建立全口径境外直接投资外汇管理体系。除传统意义上的境内非金融机构以外，明确并规范境内金融机构境外直接投资的外汇管理方式和法规适用问题。八是充分利用直接投资外汇管理信息系统，构建起境外直接投资项下跨境资金流出入的统计监测机制。此种鼓励企业“走出去”的外汇管理政策，必将有利于影视企业更好地把握境外电影直接投资的时机，降低境外投资成本，促进投资便利化，稳步有序地推动跨境资本交易的对外开放进程，促进我国国际收支的基本平衡。

二、立法目的和背景

本条所涉电影对外投资的规定是“中国企业和中国电影走出去”战略的具体体现。

影视企业“走出去”是中国的国家战略。早在2001年，中共中央办公厅与国务院办公厅就发布了《中央宣传部、国家广电总局、新闻出版总署关于深化新闻出版广播影视业改革的若干意见》（以下简称“《意见》”）。在该《意见》指导之下，当时的国家广播电影电视总局（以下简称“广电总局”）就广播影视“走出去工程”制定了具体的《实施细则》，从建立广播影视节目海外营销和宣传渠道，参加并举办国际电影节到培养电影制作、电影营销、电影策划、电影技术人员，全面部署规划了中国广播影视节目的全球推广战略。遗憾的是，长期以来我国电影“走出去”的三条主要途径是：中外合作摄制电影、电影节与交易会。但以参展或展映等方式的中国电影“走出去”，其实都没能真正的形成影响力。无论是中国还是西方，商业才是最具效率的影响力输出方式。没有商业机器的运作，过去的“走出去”很多时候只是媒体上的“走出去”，并没有真正地走进西方观众。它们都与境外投资方式为中心的中国电影走出去战略存在不小的差距。

自2015年开始，中国企业在各个行业掀起了海外并购狂潮，也逐渐拉开了中国电影通过对外投资走出去的历史大幕。据摩根大通发布的中国企业跨境并购报告显示，2015年全球并购交易量达5万亿美元，15%来自于中国。中国企业并购交易额从2013年至2015年翻了近3倍。2016年前4个月，中国企业海外并购规模更是达到960亿美元，超过2015年全年交易规模。中国资本热衷于投资海外市场受到多种因素影响。首先中国经济发展正在经历从制造业中心向科技、产业技能与消费驱动型经济的转变，包括万达在内的传统企业纷纷跨界投资，将资本投入更有前景的目标，其次中国的内生性增长正在放缓，高性价比的资产较为稀缺，再加上欧美国家健全的融资环境、宽松的政策等优势驱动着越来越多的中国公司参与到海外电影产业的投资队伍之中。①

通过投资或并购好莱坞等地的优秀域外电影公司，中国企业可以深入了解成熟的电影技术与产业链，熟悉国外先进的商业运作模式，同时直接控制营销渠道并参与电影票房的全球分账，相信任何一家拥有宏图伟志的企业都不会放弃这样诱人的机会。举例来说，华谊兄弟以公告形式确认的合作片单数量多达26部，且均可直接享有全产业链的分账收益，并拥有相应著作权进行衍生产品的开发，这在国内目前同业者当中还是较为罕见与领先的。以华谊兄弟与STX的深度合作为例，2015年4月，华谊兄弟与美国STX公司签署协议，在2017年12月31日前，双方将联合投资、拍摄、发行不少于18部合作影片。除享有部分合作影片在大中华地区（包括中国大陆地区、香港、澳门、台湾、新加坡）的发行权外，华谊兄弟还将

---

① 郑洁：“中国电影企业海外投资正热”，载《中国文化报》2016年6月25日。

享有所有合作影片的全球收益分账并按份额享有著作权。这次合作创造了国内电影企业的多个首例：这是中国电影公司第一次参与到从投资、拍摄到发行的好莱坞完整工业流程体系中，第一次参与合作影片的全球收益分成（包括票房、电视转播及IP延伸收益等），同时也第一次按份额享有合作影片的著作权。当然，高收益往往伴随着高风险，除了部分财大气粗的企业选择直接收购境外公司外，更多企业还是会选择以“中外合作摄制电影”的方式实现上述目的，无论哪种方式都是中国电影“走出去”的努力尝试，都值得国家依法给予支持与鼓励。

除保障与鼓励外，国家还对电影“走出去”实施了一系列的监管措施，特别规定了全国影视节目的出口备案机制，凡出口影视节目的，需要对其出品、发行单位、发行方式、海外发行地区和影视演员参与情况，以及外销价格与收入等事项进行备案。此外，正常海外贸易和投资要求的国家备案与审查也不可避免，以外汇管理为例，为防止电影资本对外输出过程中的非法洗钱、虚假投资等行为，国家机构依然会对影视出口贸易进行用汇审查。但本条所涉及外汇的规定却主要还是从保障对外电影投资企业的合理用汇需求出发，以免挫败中国企业对外电影投资的积极性。

三、案例与实践

近年来国内企业将目光瞄准好莱坞电影公司的不在少数，但其中最受人瞩目的当属“出手阔绰的”的万达集团。当大多数中国公司都止步于同好莱坞进行外部合作时，万达已经通过“收购之路”打入了好莱坞产业链内部。万达近三年内在好莱坞的一系列动作已经引起美国方面的恐慌，2016年10月4日美国媒体报道称美国众议院16个国会议员要求美国政府问责局调查万达集团对美国传奇影业和AMC等一系列的大宗收购，担心“中国资本掌控美国大部分媒体，可能对好莱坞电影进行题材审查和用于意识形态宣传”，而美国政府业已同意对相关交易开展国家安全审查。

回顾万达三年以来的一系列大宗收购，从2013年以26亿美元的价格全资并购美国第二大院线AMC，到2016年年初又宣布以不超过35亿美元成功收购了美国传奇影业（电影制片公司），再到2016年7月收购派拉蒙影业部分股权的搁浅，万达集团的每一步动作无不引人注目，但随之而来的质疑也从未间断。2016年8月万达院线公告中止了对万达影视、青岛影投（含传奇影业）的重大资产重组，并承诺2016年内不再筹划相关重大资产重组事项。这使得“万达不应收购传奇”的质疑声再次甚嚣尘上，万达方面给出的原因也包括收购完成时间短、体量大，需要更长时间来整合。由此可以看出收购好莱坞公司离融入好莱坞还有很长一段路要走。当年的索尼也曾雄心勃勃地收购了哥伦比亚影业与米高梅公司，结果却是这家享誉盛名的企业长期陷入好莱坞的泥潭之中，补交了30多亿美元的学费后，才终于爬了出来。事实上尽管好莱坞商人从未放弃对资本的渴求，但等到谈判桌上“六大电影公司”都表现得非常谨慎。历经发展，好莱坞已经有了一套成熟完善的运作体系，百年老店的六大电影公司不会轻易透露自己的一套商业密码。外来者想要进入体系之内分得一杯羹，不交够学费并做好收购以后的文化与管理层磨合是行不通的。中国企业要想通过获得海外优质内容资源，开发营销渠道以实现未来话语权的目标依然任重而道远。

第四十二条

【电影人才培养】

国家实施电影人才扶持计划。

国家支持有条件的高等学校、中等职业学校和其他教育机构、培训机构等开设与电影相关的专业和课程，采取多种方式培养适应电影产业发展需要的人才。

国家鼓励从事电影活动的法人和其他组织参与学校相关人才培养。

一、基本含义

本条是关于国家鼓励电影人才培养的相关规定。

本条首先确定了国家实施电影人才扶持计划，相应计划的制定和实施，必将对中国电影产业的发展提供强大的动力。

对于电影人才培养机制，本条从两个方面确定了鼓励、支持的原则：

其一，支持有条件的高等学校、中等职业学校和其他教育机构、培训机构，开设与电影有关的专业和课程，培养电影产业发展所需要的人才。

其二，对于从事电影活动的法人和其他组织，鼓励参与上述学校的相关人才培养，如捐赠、设立奖学金、提供科研经费、提供学生实习、扩大相应就业岗位、提供授课支持等等。

二、立法目的和背景

（一）将电影人才扶持计划提升到国家层面，促进国产电影的繁荣

任何产业的繁荣发展归根结底都离不开人，人才是发展的活力源泉。电影产业更是如此，要进一步激发电影市场的活力、提高电影产业的发展水平，就要培养电影产业所需要的人才。一直以来，我国不乏对电影人才的扶持政策，但这些政策多是地方层面的。

比如，2014年由上海市颁布的《关于促进上海电影发展的若干政策》规定，“通过创新电影人才培养模式、加大电影人才培训力度、建立电影人才使用激励机制、完善优秀电影人才引进政策四个方面加强上海电影人才队伍建设”。2015年重庆市颁布的《关于扶持重庆电影发展的若干意见》规定，“通过鼓励企校联合，建立稳固的电影人才培养基地，设立专项资金，开展电影行业紧缺型人才和高层次人才培养。这些地方层面的计划”。

本法首次通过法律的形式规定国家层面的电影人才扶持计划，显示国家对电影产业人才问题的客观判断以及勃勃雄心。

（二）依托学校和教育机构，培养电影产业人才

本法实施前的《电影管理条例》第四十七条规定，“国家保障电影创作自由，重视和培养电影专业人才，重视和加强电影理论研究，繁荣电影创作，提高电影质量”。2010年《国务院办公厅关于促进电影产业繁荣发展的指导意见》指出，“创造条件，完善措施，积极发展电影高等教育和职业教育，加强在职人员的学习培训和实践锻炼，努力造就遵纪守法、爱国敬业、德艺双馨、技艺精湛、具有广泛社会

影响力的优秀人才，重点加强创作、技术、经营、管理等各类专业人才队伍建设。高度重视青年人才的培养和使用，不断优化人才队伍结构。高度重视既懂艺术又懂现代信息技术的复合型人才，既懂经营管理又有外语交流能力、熟悉国际运作的外向型人才的培养。积极深化人事制度改革，建立和完善优秀电影人才脱颖而出的体制机制”。

本次立法将上述国家政策、规定加以沿袭并优化，将学历教育、职业教育和其他教育机构、培训机构的人才培养融为一体，体现了国家鼓励人才培养，并重视采用多种方式、积极培养电影产业各专业、各层面人才的思路。

（三）与电影行业合作，共同提升电影人才的质量

近年来，伴随电影产业持续升温、粉丝经济发展及教育产业化等影响，全国高等教育电影相关学科设置和招生、教学等活动也相当活跃。在教育部确定的31所独立设置的本科艺术院校和批准的13所参照独立设置本科艺术院校的高校之外，各大高校争相开设影视类专业，几乎涵盖了综合大学、师范院校、艺术院校、外语院校、理工院校、独立学院和高等职业院校等各类院校，每年向社会输出近50万毕业生。电影相关专业高等教育规模已相当可观，并不缺乏电影人才的基数。尽管在高校科班毕业生中，涌现出很多优秀电影人才，但是近两年的毕业生就业率说明了高等教育的成果并未获得市场的认可、明显供大于求。[①] 我国电影产业一方面经专业培训出来的人数持续增长，另一方面符合市场需求的人才却产生了缺口，原因在于过去我国电影人才培养重数量、轻质量。

电影人才的培养最终服务于整个电影行业，因此，与电影行业合作共同培养对口的电影人才有利于提升电影教育的质量。其实，学校与行业合作共同培养人才在

① 华谊兄弟研究院:《电影产业什么最贵？人才!》，转载至 http://mp.weixin.qq.com/s?src=3&timestamp=1490405334&ver=1&signature=H3H7SroRoLJloYR28sr8ce2d7x8YAGlQgtUPJKLZY9WLfEx1oMlfrtmQFsktv4U*Xo2Hcwg9cTEaFgKcwRi4J0vu160HG9ekEnzfdDFlE0TpU23vY98EQo9CaLpm6e9kyDs6hZwZJWbpOexFYQBna6GUtKGZ0mxJznFv1NFZs8M=，访问时间：2017年3月25日。

国外早有成功的例子：美国的南卡罗来纳州为电影制片商提供“南卡罗来纳电影制片基金”用于发展电影制片商与高校之间的合作项目，而且该州要求制片商必须与南卡罗来纳州的大学进行合作，共同培养更多电影专业人才。通过这一个合作的计划，南卡罗来纳州已经为美国好莱坞输送了大量优秀的电影人才。

三、案例与实践

（一）扶持青年优秀电影剧作计划

国家广电总局已开展实施的“扶持青年优秀电影剧作计划”，鼓励年轻编剧进行电影剧本创作、培养优秀的青年编剧人才。

（二）青年导演扶持计划

2015年，北京电影学院主导的“青年导演扶持计划”由北京元巽影视文化传媒有限公司强力支持，计划将扶持五位新晋青年导演分别创作五部不同题材的院线影片，分别为喜剧、爱情、惊悚、青春、动作五大类型电影。

（三）画天独立电影基金

2010年5月由天画画天（北京）文化传媒有限公司出资成立的“画天独立电影基金”，致力于鼓励和帮助中国青年导演以电影为手段进行自由的、具有探索性的表达，此外还积极促进中国独立电影的传播、评论和研究。该活动每年10月在南京举办，至今已历经八届。

第四十三条

【特殊地区电影产业扶持】

国家采取措施，扶持农村地区、边疆地区、贫困地区和民族地区开展电影活动。

国家鼓励、支持少数民族题材电影创作，加强电影的少数民族语言文字译制工作，统筹保障民族地区群众观看电影需求。

一、基本含义

本条是关于国家扶持农村、边疆、贫困以及民族地区开展电影活动，以及鼓励、支持与少数民族相关的电影活动的规定。

本条第一款内容首先显示出国家对农村地区、边疆地区、贫困地区和民族地区开展电影活动的重视以及现状的认识，宣示采取措施积极扶持特定地区电影活动的发展，满足特定地区精神文化生活的需求。

传承、发扬少数民族文化，丰富少数民族的精神文化生活，促进民族团结，是我国的基本国策，为此，本条第二款从三个方面列举了对与少数民族相关的电影支持：

其一，鼓励、支持少数民族题材的电影创作。少数民族题材电影是指素材取自少数民族地区，呈现少数民族历史文化、民族风情、生活风貌、神话传说等体现民族心理和民族精神的影视作品，[①] 比如《阿诗玛》《刘三姐》《五朵金花》等。

其二，加强电影的少数民族语言文字译制工作，系指加强汉语以及外国语、其

① 吴碧宇、饶曙光、王建国：《论中国少数民族题材电影片名的英译策略》，《当代电影》2016年第8期。

他少数民族语言、文字的电影的译制工作，将其翻译成蒙古语、维吾尔语、藏语、苗族语等特定少数民族的语言、文字，以满足不同的少数民族人群的观影需求，丰富少数民族人群的文化生活。

其三，统筹保障民族地区群众观看电影需求，从国家层面对少数民族地区群众的观影需求予以保障，包括影院建设与布局、民族题材电影的生产、电影的少数民族语言文字译制的安排等。

二、立法目的和背景

（一）扶持特定地区的电影发展，满足群众的精神文化需求

电影作为人民群众喜闻乐见的文化传播形式，对进一步维护边疆稳定、增进民族团结、提升国家认同感、推进少数民族地区经济社会的全面协调发展，起到关键性作用。因此，国家以法律的形式规定了对农村、少数民族等地区的电影扶持，保障农村、边远、贫困地区群众及少数民族群众的观影需求。

我国一直以来都高度重视农村地区、边疆地区、贫困地区和少数民族地区人民群众的文化需求。本法实施前的《电影管理条例》第四十九条第一款第四项以及第五十一条，就规定了国家对农村、边远地区、贫困地区、少数民族地区的电影活动的扶持。2007年，国家广电总局、发展改革委、财政部、文化部就颁布了《关于做好农村电影工作的意见》，确立了“企业经营、市场运作、政府买服务”的农村电影改革发展新思路，并且在2013年国家颁布《中央补助地方农村文化建设专项资金管理暂行办法》，再次重申为农村电影公益放映提供资金的补助。

本法第二十七条也规定了国家支持农村公益放映。为保障对农村电影公益放映补助资金落实到满足农民的观影需求上，本法第五十五条规定了对县级以上人民政

府电影主管部门或者其他有关部门的工作人员，贪污、挪用、截留、克扣农村电影公益放映补贴资金或者相关专项资金、基金的行为的处罚措施。另外，2017年3月1日召开的《电影产业促进法》宣传贯彻座谈会上财政部副部长余蔚平也表示，中央财政将进一步健全公共文化服务财政保障机制，推进电影公益放映服务网络建设，提高农村电影放映服务质量，使农民观众从看到电影看好电影转变。进一步完善转移支付制度，重点支持革命老区、少数民族地区、边疆地区、贫困地区等开展电影活动，全面保障人民群众基本文化需求。

（二）发展民族题材电影，传播少数民族优秀文化

少数民族电影是中国电影的重要组成部分。近年，一批优秀的少数民族电影屡获国际奖项，中国少数民族电影工程、少数民族电影展等文化传承项目、活动的开展进一步促进了少数民族题材电影创作与研究的热情。但与其他类别的电影相比，少数民族电影依然面临着创作、市场等诸多方面的困难及瓶颈，因此，在2017年召开的全国人民代表大会上，不少人大代表都为少数民族题材电影建言献策，全国人大代表王明雯提出希望大力发展少数民族电影，丰富文化市场，加大对文化的宣传。全国人大代表雷艳则建议可以通过少数民族电影创作、推广，促进少数民族地区的旅游业发展。为了回应社会上这种热切的关注，《电影产业促进法》以法律的形式提出了鼓励、支持少数民族题材电影，为少数民族电影的创作、宣传等提供一系列的扶持。同时，通过电影让少数民族的优秀文化得到广泛的传播，有利于实现民族团结。

保障少数民族地区群众的观影需求，实现文化的交流，就必须打破语言的障碍。因此，国家在本法中明确要加强对电影的少数民族语言译制工作。目前，我国已经建立11个少数民族语言电影译制中心，分布在全国十个省区，主要在少数民族聚居的省区。另外，据电影数字节目管理中心少数民族语电影工作网站（http://mzy.dmcc.gov.cn/）统计，2015年全国十个省区11个译制中心，已译制完成877部影片，其中故事片562部、科教片315部，包含了17个语种的38种方言。基本上打破了各

族人民在电影语言上的障碍，满足了各族人民观看电影的需求。

三、案例与实践

（一）中影集团优化农村数字电影工作

一是不断满足少数民族地区群众对民族语电影的观影需求。农村数字电影发行公司根据院线公司和观影群众的反映，与民族语译制中心合作，加快落实民族语影片的版权，有效保障了供应。译制影片如《钱在路上跑》《梦开始的地方》等受到少数民族地区观影群众的欢迎，丰富了全国少数民族群众精神文化生活。

二是认真开展农村数字电影市场调研。2016年3至9月，中影集团先后赴云南、浙江、新疆等地开展农村电影放映和市场调研，从政策、资金、设备等方面了解农村电影市场现状。在乡镇固定放映点、新农村数字电影院线、农村电影放映员职业技能和放映技术培训等方面开展调研并提供帮助支持。

三是初步完成中影新农村影片管理系统升级。该系统分为影片宣传网站、院线订购平台、片方查询平台、内部管理平台四大板块，从功能和内容上都有较大提升，正式运行后将向全国用户开放。管理系统具有资源整合、平台公益、使用便捷等优点，将极大服务和提升农村数字电影放映工作，也为版权方扩大农村数字电影发行放映市场提供了有效途径。

四是配合电影局开展电影“三下乡”活动。集团先后完成了“2016年美丽家乡 科普环保公益电影万里行”“光辉的历程，伟大的复兴，热烈庆祝建党95周年国产影片农村地区展映活动”等九次大型电影放映活动。到2017年底，中影集团累计赠送农村地区电影放映场次近两万场，推动了农村精神文明建设。

五是与相关国家部委开展惠农公益合作项目，推动国家环保、食品安全政策在农村地区的贯彻实施。与环保部合作拍摄的科教片《农村土壤污染防治》顺利取得电影局的上映许可证，2016年5月开始展开专题放映，双方还新签合拍科教片《乡村生活垃圾治理》的合作项目协议。完成与国家质检总局合作的科教片《儿童用品安全》制作工作，该片是国内首部有关儿童用品安全质量和检查内容的科教片，影片动画与实景结合，手法新颖，题材涉及全国千千万万的家庭和儿童，具有很大的实用价值，并获得总局电影精品专项资金资助。

（二）云南省的少数民族语电影译制

云南省现共设有少数民族语电影译制单位八个，其中省级单位一个、州（市）级单位七个，分别是：云南省少数民族语电影译制中心、文山州电影译制分中心、红河州电影译制分中心、西双版纳州电影译制分中心、普洱市电影译制分中心、临沧市电影译制分中心、德宏州电影译制分中心、怒江州电影译制分中心。云南省少数民族语电影译制中心成立于1998年，主要承担云南省少数民族语电影生产译制的组织实施领导工作，同时配合云南省新闻出版广电局，做好云南省少数民族语广播影视译制事业的发展建设和人才队伍的培育构建工作。

经国家新闻出版广电总局电影局审核批准，全省共有九个民族的13语种被列入生产译制范围，这13个语种分别是：文山—苗语、文山—壮语、文山—瑶语、红河—哈尼语、西双版纳—傣语、西双版纳—哈尼语、普洱—拉祜语、临沧—佤语、临沧—傣语、德宏—傣语、德宏—景颇语、德宏—载瓦语（景颇族支系）、怒江—傈僳语。

第四十四条

【国产电影境外推广】

国家对优秀电影的外语翻译制作予以支持，并综合利用外交、文化、教育等对外交流资源开展电影的境外推广活动。

国家鼓励公民、法人和其他组织从事电影的境外推广。

一、基本含义

本条是关于国产电影境外推广的规定。

国产电影的境外推广，从国家战略的层面来说，是贯彻中国文化“走出去”战略的重要组成部分。文化“走出去”战略，是指通过开展多种形式、多种层次的对外文化交流活动，将我国具有竞争力的文化产品，推入国际文化市场，深入参与国际文明的对话与切磋，把中华文化的理念和精髓传播至世界各地，提高我国文化产品在世界市场上的所占份额，在获得出口和投资收益的同时，通过文化产品这个良好的载体，增进国际社会对中国的了解和认识，提升中国的国家形象和文化软实力。实现社会主义文化大发展大繁荣，必须大力实施文化“走出去”战略，加强国际文化交流，在与不同文化的碰撞和交融中彰显力量、丰富内涵、创新发展。

就具体措施而言，首先是国家对优秀电影的外语翻译制作予以支持，同时综合利用外交、文化、教育等对外交流资源，积极开展电影的境外推广活动。此外，本条第二款还特别规定，国家鼓励公民、法人和其他组织从事电影的境外推广。本条规定有两个特点，其一是具有创新性，即此前包括《电影管理条例》在内的行政法规和部门规章均未涉及国产电影的境外推广工作，这是一项首开先河的法律规范；其二是具有概括性，目前来说该条规定的内容还只是原则性的法律规范，尚未形成具体明确的实施方法与规则，需要在未来的实施细则或其他专门的规范性法律文件中予以细化、具体化。

实践中，电影主管部门和电影从业者已经开始了推进中国电影“走出去”的工作。例如国家新闻出版广电总局从2012 年8 月开始实施“中非影视合作工程”，将一批优秀国产电影以字幕或配音形式译制成英语、法语、斯瓦西里语等当地语言，推广至非洲众多国家主流电视台播出，目前已实现在20 多个国家热播。中国电影频道通过整体落地、分时段落地和零售落地三种形式在全球落地，播放国产电影和相关栏目，目前已在美国、法国、印度尼西亚和非洲等全球100多个国家地区有效落地，其收视用户超过130万。

二、立法目的和背景

近年来，中国电影加快实施国际化战略，无论是区域广度、合作深度、艺术高度，还是交流内容、交流机制、交流形式，都日趋完善、成熟，并且取得了令人瞩目的成就。但与全球第二大电影市场地位不相适应的是，中国电影的国际影响力、话语权还不够强。同每年几百部的中国电影产量相比，能够“走出去”并成功在外海营销的影片只是“局部”。目前，中国电影海外落地最多的还是日韩和东南亚地区，进入欧美主流市场的影片虽然已经出现但是不成规模。

为此，2004年国家广播电影电视总局颁布了《广播影视节（展）及节目交流活动管理规定》，鼓励我国国产电影在境外的交流、推广。并把以往我国公民、法人和其他组织参与境外电影活动的批准制改成了备案制。2010年国务院办公厅在《国务院办公厅关于促进电影产业繁荣发展的指导意见》中规定，“积极实施电影‘走出去’战略，落实国家鼓励和支持文化产品和服务出口优惠政策，通过现有渠道，加大对电影产品和服务出口支持力度，努力形成长效机制。加快培育海外营销的市场主体，加大国产影片海外推广营销力度，拓展渠道，完善网络，探索建立国产影片海外推广营销体系，推动国产影片进入国际主流电影市场；支持电影企业、电影作品参加重要的国际电影节展和交易市场，进一步办好‘上海国际电影节’等活动；推动‘中国电影频道’等采用频道时段合作、有线电视网络租用及互联网等新媒体手段加快海外落地步伐，扩大用户规模；积极与各国政府、国际电影节展组委会、电影机构、社会组织、行业协会等建立广泛友好的合作推广机制，进一步加强对外合作拍片，继续举办好中国电影展等活动，努力增强国际影响力”。此外，为奖励在境外取得好成绩的优秀电影，国家电影事业发展专项资金管理委员会在2016年颁布了《关于奖励优秀国产影片海外推广工作的通知》，对优秀的国产电影“走出去”给予了物质上的奖励。

三、案例与实践

（一）美国好莱坞电影海外推广对我国的启示

美国的电影业在全球文化贸易中一直占据主导地位，美国公司出产的影片产量只占全球影片产量的6.7%，却占领了全球总放映时间的50%以上。近几年，美国电影的海外市场继续扩大美国电影的海外票房占其全球票房的70%—75%，且呈上升趋势。海外票房的不断增长是好莱坞电影工业持续发展的重要因素。因此好莱坞电影海外推广的经验十分值得我们借鉴：

第一，对于电影制片人来说，通常他们会把电影国内和国外的发行权交给不同的发行商，海外发行商负责除美国和加拿大以外的所有区域。为了联系到这些发行商，制片人需要在全世界寻找“国外销售代理”（大约有200个），由他们将电影销售给当地的国外发行商。而有些制片人，甚至会直接将电影的海外发行权卖给发行商。

第二，电影的国外销售主要以三大国际市场为中心：美国电影市场（AFM），每年2月在加利福尼亚举行；MIF，每年5月在法国的戛纳与戛纳国际电影节同期举行；MIFED，每年10月在意大利的米兰举行。这三大交易会吸引了代理商的目光，因为这里最大限度地提供了电影展示的舞台。

第三，与国外代理商谈判的合同必须在有经验的娱乐代理人的帮助下深思熟虑，精心设计。理论上讲，这将排除交叉抵押或者将电影与其他一些对自己不利的东西捆绑在一起的情况出现。如果允许捆绑，那么写出分配方案是非常重要的。例如，如果五部电影捆绑在一起出售，其中的一部电影非常棒，那么平均分配每部电影收入的20%就是不公平的。

总之，通过以上三点及其他的一些营销技巧，美国电影加大了对海外市场的开发，对于中国电影来说，可以从中得到丰富的启示。

（二）德国电影海外推广经验借鉴

德国官方电影推广机构名为“德国电影服务与营销公司”。这一非营利机构成立于1954年，股东包括德国电影制片人协会、德国电影出口商协会、德国联邦电影委员会等。德国联邦政府文化与媒体事务专员办公室为其提供资金支持。

德国电影服务与营销公司在推广德国电影方面不遗余力。它为参加国际电影节的德国电影提供字幕翻译支持，并为德国电影发行商提供市场营销帮助。同时，它为希望参加国际电影节和电影市场的德国影片、制片商提供信息咨询服务，在各大电影节设立综合展台，方便德国电影制作和销售公司参展。它还与歌德学院等对外文化推广机构合作，在全球各地举办德国电影节，展映德国最新的故事片、纪录片、短片等，使外国公众更加了解德国电影。

它资助外国发行商的做法也让许多人津津乐道。这一措施始于2005年，旨在促进德国电影在外国市场的发行和放映。外国发行商如果在其本国发行德国最新的故事片或纪录片，可申请获得每部电影最高五万欧元（约合42万元人民币）的贷款，还款情况依据影片在当地的放映效果而定。

此外，它在全球多个地区派驻联络代表，促成德国电影人与外国电影人的交流与合作，并提供有经验的德国制片人信息，以方便外国制片公司寻找德国的合作伙伴。这家公司除每季度发布报告介绍德国电影最新发展动态外，还设立了内容丰富、详细的官方网站。无论是德国电影公司还是希望与德国电影人合作的外国企业，都可以在网站上了解相关信息或申请相关服务。

中国电影“走出去”，德国的这些做法或许可以提供借鉴。

第四十五条

【捐赠资助电影产业】

国家鼓励社会力量以捐赠、资助等方式支持电影产业发展，并依法给予优惠。

一、基本含义

根据我国相关法律，所谓“社会力量”是指除政府之外的企业事业组织、社会团体及其他社会组织和公民个人。根据《中华人民共和国公益事业捐赠法》，“捐赠”是指自然人、法人或者其他组织自愿无偿向依法成立的公益性社会团体和公益性非营利的事业单位捐赠财产，用于公益事业的行为。这里所说的公益事业是指包括电影在内的文化、教育、科学等非营利事业。捐赠应当是自愿和无偿的，禁止强行摊派或者变相摊派，不得以捐赠为名从事营利活动。捐赠财产的使用应当尊重捐赠人的意愿，符合公益目的，不得将捐赠财产挪作他用。捐赠应当遵守法律、法规，不得违背社会公德，不得损害公共利益和其他公民的合法权益。

公益性社会团体受赠的财产及其增值为社会公共财产，受国家法律保护，任何单位和个人不得侵占、挪用和损毁。国家鼓励公益事业的发展，对公益性社会团体和公益性非营利的事业单位给予扶持和优待。国家鼓励自然人、法人或者其他组织对公益事业进行捐赠。对公益事业捐赠有突出贡献的自然人、法人或者其他组织，由人民政府或者有关部门予以表彰。对捐赠人进行公开表彰，应当事先征求捐赠人的意见。自然人、法人或者其他组织可以选择符合其捐赠意愿的公益性社会团体和公益性非营利的事业单位进行捐赠。捐赠的财产应当是其有权处分的合法财产。

公益性社会团体和公益性非营利的事业单位可以依照本法接受捐赠。根据《公益事业捐赠法》，公益性社会团体是指依法成立的，以发展公益事业为宗旨的基金会、慈善组织等社会团体；公益性非营利的事业单位是指依法成立的，从事公益事业的不以营利为目的的教育机构、科学研究机构、医疗卫生机构、社会公共文化机构、社会公共体育机构和社会福利机构等。结合本法精神和本条规定，我们认为对于电影产业的社会捐赠，可以间接地通过对与电影产业相关的基金会（例如中国电影基金会等）、社会公共文化机构等公益性机构的捐赠来实现。

就电影资助而言，目前中国电影资助体系的资金来源主要有三条渠道：一是政府财政拨款；二是从电影院提取的国家电影事业发展专项资金；三是社会筹款。本条所说的即第三条渠道——社会力量以资助的方式支持电影产业发展。本条还规定，对于社会力量以捐赠、资助等方式支持电影产业发展的，国家将依法给予优惠。此处是以高度概括的方式表达了国家的鼓励态度，但是并未指明给予何种优惠，如何给予优惠，相信这些具体操作层面的制度和规则，将在《电影产业促进法》的实施细则中予以明确而详细的规定。一般来说，这里所说的优惠最主要的是指税收优惠，例如《中华人民共和国公益事业捐赠法》第四章专门规定了公益捐赠可以享受的优惠措施："公司和其他企业依照本法的规定捐赠财产用于公益事业，依照法律、行政法规的规定享受企业所得税方面的优惠。自然人和个体工商户依照本法的规定捐赠财产用于公益事业，依照法律、行政法规的规定享受个人所得税方面的优惠。境外向公益性社会团体和公益性非营利的事业单位捐赠的用于公益事业的物资，依照法律、行政法规的规定减征或者免征进口关税和进口环节的增值税。对于捐赠的工程项目，当地人民政府应当给予支持和优惠。"

二、立法目的和背景

市场经济体制已成为今天及未来中国发展的轴心机制，在推动中国经济与社会发展的同时，也深刻地作用于其所连接的两大车轮——国家和社会。其中，在推动社会力量成长方面，尤其值得关注。社会力量的不断增强和发展决定了未来十年国家发展的根本方向，这就需要将改革开放以来随着市场化过程形成的社会力量加以组织并充分发挥其作用，构建形成社会健康运行的体制机制，将社会力量构建为国家治理体系的有机组成部分。这是国家治理体系的转变，也是将我国建设成成熟的现代国家的标志。在充分发挥社会力量作用的条件下，国家发展可以从国家驱动进入到国家与社会的“双轮驱动”。从发挥市场机制作用拓展到发挥社会力量作用，是启动中国新一轮深度改革的关键所在。具体包括若干战略性选择，如强化市场机制，使社会力量成为经济发展的动力源泉；深化制度建设，用制度化的民主推动国家建设；建构社会体系，在社会转型中维护社会秩序和创造幸福民生；增强文化自觉，使文化成为推动中国深度改革的战略资源。

我国电影资助按其资助主体可分为三类：政府性基金、专业性机构基金和私人资助。政府性基金是政府部门为促进电影事业发展而采用的财政手段，在我国电影资助体系中政府性基金是资助金额最多、稳定性最强的资助主体。目前正在运行的主要有国家电影事业发展专项资金和电影精品专项资金。前者主要致力于对电影事业的资助，如影院修建、线上售票系统的规范化、少数民族电影译制等；而电影精品专项资金前身为影视互济资金，主要资助电影创作生产相关环节。

中国电影资助的专业机构主要为中国电影基金会。中国电影基金会成立于1989年10月27日，主要以公募形式筹集捐赠款，并用于发展电影事业和产业。中国电影基金会的主要业务范围包括：支持和鼓励国产影视的译制和推广，打造中外影视交流平台，建立长效交流机制；资助具有社会价值、弘扬主旋律的影视创作，鼓励创新和探索跨界、多媒体的影视优秀作品；建立学术平台；推动影视文化创意发展；开展有利于电影事业发展的公益活动等。不同于政府性基金的是，中国电影基金会主要依靠社会捐赠和基金投资返利来筹集资金。

改革开放以来，我国的社会力量得到了极大地解放和发展，积累了大量的社会财富，实现了从农业文明向工商业文明的进步，涌现了许多创业成功，在各行各业都建立功勋的杰出人士，以及积极进取、热爱文化、贡献公益的企业家、社会精英和中产阶级，他们有意愿也有能力参与支持教育、科学、文化领域的公益事业，例如国家以立法的形式鼓励社会力量兴办教育，同样，如本法所示，国家也积极鼓励社会力量以捐赠和资助的方式支持电影产业发展，同时予以必要的合法的优惠。

三、案例与实践

2007年北京国际交流协会、台湾蒋见美教授文教基金会、香港CNEX基金会共同推动成立了公益文创基金会CNEX，招集来自各地的专业人士，致力于全球范围内华人纪实影像的开发合作与交流推广，扶持独立电影。基金计划每年选定一个与现代华人相关的主题面向全社会征集纪录片，通过专家甄选定案，每年资助约十部纪录片以影像形式留下华人社会发展的生态轨迹。导演杜海滨的《1428》和由香港独立电影导演张经伟执导、2009年获得金马奖的《音乐人生》等都是在CNEX的资助下拍摄完成的。事实上，国外制片公司也通过这个渠道在关注中国独立电影导演，比如王兵的新作《夹边沟》就获得了法国和比利时的资助。目前国内的电影公益基金会仍以政府主导建立居多，单凭社会力量成立的基金会数量十分有限，但正是这些少数民间基金会的存在，保留了中国电影多元化共生的文化样态，在商业化主流大片之外给予了观众多角度、多层次看待现实的权利。[①]

① 李琤:《基金能否破解中国独立电影窘境》，《电影文化报》，2011年7月29日。

第四十六条

【电影信用档案】

县级以上人民政府电影主管部门应当加强对电影活动的日常监督管理，受理对违反本法规定的行为的投诉、举报，并及时核实、处理、答复；将从事电影活动的单位和个人因违反本法规定受到行政处罚的情形记入信用档案，并向社会公布。

一、基本含义

本条是要求电影主管部门加强对电影活动的日常监管管理并建立电影活动信用档案的规定。

任何一个行业或产业的健康发展，既需要国家产业政策的引导、鼓励和促进，也离不开政府主管部门的监督、管理和约束。电影产业在中国是一个正在蓬勃发展的朝阳产业，特别是近年来，呈现出连续两位数增长的迅猛发展态势，但不可否认的是，整个行业因监督不到位、管理不规范而产生的乱象也多有发生。因此，本法特别要求县级以上人民政府电影主管部门应当加强对本行政区域内的电影活动的日常监管管理，受理对违反本法规定的行为的投诉、举报，并及时核实、处理、答复。

投诉是指，权益被侵害者本人对涉案组织侵犯其合法权益的违法犯罪事实，有权向有关国家机关主张自身权利。举报是指，机关、团体、企事业单位和个人向有关部门检举、揭发他人违法事实或者线索的行为。任何自然人、法人和其他组织都有权向违法行为发生地、违法行为人所在地的县级以上人民政府电影主管部门，投诉和举报任何违反本法规定的行为。县级以上人民政府电影主管部门应当受理前述投诉和举报，并及时核实投诉和举报的内容，经核实后确定存在违法行为，则根据法律或行政法规的规定做出相应的处理，并及时答复投诉人或举报人处理结果。对于不属于本行政区域内的投诉和举报，县级以上人民政府电影主管部门应当将该投诉和举报移送到有管辖权的电影主管部门，并告知投诉人和举报人。对于县级以上人民政府电影主管部门不作为、乱作为的情况，本法第五十五条、五十六条规定了相应的处分以及电影主管部门需要承担的责任。

建立电影活动信用档案是本法的一项制度创新。从事电影活动的单位或个人因违反本法规定而受到行政处罚的，作出行政处罚的行政主体应当将该行政处罚记入该单位或个人的电影活动信用档案。被记入电影活动信用档案的内容，应当定期以网络、报纸等便于大众知晓的方式向社会公布。这里所称的单位和个人应当是从事电影创作、摄制、发行、放映等活动的法人、其他组织和个人（包括自然人和个体工商户）。关于如何设立和管理电影活动信用档案的具体规定，需要在《电影产业促进法》实施细则或相关规定中予以明确和细化。

二、立法目的和背景

（一）明确监管职责，规范电影市场秩序

对于电影活动的监管是电影主管部门的职责，本法实施前的《电影管理条例》第五十三条就规定："县级以上地方人民政府电影行政部门和其他有关行政部门，对干扰、阻止和破坏电影片的制片、发行、放映的行为，应当及时采取措施予以制止，并依法查处。"本法再次明确了电影主管部门的一般监督管理职责，目的是规

范电影市场的秩序，保障电影市场繁荣、健康、有序发展。与此同时，还要发挥公民、法人和其他组织的监督作用，因此，法律赋予公民、法人和其他组织投诉、举报违反本法行为的权利。为避免电影主管部门对投诉或举报的不作为，法律还规定了对于受理的投诉或举报要及时核实、处理并答复投诉人或举报人，并在本法第五十五条、五十六条配套了对行政机关不作为、乱作为时的处分和行政机关需要承担的责任。

（二）建立信用档案，强化执法力度

建立电影活动信用档案是对金融系统近年来推行的个人信用档案的制度借鉴，是电影活动监管工作的制度创新。个人信用档案是专业化的、独立的第三方机构为企业或个人等建立的信用档案，依法采集、客观记录信用信息，并依法对外提供信用报告的一种活动。中国人民银行组织建成的这一全国统一的企业和个人信用信息基础数据库，主要记录了这些企业和个人在金融领域的信贷信息，以及在环保等方面遵纪守法的信息。

目前，人力资源与社会保障、环保、质检等部门也利用征信系统，为其行业信用建设和执法管理提供了帮助。本法规定了电影活动信用档案，意味着今后电影从业者应该更加强化自身的守法意识，合法从业、合法经营，切勿越雷池一步，因为一次违法行为，将被永久载入信用档案，而且被公之于众，严重影响自身在业界和公众心目中的信誉和形象。

三、案例与实践

在2016年1月13日举行的全国电影市场管理工作会议中，国家新闻出版广电总局电影局局长张宏森在会上表示：为抑制影院透漏瞒报票房等违规行为，将完善

观众投诉渠道，自2016年1月起，将统一建立全国社会监督平台，设立网上举报中心，开通社会监督电话、邮箱及“电影票房监督”微信公众号，24小时接受社会举报，并对举报者给予奖励。目前，国家新闻出版广电总局的网站上已经设立了投诉举报的专栏，并定期公示投诉、举报的处理情况。除了政府监管以外，行业自律也对电影市场的秩序有着重大意义。早在2014年，为了进一步提高电影放映质量，加强监管力度，中国电影发行放映协会就设立了电影放映质量举报电话，接受社会各界及广大人民群众举报监督。

第五章　法律责任

本章说明

本章是关于法律责任的规定。

简言之，法律责任是指行为人违反法律（违法行为）所应承担的不利法律后果。法律责任的实现方式，以法律制裁为核心，即通过特定的国家机关对违法者依其所应承担的法律责任而实施的强制惩罚措施来实现。根据违法行为的性质、情节的不同，法律责任一般分为民事责任、行政责任、刑事责任、违宪责任等种类，法律制裁也相应分为民事制裁、行政制裁、刑事制裁、违宪制裁等。本章内容就涉及民事责任、行政责任和刑事责任等问题。

《电影产业促进法》本质上是电影行政管理的法律，从其任务和性质出发，本章主要围绕着行政责任、行政制裁的内容加以规定。行政责任是指违反行政法律规范（行政违法行为）应当承担的不利法律后果，行政制裁则为行政机关对应当承担行政责任的主体所实施的强制性惩罚措施，分为行政处分和行政处罚两类，前者是对违法失职的行政机关内部公务人员所实施的一种制裁措施，后者是对违反行政法律规范、侵害行政管理秩序的尚未构成犯罪的外部行政相对人所实施的一种制裁措施。为保障行政机关依法查处行政相对人的违法行为，许多部门行政法通过立法明确授权的方式赋予特定行政机关在查处违法行为时享有查封、扣押、冻结等行政强制措施权；同时，为保障行政相对人的合法权益不受侵害，我国法律赋予行政相对人不服行政处罚或其他行政行为时享有行政救济权，即通过申请行政复议、提起行政诉讼的方式获得补救。

本章共12条规定。其中第四十七条至五十四条、五十六条二款、五十七条一款，均为关于行政处罚的规定；第五十五条是关于行政处分的规定；第五十七条二款是关于行政强制措施的规定；第五十八条是关于行政救济的规定。本章在第五十六条一款中还对违反本法规定的民事责任、刑事责任问题作出了引述性原则规定。

由于本章关于行政处罚的内容篇幅较大，在本章的第一条即第四十七条当中我们就有关行政处罚的基础问题做了集中阐述，敬请读者留意。

第四十七条

【擅自从事电影活动】

违反本法规定擅自从事电影摄制、发行、放映活动的，由县级以上人民政府电影主管部门予以取缔，没收电影片和违法所得以及从事违法活动的专用工具、设备；违法所得五万元以上的，并处违法所得五倍以上十倍以下的罚款；没有违法所得或者违法所得不足五万元的，可以并处二十五万元以下的罚款。

一、基本含义

本条是对擅自从电影摄制、发行、放映活动的违法当事人予以行政处罚的规定。

（一）违法行为表现

“擅自”在汉语词汇中基本解释为“越权自作主张”，在法律意义尤其是行政管理法意义上可理解为“越权自行其事”，它通常以法律的禁止性规定或限制性规定加以衡量，从事法律禁止的活动以及未获准从事法律限制的活动，即构成擅自从事，属于违法行为，应当承担相应的法律责任。

本条所称“擅自从事电影摄制、发行、放映活动”，是指直接违背有关从事电影摄制、发行、放映活动的禁止性规定，或应当取得但未取得电影主管部门的许可，而从事电影摄制、发行或放映活动。

本条在“擅自从事电影摄制、发行、放映活动”之前描述的“违反本法规定”，主要指违反本法第十三条、十四条、二十四条的规定。根据《电影产业促进法》的规定，依据本条应受行政处罚的违法行为主要表现在：①

1. 擅自从事电影摄制活动

（1）未取得电影主管部门出具的电影剧本梗概备案证明文件②，或重大题材、特殊题材电影剧本批准文件，在境内从事电影摄制活动；

（2）未经电影主管部门批准，与境外组织在境内合作从事电影摄制活动；

（3）境外个人在境内从事电影摄制活动，境外组织在境内独立从事电影摄制活动。

2. 擅自从事电影发行活动

未取得电影主管部门颁发的《电影发行经营许可证》或超出许可范围从事境内电影发行活动。

3. 擅自从事电影放映活动

未取得电影主管部门颁发的《电影放映经营许可证》或超出许可范围从事电影放映活动。

（二）实施行政处罚的主体

1. 行政处罚管辖概述

行政处罚的管辖是确定特定行政违法案件由哪一个具体行政机关实施处罚的法律制度。确定由哪一个具体行政机关实施处罚，涉及职能管辖（哪一主管部门）、地域管辖（哪一地）、级别管辖（哪一级别）三项要素的判断。

在我国行政法律规范性文件中，有关行政处罚罚则的规定基本都采用明确职能管辖的表述方式，例如本条就明确规定由县级以上人民政府电影主管部门实施行政

① 此处仅列举无争议的依据本条规定应受行政处罚的行为，我们认为尚有部分违背《电影产业促进法》关于备案规定的行为是否应依本条规定予以处罚存有争议，需要后期的立法加以明确，具体详见本条释义第三条（二）款1项。

② 此处的备案证明文件实质为行政许可证件，具体详见本条释义第三条（二）款1项。

处罚。本法实施前的《电影管理条例》规定对于擅自从事电影制片、进口、发行、放映活动的违法行为实施行政处罚的主体为工商行政管理部门。

地域管辖在我国行政法律规范性文件中，有些规定了地域管辖的问题，但绝大部分不涉及地域管辖的表述，本法有关行政处罚的全部罚则都未提及地域管辖。这是因为，我国《行政处罚法》已确定了由“违法行为发生地的行政机关管辖”的基本规则，除非法律、行政法规有特别规定，均应按照《行政处罚法》的规定，[①] 由违法行为发生地的行政机关管辖。因此，对于违反本法应受行政处罚的案件，均应由违法行为发生地的电影主管部门管辖。

级别管辖在行政法律规范性文件中的确定则形式多样，有的明确规定由哪一级行政主管部门管辖，如本法第五十一条二款规定，电影院在向观众明示的电影开始放映时间之后至电影放映结束前放映广告的，由县级人民政府电影主管部门给予警告；有的采用选择性规定方式，如本法第五十二条一款规定，法人或其他组织未经许可擅自在境内举办涉外电影节（展）的，由国务院电影主管部门或者省、自治区、直辖市人民政府电影主管部门责令停止违法活动；有的只规定了上限或下限，如本条规定，违反本法规定擅自从事电影摄制、发行、放映活动的，由县级以上人民政府电影主管部门予以取缔。对于没有明确规定由哪一级行政主管部门管辖的问题，通常由对应的国务院主管部门、上级人民政府或上级行政主管部门通过法规、规章、规章层级以下的规范性文件予以规定，甚至有的通过授权的方式加以明确。

此外，行政处罚管辖还涉及指定管辖和移送管辖两个问题。对管辖发生争议的，包括地域管辖的争议或职能管辖的争议，属于横向范围的冲突，应当报请共同的上一级行政机关指定管辖。[②] 而对于级别管辖争议，则属于纵向范围的冲突，无须通过指定管辖的方式处理，一般由上级机关做出决定即可。违法行为构成犯罪

---

① 参见《行政处罚法》第二十条规定：行政处罚由违法行为发生地的县级以上地方人民政府具有行政处罚权的行政机关管辖。法律、行政法规另有规定的除外。

② 参见《行政处罚法》第二十一条规定：对管辖发生争议的，报请共同的上一级行政机关指定管辖。

的，行政机关必须将案件移送司法机关追究刑事责任，[①]不能“以罚代刑”，此为移送管辖的问题。

2. 本条规定的行政处罚管辖

根据本条规定以及《行政处罚法》的相关规定，对擅自从事电影摄制、发行、放映活动的当事人实施行政处罚的主体为违法行为发生地的县级以上人民政府电影主管部门。本条中的“以上”包括“县级”本级，包括本条在内的本法各条罚则中有关级别管辖的具体问题，需要日后由有关电影行政主管部门（主要指国务院电影主管部门以及各地省级电影主管部门）加以完善和明确。

（三）行政处罚的种类和幅度

1. 行政处罚的种类、幅度概述

（1）综合现有行政法学理论，[②]一般把行政处罚划分为如下种类：

其一，人身自由罚，系指行政机关在一定期限内剥夺违法当事人人身自由的行政处罚。最典型的人身自由罚就是行政拘留。

其二，资格能力罚，系指行政机关剥夺违法当事人某些特定行为能力和资格的处罚。吊销许可证的行政处罚便属此类。

其三，财产罚，系指行政机关剥夺违法当事人某些财产所有权的行政处罚。罚款、没收违法所得、没收非法财物等便属财产罚。

其四，申诫罚，亦称精神罚或影响声誉罚，系指行政机关向违法当事人发出警告，申明其有违法行为，通过对其名誉、荣誉、信誉等施加影响，引起其精神上的警惕，使其不再违法的处罚形式。警告是申诫罚的主要形式。

其五，义务罚，亦称责令作为或不作为罚，系指行政机关要求违法当事人做出

① 参见《行政处罚法》第二十二条规定，违法行为构成犯罪的，行政机关必须将案件移送司法机关，依法追究刑事责任。

② 参见胡建淼：《行政法学》（第四版），法律出版社2015年版，第229页；马怀德：《行政法与行政诉讼法》，中国法制出版社2015年版，第217页。

某种行为或不得做出某种行为的处罚。责令停业整顿、责令停止违法活动、责令拆除违章建筑、驱逐出境等均属于此类处罚形式。

上述的分类仅为行政法学理论上主流观点的一种分类，是对我国现有的行政法律规范的总结、归纳，但其仍难以包罗、适应纷繁复杂、日新月异的行政立法表述，由于参与立法者的立法技术以及不同行政机关的行政管理需求不同，经常出现难以归类到上述种类的行政处罚内容，往往导致对某一新设罚则中的所谓惩罚措施是否属于法定行政处罚种类方面产生分歧，实务中则会影响行政处罚决定准确与否、甚至合法与否的评价。我们认为，从现有我国行政法律规范性文件有关行政处罚的内容看，还应当在理论上增加一类为“宣示罚”，即指行政机关向违法当事人发出否定性宣告，表明行政机关对其违法行为的立场和评价的处罚形式，取缔就应归属于此类处罚形式。

(2)《行政处罚法》规定的行政处罚种类:《行政处罚法》第八条从形式的角度确定了行政处罚的七个种类：警告；罚款；没收违法所得、没收非法财物；责令停产停业；暂扣或者吊销许可证、暂扣或吊销执照；行政拘留；法律或行政法规规定的其他行政处罚。

《行政处罚法》不仅在列举行政处罚种类时采用了“法律或行政法规规定的其他行政处罚”的兜底式表述，而且还规定，法律可以设定各种行政处罚，行政法规可以设定除限制人身自由外的行政处罚。这就意味着，行政处罚的形式种类绝不仅限于《行政处罚法》列举的有名处罚种类[①]，法律和行政法规所规定的行政处罚种类，即使与上述有名处罚种类称谓不同，或是完全新设的处罚种类，均属于法定行政处罚种类的范畴。现实中，由于行政管理涉及社会公共管理的各个领域，相关法律、行政法规文件众多，加之不同时期立法思维、立法技术的不同，不同部门管理法参与立法人员的审视角度不同，以及不同行政机关的管理特点不同等等客观因素，导致行政处罚种类名称五花八门，本法在法律责任一章中就有罚款、没收违法所得、没收电影片、没收从事违法活动的专用工具和设备、吊销许可证、撤销批准

① 有名处罚种类是我们为方便读者阅读，对行政处罚法第八条列举的行政处罚种类中前六项的称谓。

或证明文件、吊销营业执照、取缔、责令停止违法活动、责令改正、责令停业整顿、警告、从业禁止等多达十余种的名称。

（3）行政处罚的幅度：行政处罚的幅度是指特定行政处罚种类在具体适用时可适用的宽度、距离或范围，主要集中在时间以及金额两个方面，比如行政拘留的期限、暂扣许可证期限、责令停产期限、罚款的金额等。本章中规定的各处罚款处罚，均设置了罚款的幅度，例如本条规定对于违法所得五万元以上的，并处违法所得五倍以上十倍以下的罚款，此处的幅度范围即为违法所得额的五倍以上、十倍以下。

设置行政处罚的幅度，有利于行政机关根据违法行为的事实、性质、情节以及社会危害程度做出合理、适当的处罚，真正的体现罚责相当，在追求行政合法性的同时，体现行政合理性的要求。但是，行政处罚幅度的存在，也容易成为滋生腐败、侵害相对人权益的温床。

这里需要强调的是，从立法技术而言，“以上”“以下”“以内”均包含本数，而“不满”“不足”“超过”均不含本数。

还需要说明的是，“违法所得”是当前诸多行政处罚罚则中常用的词语，通常作为行政机关没收违法所得时剥夺违法当事人财产范围的依据，以及罚款处罚的依据。但违法所得数额如何界定，目前法律并无明确规定，参照国家工商行政管理总局的规定，① 一般应以当事人从事违法活动的全部收入减去合理支出予以确定。

（4）行政处罚种类和幅度的选择适用——行政机关自由裁量权。

行政机关的具体行政行为以受行政法律规范的拘束程度不同，可为分为羁束行政行为和自由裁量行政行为两种。前者行政机关对行政法律规范的适用没有灵活性和选择的余地，而后者行政机关对行政法律规范的适用具有灵活性。行政自由裁量权是国家赋予行政机关在行政法律规范的幅度和范围内所享有的一定选择余地的处置权力，它是现代行政权的核心，赋予行政机关一定程度的自由裁量权是现代法治

① 参见《工商行政管理机关行政处罚案件违法所得认定办法》第二条规定：工商行政管理机关认定违法所得基本原则是：以当事人违法生产、销售商品或者提供服务所获得全部收入扣除当事人直接用于经营活动的适当的合理支出，为违法所得。

国家的立法通例。自由裁量权存在于有关不同具体行政行为的立法规范当中，就行政处罚而言，是指行政机关做出行政处罚决定时，可在法定的处罚种类、幅度范围内选择适用。当然，这种选择除要遵循法定的范围标准外，还要符合正当、罚则相适应的原则，否则就成为“行政自由裁量权”的滥用。

例如本条规定的罚则，电影主管部门对于擅自从事电影摄制、发行、放映活动的违法当事人，必须实施取缔、没收的行政处罚，对于违法所得在五万元以上的，必须实施罚款处罚，此为羁束规定，电影主管部门没有选择的余地必须执行，否则即为违法；而对于违法所得不足五万元的，电影主管部门可以选择实施罚款、也可以选择不罚款，在确定罚款数额时，电影主管部门可以在本条规定的幅度范围内做出选择，此为自由裁量规定。在法定范围内的自由裁量行为，不存在违法与否的问题，但涉及合理有否、适当与否的判断。

为规范行政机关自由裁量行为的行使，许多行政机关通过具体量化自由裁量权行使的方式，为正当行使行政自由裁量权提供依据，甚至通过行政法规、行政规章或者上级行政机关规范性文件的方式予以规范。本法在第五十七条当中就对此做出了立法授权，该条规定，县级以上人民政府电影主管部门及其工作人员应当严格依照本法规定的处罚种类和幅度，根据违法行为的性质和情节行使处罚权，具体办法由国务院的电影主管部门制定。

2. 本条规定的行政处罚种类和幅度

本条对擅自从事电影摄制、发行、放映活动的违法行为予以行政处罚的种类设定为取缔、没收、罚款三个种类：

（1）取缔。我国同样有几十部法律、法规规定了“取缔”，而且取缔的行为性质即其是否属于行政处罚一直存有较大的争议。我们认为，取缔是以当事人的违法为前提，体现了行政机关对违法当事人的否定性评价，是对违法当事人的制裁性质的决定，而且大量法律、法规都将取缔放置于法律责任的章节内进行规定，将其明确为行政处罚的种类，符合当前国内立法的现状并有利于行政执法的执行、利于法律规范的适用。最高人民法院的专家法官的主流观点也与此相同。①

（2）没收。本条规定的没收财物的范围包括三类，分别是“电影片”“违法所得”“从事违法活动的专用工具、设备”。此处所指的电影片，不仅包括电影底片、样片，也包括制作完成后的电影片拷贝；不仅包括电影胶片，也包含电影数字的载体。“从事违法活动的专用工具、设备”，包括用于违法摄制、发行、放映电影的专用器材设备、设施和辅助工具、办公用品等，比如用于拍摄的摄像机、用于放映的投影机、3D眼镜、用于存储影片的设备等等，范围确定应以“专用”为标准，即相应的工具、设备的主要用途系由违法当事人用来从事电影摄制、发行或放映活动。

（3）罚款。根据本条规定，对违法当事人是否并用罚款以及罚款的具体数额，则以所确定的违法所得数额为基础。当违法所得为五万元以上的，并处违法所得五倍以上十倍以下的罚款，此处规定的是并处，因此电影主管部门在做出取缔和没收的处罚决定时，必须对违法当事人处以罚款的处罚；当没有违法所得或违法所得不足五万元的，可以并处二十五万以下的罚款，此处是“可以并处”，即意味着电影主管部门有权根据违法行为的事实、性质、情节以及社会危害程度等因素，可以处以二十五万元以下的罚款，也可以决定不罚款。

二、立法目的和背景

《电影产业促进法》颁布实施前的《电影管理条例》第五十五条、五十九条以及六十条中均有涉及擅自从事电影摄制、发行、放映活动的行政处罚的内容，本次以法律的形式所确定的擅自从事电影摄制、发行、放映活动的行政处罚的内容，在处罚种类和幅度上基本上沿袭了该条例的主要内容，但较之该条例的规定更加科学、合理，这源于该条例实施十余年来的经验积累，顺应当前“简政放权、放管结

① 参见胡建淼：《行政法学》（第四版），法律出版社2015年版，第248—249页。

合、转变职能”行政管理体制改革要求，并体现了立法技术的日趋成熟。

本条关于擅自从事电影摄制、发行、放映活动的违法行为的行政处罚内容，较《电影管理条例》的相应内容有如下变化：

首先，《电影管理条例》规定对擅自从事电影制片、发行、放映活动实施行政处罚的主体以工商行政管理部门为主、以电影主管部门为辅，而本条将对擅自从事电影摄制、发行、放映活动实施行政处罚的主体统一为电影主管部门，进一步明晰了电影主管部门的职能。

其次，《电影管理条例》在对擅自从事电影制片、发行、放映活动的法律责任描述上，大部分条款都首先规定追究刑事责任，只有尚不够刑事处罚的，方采取行政处罚措施，这体现了该条例的立法者对该等违法行为危害性的判断、重视以及执法的思维模式。《电影产业促进法》作为产业促进和行政管理相融合的法律，从其任务和本位出发，并未采用《电影管理条例》分条引述刑事责任的模式，将刑事责任与民事责任的叙述统一融合至本法第五十六条当中且仅做了原则性规定，而将重心放在不同行政违法行为的处罚种类、幅度的设定上，可谓是立法技术成熟的表现。

再次，《电影管理条例》对擅自从事电影摄制、发行、放映活动的罚款处罚幅度上，规定对于违法所得五万元以上的，并处违法所得五倍以上十倍以下的罚款，此点与《电影产业促进法》的相应规定并无变化，但对于没有违法所得或者违法所得不足五万元的，《电影管理条例》规定必须并处二十万元以上五十万元以下的罚款，而本条则规定可以并处二十五万元以下的罚款，即可以并处罚款也可以不罚款，更好地遵循、贯彻了罚责相适应的原则。

最后，《电影管理条例》分不同的条款分述了擅自从事电影摄制、发行、放映活动当中不同行为的罚则，《电影产业促进法》将擅自从事电影摄制、发行、放映活动的行政处罚统一规定在本条当中，更便于法律的理解和执行，利于执法的统一尺度。

三、案例与实践

（一）济南龙田影城有限公司未经许可擅自从事电影放映活动案[①]

2015年12月31日，济南市工商行政管理局历城分局（下称“历城分局”）执法人员在济南市历城区港沟办事处山东建筑大学三楼影音厅检查时发现，从事该影音厅经营的当事人济南龙田影城有限公司（下称“龙田影城”）涉嫌未取得《电影放映经营许可证》从事电影放映活动。经查实，当事人于2015年9月20日开始，在未取得《电影放映经营许可证》的情况下，在其公司住所以外的山东建筑大学三楼设立电影放映厅擅自从事电影放映活动。

历城分局根据《电影管理条例》第五条、第五十五条之规定，做出济历城工商注处字〔2015〕23号行政处罚决定：

1. 取缔当事人的擅自设立电影放映单位、从事电影放映活动的行为；

2. 没收当事人用于从事电影放映活动的专用工具、设备：联想LENOVO3005主机一台、电影存储设备两台、NEC NP-NC900C-A+投影机一台、EPSOW M129D票据打印机一台、ACER G193WL显示器一台、海志W30键盘一个、海志鼠标一个、睿浩3D眼镜47个、HI-SHOCK 3D眼镜33个；

3. 罚款20万元，上缴国库。

因《电影产业促进法》刚刚实施，依据《电影产业促进法》对擅自从事电影摄制、发行、放映的活动实施行政处罚的案例鲜有公布，本案例是工商行政管理机关在《电影产业促进法》实施前根据《电影管理条例》对擅自从事电影放映活动实施的行政处罚案，从违法行为的认定、处罚种类和幅度方面，与《电影产业促进法》的规定并无差异，可以作为借鉴。

① 参见济南市工商行政管理局历城分局：《济南龙田影城有限公司未经许可擅自从事电影放映活动案》，济南市工商行政管理局官网，http://www.jngsj.gov.cn/370/46965.html。访问时间2017年1月12日。

就本案，龙田影城在未取得《电影放映经营许可证》的情况下，在山东建筑大学三楼设立电影放映厅从事电影放映活动，属于擅自从事电影放映活动的行为。历城分局在处罚种类的适用上，依照《电影管理条例》第五十五条规定并用了取缔、没收和罚款三类处罚种类，并在没收物品方面注意到了“从事电影放映活动的专用工具、设备”，在罚款数额方面，选择适用了《电影管理条例》所规定的“没有违法所得或违法所得不足五万元”并处二十万元以上五十万元以下罚款幅度的最低限，从处罚种类和处罚幅度上，符合当时实施的《电影管理条例》的相关规定。

（二）与本条规定有关的疑难问题探讨

1. 违背电影产业促进法的规定未予相应备案，是否应当依据本条内容认定构成擅自从事电影摄制、发行、放映活动而实施行政处罚。

电影产业促进法本着“简政放权、加强事后监管”的立法指导思想，取消了原有的许多行政许可事项，经梳理《电影产业促进法》，有下列四处采用“备案”名称的管理措施，具体为：

（1）拟摄制电影的法人、其他组织应当将电影剧本梗概向国务院电影主管部门或省级人民政府电影主管部门备案；其中涉及重大、特殊题材的，应当按照国家有关规定将电影剧本报送审查。电影剧本梗概或者电影剧本符合本法第十六条规定的，由国务院电影主管部门将拟摄制的电影予以公告，并由国务院电影主管部门或省级人民政府电影主管部门出具备案证明文件或者颁发批准文件。

（2）拟参加境外电影节（展）的，送展法人、其他组织应当在该境外电影节（展）举办前，将相关材料报国务院电影主管部门或者省级人民政府电影主管部门备案。

（3）公民、法人或其他组织可以承接境外电影的洗印、加工、后期制作等业务，并报省级人民政府电影主管部门备案。

（4）企业、个人从事电影流动放映活动，应当将企业名称或者经营者姓名、地址、联系方式、放映设备等向经营区域所在地县级人民政府电影主管部门备案。

通常意义上的行政备案，是行政机关对行政相对人报送的信息进行存档备查的行为，目的是为行政机关收集与行政管理相关的信息，以便加强行政监督和检查。行政机关对于备案材料仅做形式接收和记录，且行政备案并不影响行政相对人的实体权利义务。“备案”一词在近年的行政立法文件中出现频率很高，但许多对行政备案的概念和属性界定不明，甚至过于随意等缺陷，给实践带来了诸多困惑。

“戴世华诉济南市公安消防支队消防验收纠纷案”[①]就是与此相关的典型案例。此案因戴世华认为济南市公安消防支队根据《中华人民共和国消防法》的规定对其做出的《建设工程消防验收备案结果通知》错误提起行政诉讼，一审法院济南市高新区人民法院认为，该备案通知属于技术性结果通知而非具体行政行为，不属于人民法院受理行政诉讼的受案范围，裁定驳回原告起诉。二审法院济南市中级人民法院经审理认为，消防验收备案结果对相对人具有拘束力，该备案行为具有行政确认的性质，是消防行政机关的具体行政行为，属于人民法院受理行政诉讼的受案范围，故裁定撤销一审裁定，指定一审法院继续审理。该案例显示，立法文件中所称的“备案”并非一定是指行政机关对报送信息进行存档备查的形式接收之行为，而往往实质是一种带有行政许可、行政确认色彩的行政决定。

纵观《电影产业促进法》规定的四处“备案”内容，其属性不尽相同。其中对电影剧本梗概的备案，根据本法第十三条的规定，需要通过电影主管部门对其内容是否符合本法第十六条的规定进行审查，符合本法关于电影内容审查规定的，由国务院电影主管部门予以公告并由国务院电影主管部门或省级人民政府电影主管部门出具备案证明文件，由此看，此处虽延续旧例使用了“备案”一词，且在实务中办理备案以及电影主管部门的审查相对简单，但实质仍属于行政许可的范畴，未取得该备案的不能从事电影摄制活动，故我们认为，未取得电影剧本梗概备案证明文件从事电影摄制活动的，应当认定为擅自从事电影摄制活动，应当依据本条规定予以

① 最高人民法院发布第12批指导性案例第59号。

处罚。但是，本法其他三处有关备案的内容，包括送展法人或其他组织参加境外电影节（展）的备案，承接境外电影洗印、加工、后期制作业务的备案，以及企业、个人从事电影流动放映的备案，则具有较为明显的电影主管部门对报送信息存档备查的立法意图和语义，此三处备案规定中设定备案制度的目的是使电影主管部门掌握相关信息以便加强有关的监督和检查。如果将违背此类三处备案规定的行为视为擅自从事电影摄制、发行、放映活动，并不符合本条所规定罚则的立法本意，且对未取得许可从事相关活动和未办理备案手续从事相关活动采用本条规定的统一处罚尺度，亦违背了罚则相适应的原则。

综上，我们认为，未取得电影剧本梗概备案证明文件而从事电影摄制活动的，应确定为擅自从事电影摄制活动，应当依据本条规定予以处罚；送展法人或其他组织参加境外电影节（展）未办理备案手续，承接境外电影洗印、加工、后期制作业务未办理备案手续，以及企业、个人从事电影流动放映未办理备案手续，不应按照本条规定予以处罚，此类行为应否处罚、如何处罚，尚需后续制定本法实施细则或在后续有关立法中加以明确。

2. 境内法人或其他组织在与境外组织合作摄制电影中，违背了本法第十四条的禁止性规定，是否构成擅自从事电影摄制活动并依据本条规定予以处罚。

本法第十四条规定，法人、其他组织经国务院电影主管部门批准，可以与境外组织合作摄制电影；但是，不得与从事损害我国国家尊严、荣誉和利益，危害社会稳定，伤害民族感情等活动的境外组织合作，也不得聘用有上述行为的个人参加电影摄制。

该条规定的前半部分内容，是关于行政许可的内容，即与境外组织合作摄制电影需取得国务院电影主管部门的许可，未经许可从事合作摄制电影活动，理应依据本条规定予以处罚，此点毋庸置疑。

该条的后半部分内容，是关于境外合作方或参与个人的排斥性规定，它首先是国务院电影主管部门对合作摄制电影申请的审查判断标准之一，违背该规定的，不应批准。但是，如果在审查批准环节未能发现境外合作组织、所聘用的参加电影摄制的个人有从事损害我国国家尊严、荣誉和利益，危害社会稳定，伤害民族感情等活动的行为而在批准之后发现，或者在批准合作摄制电影以后相关组织和个人从事了上述活动，是否以违背本法关于电影摄制的禁止性规定从而认定构成擅自从事电影摄制活动并依据本条予以处罚，在实践中容易产生困惑或偏差。

我们认为，本条规定的“擅自从事电影相关活动”，是从行为种类属性上的界定，并不考究行为的具体内容是否违法的问题，认定构成擅自从事电影活动依据之一的“禁止性规定”，仅指对种类属性行为的禁止，并非对行为内容的禁止，比如，本法第十四条三款规定的境外个人不得在境内从事电影摄制活动，这是对境外个人从事电影摄制这一种类属性行为的禁止，只要在境内从事了电影摄制活动，无论其用何种方式、拍摄什么内容的电影、是否将来在境内发行等等行为本身内容如何，都不影响构成擅自从事电影摄制活动的认定。本法并未禁止合作摄制电影活动，经国务院电影主管部门批准，允许境内法人、其他组织与境外组织合作摄制电影，故只要通过国务院的电影主管部门的许可，就不能认定构成擅自从事电影摄制活动，至于合作摄制电影的境外合作方是否有违反本法第十四条规定的行为，性质上属于行为内容本身有无违禁的问题，不能依据本条规定认定境内法人、其他组织构成擅自从事电影摄制活动。

对于此处探讨的问题如何处理，有待日后的立法加以完善、解决。

3. 境内个人从事电影摄制活动，是否依照本条规定予以处罚；不适格主体从事电影相关活动，是否依照本法规定予以处罚。

本法在描述从事电影相关活动主体时，均采用了列举适格主体如何合法从事相关电影活动的方式进行描述，并未准确析明禁止和限制的内容，从本法各条规定的立法本意看，实际上排除了所列举的适格主体以外的主体从事相关活动。但是，此类描述方法容易在实践中造成困惑甚至错觉，例如本法第十三条规定，拟摄制电影的法人、其他组织应当将电影剧本梗概……根据该条规定，拟摄制电影的法人、其他组织应当办理电影剧本梗概备案证明手续或电影剧本批准手续，那是否意味着境内个人从事电影摄制活动就不需要此类程序了呢？是否意味着境内个人从事电影摄制活动不违法也不应受到制裁了呢？毕竟“法无禁止均可为”“处罚法定”是行政法律的基本要求。当然，深层次考虑，这类问题大部分是有办法加以解决的，因为不适格的主体无法在行政许可环节得到批准，但是，一部法律的准确实施，如果需要借助该法在后续的执行过程中的国家机关的主观把控、理解来加以解决，可谓是立法技术上的一大缺陷。我们认为，本法多处此类问题的出现是“简政放权、加强事后监管”的本法立法思想与旧例管理体制、旧法立法技术转换不彻底、思虑不够周到的产物。

电影产业促进法就电影相关活动的主体范围规定如下：

（1）从事电影摄制活动的适格主体是法人、其他组织，实质排除了公民个人从事电影摄制活动。这里需要说明的是，本法所称的电影摄制活动的概念应从狭义上加以理解，其仅指组织电影摄制的行为，广义上的电影摄制活动还包括演员、导演、摄影、美工等个人参加电影摄制等行为（本法第十三、十五、十七、二十、二十三、二十九条规定）。

（2）与境外组织合作摄制电影的适格主体是法人、其他组织。实质排除了公民个人从事与境外组织合作摄制电影活动（本法第十四条规定）。

（3）从事电影发行活动的适格主体是企业，包括法人企业，也包括不具有法人资格的个人独资企业、合伙企业等，其判断则以是否持有工商机关颁发的有效营业执照为准。此类活动实质排除了机关、事业单位、社会团体、民办非企业单位、公民个人等主体从事电影发行活动（本法第二十四条规定）。

（4）从事电影院等固定放映场所电影放映活动的适格主体是企业、个体工商户，其判断则以是否持有工商机关颁发的有效营业执照为准。此类活动实质排除了机关、事业单位、社会团体、民办非企业单位、公民个人等主体从事电影院等固定经营场所电影放映活动（本法第二十四条规定）。

（5）从事电影流动放映活动的适格主体是企业、个人。个人与个体工商户的法律地位相同，个体工商户可理解为从事工商业经营、领取工商营业执照的个人，个人的外延、范围大于个体工商户，包含了个体工商户，故本法在此处描述为个人比较科学，意味着个人有无领取个体工商户营业执照均可从事电影流动放映活动。此类活动实质排除了机关、事业单位、社会团体、民办非企业单位等主体从事电影流动放映活动（本法第二十六条规定）。

（6）在境内举办涉外电影节（展）的适格主体是法人或其他组织。本法明确禁止个人在境内举办涉外电影节（展）（本法第五十二条规定）。

此外，对于承接境外电影洗印、加工和后期制作业务，本法采用了公民、法人、其他组织的法律主体囊括式表述方式，承接境内、外电影的洗印、加工和后期制作，应该均无主体限制；对于送展参加境外电影节（展）的主体，本法第二十一条虽采用了“送展法人、其他组织”的适格主体表述方式，但根据对本法第四十九条和第五十二条二款的理解，参加境外电影节（展）的主体也应无限制，仅将送展电影是否取得电影公映许可证为判断合法与否的唯一标准；对在境内举办没有涉外因素的电影节（展），本法未有主体限制的规定。综上，本法对于承接境内、境外电影洗印、加工和后期制作业务，以及送展参加境内、境外电影节（展），均无主体限制。

应当注意到，本法第十四条三款明令境外组织不得在境内独立从事电影摄制活动；境外个人不得在境内从事电影摄制活动。境外组织、境外个人违背上述规定的，电影主管部门可以依据该规定认定擅自从事电影摄制活动并依据本条规定予以处罚。

但是，非适格主体从事上述提及的六类电影活动，是否构成擅自从事电影相关活动呢？我们的答案是，除第五类流动电影放映以外，其他五类是肯定的，确分别构成擅自从事电影摄制、发行、放映，擅自举办涉外电影节（展）的行为，应担依照本法规定予以处罚，但根据本法内容并无据可引。好在该五类电影活动均需取得电影主管部门的行政许可，需取得相应的行政许可证件（电影剧本梗概备案证明文件、电影剧本批准文件；与境外组织合作摄制电影批准文件；电影发行发行经营许可证；电影放映经营许可证；举办涉外电影节（展）批准文件），而非适格主体在行政管理程序中是无法取得行政许可证件的，故完全可以以未获得电影主管部门许可为由认定构成擅自从事电影相关活动并予以处罚。其中前四类可以依据本条规定予以行政处罚，第六类擅自举办涉外电影节（展）的行为，则应根据本办法第五十二条规定予以处罚。

综上，境内个人从事电影摄制活动，应当依照本条规定予以处罚；不适格主体从事其他电影相关活动，应依照本条或本法其他条款规定予以处罚。

第四十八条

【非法许可证件】

有下列情形之一的，由原发证机关吊销有关许可证、撤销有关批准或者证明文件；县级以上人民政府电影主管部门没收违法所得；违法所得五万元以上的，并处违法所得五倍以上十倍以下的罚款；没有违法所得或者违法所得不足五万元的，可以并处二十五万元以下的罚款：

（一）伪造、变造、出租、出借、买卖本法规定的许可证、批准或者证明文件，或者以其他形式非法转让本法规定的许可证、批准或者证明文件的；

（二）以欺骗、贿赂等不正当手段取得本法规定的许可证、批准或者证明文件的。

一、基本含义

本条是对伪造或变造、非法转让、非法取得与电影管理有关的许可证、批准或证明文件的违法当事人予以行政处罚的规定。

本条所称的许可证、批准或者证明文件，均属行政许可的范畴，系电影主管部门做出批准决定所颁发的行政许可证件。行政许可证件均针对特定的符合法定条件的主体，针对特定的事实，相关行政许可证件不允许转让，更不允许假冒或以不正当手段取得，否则即是对正常行政管理秩序的破坏。

（一）本法规定的行政许可证件的种类及发证机关

1. 许可证

（1）国务院电影主管部门或省、自治区、直辖市电影主管部门颁发的《电影片公映许可证》；

（2）国务院电影主管部门或省、自治区、直辖市电影主管部门颁发的《电影发行经营许可证》；

（3）县级人民政府电影主管部门颁发的《电影放映经营许可证》。

2. 批准文件

（1）国务院电影主管部门或省、自治区、直辖市电影主管部门颁发的重大题材、特殊题材电影剧本批准文件；

（2）国务院电影主管部门或省级人民政府电影主管部门颁发的关于在境内举办涉外电影节（展）的批准文件；

（3）国务院电影主管部门颁发的与境外组织合作摄制电影批准文件。

3. 证明文件

国务院电影主管部门或省、自治区、直辖市电影主管部门出具的电影剧本梗概备案证明文件。

这里需要说明的是，电影剧本梗概备案证明虽然使用了“备案”一词，似有电影主管部门接收报送信息、存档备查的意思，但根据本法第十三条的规定，此备案证明是电影主管部门经审查后准予拟摄制电影的法人、其他组织拍摄电影的资格文件，属于行政许可证件的范畴，应当归属本条所规定的证明文件的范畴。但是，本法第二十一条规定的提供影片参加境外电影节（展）的备案，第二十二条规定的承接境外电影的洗印、加工和后期制作业务的备案，第二十六条规定的从事电影流动放映活动的备案，显然是电影主管部门对报送的信息进行存档备查、便于加强行政监管的行为，这些备案即使电影主管部门颁发了备案回执、备案通知或备案证明等文件，也不属于行政许可证件的范畴，伪造或变造、非法转让、非法取得此类备案文件的，不能依照本条规定予以处罚，有关规定需要通过日后的立法加以解决。

（二）违法行为表现

1. 伪造、变造行政许可证件

即通过伪造或变造的手段，制作虚假的行政许可证件的行为。“伪造”与“变造”的区别，简言之，伪造是完全虚假制作的，而变造是在原有真实证件基础上通过涂改、挖补、剪贴、揭层、拼接等方法加工处理的，两者仅仅是手段、方式的不同，在社会危害性、法律责任方面并无差异。

2. 非法转让行政许可证件

即通过出租、出借、买卖或者以其他形式非法转让行政许可证件的行为。出租和出借都是一定期限内将证件交由他人使用，其区别在于是否以此换取他人的金钱或利益给付，通常出租是有偿的，而出借是无偿的；而买卖则是丧失拥有而转让给他人，从而获取金钱或利益给付。

本条在列举此类违法行为表现时，采用了“以其他形式非法转让”的兜底式表述方式，这不仅是立法技术成熟的表现，也反映现实中非法转让行政许可证件形式的多样性。“其他形式”包括赠与、挂靠、承包、以转让证件为目的的协议合作等等。

3. 非法取得行政许可证件

即通过贿赂、欺骗等不正当手段，取得行政许可证件的行为。欺骗是通过虚假事实、材料或隐瞒重要的事实、材料之手段，贿赂则是通过向有关人员给付金钱、利益等方式，从而使电影主管部门产生错误的认识或判断，或故意违背法律规定的条件予以颁发行政许可证件。

（三）实施行政处罚的主体

根据本条以及《行政处罚法》的规定，对伪造或变造、非法转让、非法取得与电影管理有关的行政许可证件的违法当事人，实施行政处罚的主体为违法行为发生地的县级以上人民政府电影主管部门。

需要注意的是，依据本条规定实施行政处罚的机关具有特殊性，即实施没收和罚款处罚的机关为县级以上电影主管部门，而实施吊销许可证、撤销批准或证明文件的机关为原发证机关，实践中往往遇及两者并非同一行政机关的问题，此类情况下，需要违法行为发生地的电影主管部门实施罚款和没收等行政处罚时，报送原发证机关同时做出吊销有关许可证、撤销有关批准或者证明文件的处罚。

（四）行政处罚的种类和幅度

本条规定行政处罚的种类是吊销或撤销、没收、罚款三种。

1. 吊销许可证、撤销批准或证明文件

“吊销”是《行政处罚法》明确规定的处罚种类，通常是指吊销许可证或执照，撤销与吊销的含义基本相同，都是对行政相对人某种资格、资质的取消。

根据行政处罚法的规定，“法律可以设定各种行政处罚”，《电影产业促进法》作为法律层级文件，有权设定新的处罚种类，故“撤销”是《电影产业促进法》新设的一种行政处罚种类。当然，吊销或撤销的范围仅指非法转让、非法取得的行政许可证件，其形式是真实的，而伪造或变造的证件无从谈起吊销或撤销的问题。

2. 没收违法所得

此处的“违法所得”必然包括伪造或变造、非法转让、非法取得行政许可证件行为的直接非法收入，如出租、买卖证件的交易价款。但是，使用上述行政许可证件从事电影摄制、发行、放映以及举办涉外电影节（展）、送展参加电影节（展）的违法收入，是否应计入违法所得并依据本条规定予以处罚，在实践中容易产生歧义，对此我们持否定态度，[①] 本条规定的违法行为应仅指伪造或变造、非法转让、非法取得行政许可证件行为本身，使用上述证件从事电影活动的应当按照未取得行

① 仅为作者观点，值得商榷，理由详见本条释义内容第三条（一）款。

政许可证件的违法行为并依照本法其他条款规定予以处罚，在此意义上，使用上述行政许可证件从事电影活动的违法收入是依照其他条款实施处罚的依据，不应计入本条罚则当中的违法所得范畴。

3. 罚款

本条确定的是否并用罚款处罚以及罚款的具体数额，则以所确定的违法所得数额为基础。当违法所得为五万元以上的，并处违法所得五倍以上十倍以下的罚款，此处规定的是并处，因此电影主管部门在做出没收违法所得处罚的同时，必须对违法行为人处以罚款的处罚；当没有违法所得或违法所得不足五万元的，可以并处二十五万以下的罚款，此处是"可以并处"，即意味着电影主管部门有权根据违法行为的事实、性质、情节以及社会危害程度等因素，可以处以二十五万元以下的罚款，也可以决定不罚款。

二、立法目的和背景

我国《行政许可法》第七十九条和第八十条分别对"欺骗、贿赂等不正当手段取得行政许可"和"涂改、倒卖、出租、出借行政许可证件或者以其他形式非法转让行政许可"的行为作出了概括性的原则规定，即规定应由行政机关给予行政处罚，构成犯罪的，依法追究刑事责任。

本法颁布之前，在我国的电影管理行政法规、规章文件中，鲜有相关的针对此类违法行为处罚措施的规定，仅在之前的《电影管理条例》总则中规定了"依照本条例发放的许可证和批准文件，不得出租、出借、出售或者以其他任何形式转让"，但却未有明确的罚则。

上述立法现状，导致实践中由电影行政主管部门对伪造或变造、非法转让、非法取得许可证件这一现实中确实存在的电影管理领域的违法行为的制裁长期无据可循。《电影产业促进法》的本条规定，对于加强电影行政许可的管理具有重要的意义，对于相应的违法行为有了明确的依据和处罚措施。

三、案例与实践

本条是赋予电影行政主管部门实施行政处罚的新规定，之前的电影行政主管部门鲜有涉及，加之法律层级文件本身的立法特点，本条规定在具体实践中尤其是电影主管部门实施行政处罚过程中，难免遇到下列困惑或分歧，需要通过日后的立法加以明确、完善。

（一）本条规定的违法行为是否包括“使用”非法行政许可证件从事电影相关活动，违法所得是否包括“使用”非法许可证件从事电影活动的相关收入

本法在第四十七条、四十九条、五十二条分别对未取得电影行政主管部门的相关行政许可从事电影摄制、发行、放映、举办涉外电影节（展）和送展参加电影节（展）的违法行为规定了行政处罚措施，在处罚种类和处罚幅度上都不尽相同，有些处罚幅度要明显高于本条规定的罚款幅度（如第四十九条的罚款幅度就明显高于本条罚款幅度），有些处罚种类要多于或不同于本条规定的处罚种类（如第五十二条一款有没收电影片、责令停止违法活动、从业禁止的处罚种类），而使用非法证件从事电影活动同未取得行政许可证件从事电影活动相比较而言，其社会危害程度基本无异，甚至有些社会危害性更大（比如使用伪造的行政许可证件从事电影活动），如果使用非法行政许可证件尤其是使用伪造的行政许可证件从事电影活动，依据本条规定予以处罚，而未取得行政许可证件分别依照其他条款予以处罚，将使本法规定的罚则严重失衡，会使本法的行为规范功能出现偏差。同时，单从本条规定内容的语义看，将违法行为表现明确描述为伪造或变造、非法转让、非法取得行

政许可证件，并未包含使用非法许可证件从事电影活动。

因此，我们认为，本条规定的违法行为仅指伪造或变造行政许可证件、非法转让行政许可证件、非法取得行政许可证件行为本身，不包括使用上述非法许可证件从事电影活动的行为。使用非法行政许可证件从事电影活动的，应当按照未取得行政许可依照本法其他条款予以处罚。在此结论下，本条所规定的“违法所得”当然仅指伪造、变造或买卖伪造、变造的行政许可证件，以及非法转让、非法取得行政许可证件的违法收入，并不包含使用非法证件从事电影活动的违法收入。我们认为在制定本法实施细则或其他立法时应对上述问题加以明确，以免实践中产生混淆。

（二）本条适用中的违法行为当事人如何确定

非法取得行政许可证件的当事人显然是使用欺骗、贿赂等手段取得行政许可的主体，此点并无疑问。

但是，在伪造或变造行政许可证件的违法案件中，往往涉事主体并非一人，甚至有时会涉及伪造者、中间多手买卖者、最终持有人或使用人等多人。而在非法转让行政许可证件的违法案件中，必然至少存在转让双方。

确定本条罚则适用中违法当事人的范围，即行政处罚对象的范围，是正确适用本条规定的关键点之一。

我们认为，不得伪造、变造或买卖以及使用伪造、变造的行政许可证件，不得转让、不得以欺骗或贿赂方式取得行政许可证件，是公民、法人或其他组织的法定义务，任何违反的行为均应视为违法行为予以制裁。因此，伪造、变造非法证件的当事人，不仅应包括直接从事伪造、变造证件的当事人，还应包括买卖、使用伪造或变造行政许可证件的当事人。非法转让行政许可证件的当事人，应当从直接取得行政许可证件的当事人开始，直至最终持有人或使用人为止当中全部各转让环节的当事人。

第四十九条

【擅自发行、放映、送展影片】

有下列情形之一的，由原发证机关吊销许可证；县级以上人民政府电影主管部门没收电影片和违法所得；违法所得五万元以上的，并处违法所得十倍以上二十倍以下的罚款；没有违法所得或者违法所得不足五万元的，可以并处五十万元以下的罚款：

（一）发行、放映未取得电影公映许可证的电影的；

（二）取得电影公映许可证后变更电影内容，未依照规定重新取得电影公映许可证擅自发行、放映、送展的；

（三）提供未取得电影公映许可证的电影参加电影节（展）的。

一、基本含义

本条是对未取得电影公映许可证擅自发行、放映、送展电影的违法行为实施行政处罚的规定。

本法第二十条规定，未取得电影公映许可证的电影，不得发行、放映；第二十一条规定，摄制完成的电影取得电影公映许可证，方可参加电影节（展）；第十九条规定，取得电影公映许可证的电影需要变更内容的，应当依照本法规定重新报送审查。

未取得电影公映许可证而进行发行、放映或送展，或变更已取得电影公映许可证的电影内容未依照规定重新报送审查取得新的电影公映许可证而进行发行、放映、送展的，应按照本条规定予以行政处罚。

（一）违法行为表现

1. 未取得电影公映许可证，或取得电影公映许可证后变更电影内容，未依照规定重新取得电影公映许可证擅自发行、放映电影的。

本条所称之“放映”，包括在电影院等固定场所的放映和流动放映。

已取得电影公映许可证的电影变更内容，视为变更后的电影未取得电影公映许可证，需要报送审查取得新的电影公映许可证后，方能发行、放映，否则应当依照本条规定予以行政处罚。

2. 法人或其他组织提供未取得电影公映许可证的电影参加电影节（展）的，或取得电影公映许可证后变更电影内容，未依照规定重新取得电影公映许可证擅自参加电影节（展）的。

本条规定的参加电影节（展），包括提供电影参加境内电影节（展），也包括参加境外电影节（展）。

本条虽未明确规定擅自提供未取得电影公映许可证的电影参加电影节（展）的主体为法人、其他组织，但在本法第五十二条二款明确规定了个人擅自提供未取得电影公映许可证的电影参加电影节（展）的罚则，且该罚则有别于本条规定的罚则内容，根据“特别法优于普通法”“特别条款优于一般条款”的原则，个人提供未取得电影公映许可证的电影参加电影节（展）的违法行为应当按照本法第五十二条的规定予以处罚，显然，本条所指的未取得电影公映许可证擅自参加电影节（展）应受行政处罚的主体为法人、其他组织。

（二）实施行政处罚的主体

根据本条规定，对未取得电影公映许可证擅自发行、放映，或法人、其他组织送展未取得电影公映许可证的电影的违法行为实施行政处罚的主体为县级以上人民政府电影主管部门。

第五十条

【承接内容违禁的境外电影后期制作业务】

承接含有损害我国国家尊严、荣誉和利益，危害社会稳定，伤害民族感情等内容的境外电影的洗印、加工、后期制作等业务的，由县级以上人民政府电影主管部门责令停止违法活动，没收电影片和违法所得；违法所得五万元以上的，并处违法所得三倍以上五倍以下的罚款；没有违法所得或者违法所得不足五万元的，可以并处十五万元以下的罚款。情节严重的，由电影主管部门通报工商行政管理部门，由工商行政管理部门吊销营业执照。

一、基本含义

本条是对承接内容违禁的境外电影洗印、加工、后期制作的违法行为予以行政处罚的规定。

（一）违法行为表现

本条列明的违法行为具体体现为：承接含有损害我国国家尊严、荣誉和利益，危害社会稳定，伤害民族感情等内容（以下称“违禁内容”）的境外电影的洗印、加工和后期制作业务。

境外电影系指在境外摄制的电影，或虽在境内中外合作摄制但不能依照规定视同境内电影的电影。

本条规定是对本法第二十二条内容的呼应，需要说明的是，本条以及本法第二十二条规定更多昭示的是行政管理目标，体现了立法者所追求的效果和目的，但并未从适用准确性上加以考虑。本条规定在实践中难免会产生理解上的分歧、争议，例如“承接”的内涵和外延问题、违禁内容的判断标准问题、行为人主观过错是否是适用本条罚则的要件问题等，具体内容详见本条释义“案例和实践”内容。

（二）实施行政处罚的主体

根据本条规定，对承接内容违禁的境外电影洗印、加工、后期制作的违法行为实施行政处罚的主体为县级以上人民政府电影主管部门。

需要注意的是，本条规定电影行政机关在实施行政处罚的同时，对于情节严重的，还需由电影主管部门通报工商行政管理部门，由工商行政管理部门吊销营业执照。营业执照是工商行政管理部门核发给企业或个体工商户的具有合法工商业经营权的凭证，吊销营业执照的处罚只能由工商行政管理部门依法实施，包括电影主管部门在内的其他行政机关不能越俎代庖、越权行事，此为行政法律中“职权法定”原则的基本要求。根据本条规定，对于违反本条规定且情节严重的企业、个体工商户（公民个人违反本条规定的，不存在吊销营业执照的问题），须由电影行政主管部门通报给核发营业执照的工商机关做出吊销营业执照的处罚，至于“情节严重”[①]的判断标准，需要该条规定实施中经验的积累并通过日后立法加以完善。

（四）本条规定的行政处罚种类和幅度

本条规定了责令停止违法活动、没收、罚款、吊销营业执照四种行政处罚种类：

① 详见本条释义“案例与实践”第（四）款内容。

1. 责令停止违法活动。关于“责令停止违法活动”的性质，即是否属于行政处罚，学界多有争议。我们认为，本条规定的“责令停止违法行为”属于行政处罚，它是违法行为人所承担的不利后果，体现了行政机关对违法行为人的制裁。就该项行政处罚种类而言，是指责令行为当事人停止洗印、加工、后期制作含有损害我国国家尊严、荣誉和利益，危害社会稳定，伤害民族感情等内容的境外电影等业务。

2. 没收。包括没收含有违禁内容电影片和违法所得，这里的电影片通常为底片或样片。

3. 罚款。当违法所得为五万元以上的，并处违法所得三倍以上五倍以下的罚款，此处规定的是并处，因此电影主管部门在做出没收处罚种类决定时，必须对违法行为人处以罚款的处罚；当没有违法所得或违法所得不足五万元的，可以并处十五万以下的罚款，此处是“可以并处”，即意味着电影主管部门有权根据违法行为的事实、性质、情节以及社会危害程度等因素，可以处以五十万元以下的罚款，也可以决定不罚款。

4. 吊销营业执照。对于违反本条规定的行为“情节严重”的，由电影主管部门通报工商行政管理部门吊销营业执照。

二、立法目的和背景

《电影管理条例》对接受委托洗印、加工境外的电影底片、样片和电影片拷贝的，规定了严格的审批制度和行政处罚措施。依据《电影管理条例》的内容，从事境外电影的洗印、加工等业务，应得事先取得国务院广播电影电视主管部门的批准，并持批准文件依法向海关办理有关进口手续，洗印加工的电影底片、样片和电影片拷贝必须全部运输出境。

随着网络技术、电子数据传输手段的日益发展，加之当前“简政放权”的行政管理体制改革的要求，《电影管理条例》的上述规定已不适应当前电影行政管理的现实情况，故本法取消了从事电影洗印、加工等业务的从业主体限制，取消了从业审批规定，允许公民、法人、其他组织从事电影洗印、加工和后期制作业务。基于电影产品的意识形态领域的属性，国家仍有必要对电影内容进行管控，电影内容不得含有损害我国国家尊严、荣誉和利益，危害社会稳定，伤害民族感情以及本法第十六条规定的违禁内容。对于境内电影，本法确定的电影拍摄前的电影剧本梗概备案、电影剧本批准制度，以及电影拍摄完成后的电影审查制度，能够有效地对含有违禁内容的境内电影加以管制；对于境外电影，本法并不具有域外效力，国家行政权、司法权无法有效触及境外活动，但对境外电影在我国境内进行洗印、加工和后期制作的，完全可以通过对从业者进行洗印、加工和后期制作行为本身的约束，尽最大可能地干预含有违禁内容的境外电影的生产活动，一定程度上维护国家利益、维护文化安全。

本条规定和本法第二十二条规定，即是在上述背景下应运而生的结果。

三、案例与实践

本条规定以及本法第二十二条规定，更多地体现了行政管理目标的宣示，在实践中难免产生下列分歧，有必要在此加以论述。

（一）内容违禁的判断标准问题

本法实施前，对从事境外电影的洗印、加工等业务，须由国务院电影主管部门批准，并对擅自从事境外电影的洗印、加工等业务规定了处罚措施，其行政管理的核心放在从业者从事相关活动的资格上的监管，只要从业者取得了相应的行政许可，其对境外电影的内容并无过多的责任。本法在取消从业审批制度的前提下，将相关活动的行政监管核心放在了境外电影内容上的管控，要求从业者对境外电影内容负有自身的识别并且不得承接含有违禁内容的境外电影的相关业务的义务。

电影违禁内容的识别，本身就是参与者主观判断的过程，很难甚至根本无法确定一个明确的标准，当然，对于违禁内容明显的（如支持“台独”的表露、对信仰伊斯兰教民众的污蔑等）自然毋庸置疑，但对于以隐晦、深藏寓意等方式表达的或并非常人熟知的违禁内容，对其认识则因人而异。对于境内电影违禁内容的审查，本法规定了专家评审制度，无疑会从专业性、公正性上达到较高的水准，但对于境外电影是否存在违禁内容的审查，本法将其规定为进行电影洗印、加工、后期制作等从业者的义务，在依据本条规定实施处罚时，其判断是否内容违禁的实际执行者又是各地电影行政主管部门的公务人员，由于不同人员的文化知识水平、相关理解能力等的差异，加之所谓违禁内容依据不同的事件以及政治、外交等形势的变化，其范围在不同时间段内会有不同的理解，此点势必会造成本条适用中一定程度的主观认识偏差和执法不一等问题，需要通过日后的相关立法最大可能地加以完善。我们建议在实践中参考境内电影的专家审查制度，就本法第二十二条补充建立承接境外电影备案的选择性第三方专家评估机制，以及行政处罚中对有争议判断的第三方专家评定机制，从而使本条规定得以准确、公正实施。

（二）关于“承接”一词的内涵和外延问题

本法第二十二条以及本条均采用了“承接”一词，承接通常应理解为承受、接受之意，本法第二十二条的文字表述，带有明显的接受境外电影制作方或关联方关于境外电影的洗印、加工和后期制作业务的委托，需报请省级电影主管部门备案的意思。通过对本条进行文意解释，可以直观得出只要从业者一经接受含有违禁内容的境外电影的洗印、加工、后期制作业务，便需对其承接行为承担法律责任。

但是，从立法理由与背景以及本法对相关活动进行规制的意图考虑，本条罚则所界定的违法行为绝非仅指从境外方接受委托且电影含有违禁内容方依据本条规定予以处罚，还应当包括通过其他方式（如分包、转包、帮助等）参与含有违禁内容的境外电影的洗印、加工和后期制作业务，从这个意义上讲，本法采用“承接”一词略显不当，如使用“从事”一词则更为妥当。因此，在“承接”一词的内涵和外延上，应做宽泛、广义的理解，本条所界定的违法行为应理解为“从事含有损害我国国家尊严、容誉和利益，危害社会稳定，伤害民族情感等内容的境外电影的洗印、加工、后期制作等业务”，我们建议在日后的相关立法中对此加以明确。

（三）本条适用中应注重行为人主观过错的认定

电影的洗印、加工和后期制作活动的核心是技术生产、服务，行为人在接受业务，甚至已经开始从事境外电影具体的洗印、加工和后期制作过程中，客观存在着并不知悉该境外电影含有违禁内容的情况，或者通常的认识能力无法判断相关内容是否为违禁内容，加之该环节电影尚未最终摄制完成，存在着即使该部电影存在违禁内容但是通过用于洗印、加工、后期制作的素材根本无法识别（如未有语音、未有字幕等）的情况，更有行为人在从事电影洗印、加工和后期制作中发现有违禁内容而立即停止的情形。如果按照本条规定的直观理解去执行，只要境外电影含有违禁内容，行为人承接即承担法律责任，不仅会阻碍相关行业的业务发展，也有违《电影产业促进法》该项规定的立法宗旨，更有违法理。

关于行政处罚的适用条件，理论和实务当中均一致认为应当符合处罚主体（由法定的行使处罚权的适格主体）、处罚对象（违反行政法律规范的相对人）、客观事实（有违反行政法律规范的客观事实）、时效（违法行为未超过追究时效）四个要件。但是，过错要件（行为人主观上具有过错）是否为其要件之一，存在分歧[①]。一种意见认为行政处罚不应将主观过错作为行为人行政违法的构成要件[②]；另一种意见认为只有在相对人有主观过错的情况下，才能给予行政处罚。我们赞同后者，除非有法律的明确规定（如民事法律的无过错担责原则），刑事违法行为、民

① 参见马怀德：《行政法与行政诉讼法（第五版）》，中国法制出版社2015年版，第221—222页。

② 参见应松年：《行政处罚法教程》，法律出版社2012年版，第12—19页。

事违法行为、行政违法行为均应将违法行为人的主观过错（故意或过失）作为要件之一，之所以出现认为行政违法行为不以主观过错作为要件的观点，这与我国目前的行政法律规范的立法状况、行政管理体制和执法状况有关。

具体涉及本条的适用，则应当更加注重行为人主观过错的问题，即是否存在故意或过失。如果行为人明知境外电影含有违禁内容，或根据通常的认识能力应知含有境外内容而接受业务，或者在从事境外电影的洗印、加工和后期制作过程中明知或应知有违禁内容而仍继续实施，则构成本条规定的违法行为予以行政处罚，反之则不应予以行政处罚。由此看，对本条规定的违法行为表现在后期的法律解释中确定为“从事明知或应知含有违禁内容的境外电影的洗印、加工、后期制作等业务”更为值得赞赏。

（四）本条规定的“情节严重”在实践中如何把握

本条以及之后的本法第五十一条、五十二条都有“情节严重”情形的加重处罚规定，在我国的许多法律层级文件的法律责任内容中也经常出现“情节严重”的描述，但如何界定“情节严重”？一般通过法律解释活动、法律层级以下的立法文件加以明确，甚至需要通过行政机关的经验积累和总结进行掌握，故本法几处“情节严重”的行为表现，需要日后的相关立法活动加以完善。

目前，我国刑事法律规定的“情节严重”或“情节恶劣”在司法解释中针对常见的罪名有较多的规定，参照相关规定，对本条规定的“情节严重”可以在下列几方面加以归纳总结：

1. 多次承接含有违禁内容的境外电影相关业务；

2. 承接含有明显、严重损害我国国家尊严、荣誉和利益，危害社会稳定，伤害民族感情等活动的境外电影的相关业务；

3. 承接严重损害我国国家尊严、荣誉和利益，危害社会稳定，伤害民族感情的境外组织、个人委托的含有违禁内容的相关业务；

4. 承接含有违禁内容的境外电影相关业务后故意传播或扩散的；

5. 违法所得额巨大的；

6. 以暴力、欺骗、隐瞒等手段对抗电影主管部门检查、处理的。

第五十一条

【虚假票房与影院违规放映广告】

电影发行企业、电影院等有制造虚假交易、虚报瞒报销售收入等行为，扰乱电影市场秩序的，由县级以上人民政府电影主管部门责令改正，没收违法所得，处五万元以上五十万元以下的罚款；违法所得五十万元以上的，处违法所得一倍以上五倍以下的罚款。情节严重的，责令停业整顿；情节特别严重的，由原发证机关吊销许可证。

电影院在向观众明示的电影开始放映时间之后至电影放映结束前放映广告的，由县级人民政府电影主管部门给予警告，责令改正；情节严重的，处一万元以上五万元以下的罚款。

一、基本含义

本条第一款规定了对电影发行企业、电影院等制造虚假交易、虚报瞒报销售收入等违法行为的处罚规定；第二款规定了对电影院违规放映广告行为的处罚规定。

（一）制造虚假交易、虚报瞒报销售收入

1. 该违法行为的构成要件

违法行为的构成要件分为主体、客体、主观、客观四要件。本条第一款从主体、客体、客观三个要件方面对违法行为做出具体的描述。

其一，违法行为主体是电影发行企业、电影院等从事电影活动的单位，即主要是取得《电影发行经营许可证》的电影发行企业和取得《电影放映经营许可证》的电影院。需要注意的是，本条第一款在描述违法行为主体时，采用了“电影发行企业、电影院等”的重点加概括的方式，实践中除电影发行企业、电影院为该类违法行为的主要从事者外，也有其他主体参与的情形，例如票务代理商协助电影院篡改、伪造票房数据。

其二，违法行为客观表现为制造虚假交易、虚报瞒报销售收入等行为。电影票房是特定电影真实观影数据的反映，通过制造虚假交易所产生的票房数据以及虚报瞒报票房的数据，都不能反映真实的观影数据，将直接损害电影行业的健康发展，破坏公平、公开、公正、透明的电影市场秩序。“制造虚假交易”和“虚报瞒报销售收入”的区别在于：制造虚假交易是电影发行企业、电影院分别单独或伙同通过形成外观真实的购票（或退票）等行为从而做高（或低）票房，实际并无观众实际入场观看（或无退票）的不正当行为；“虚报瞒报销售收入”则是掩盖真实的票房数据，向社会公示、向主管部门报告或是通过票务软件系统反映的数据与真实情况不符，通常，报告但数据不真实为“虚报”，隐匿不报为“瞒报”。制造虚假交易、虚报瞒报收入的目的多种多样，如电影发行企业为让院线增加排片，为误导观众抢购、抢观电影，电影院为截留票款损害制片方的利益，等等。

其三，违法行为侵害的客体为电影管理秩序。此点应当着重注意，如果电影发行企业、电影院等主体虽有制造虚假交易、虚报瞒报销售收入等行为，但其仅为偷税、上市前满足财务数据需要等目的而实施，并未实际干扰电影管理领域的数据统计工作的，则只能依据其他法律规范予以制裁，不属于本条第一款规定的应受行政处罚范畴。

2. 实施行政处罚的主体

对制造虚假交易、虚报瞒报销售收入等行为实施行政处罚的主体为县级以上人民政府电影主管部门。

3.行政处罚的种类

本条第一款规定的处罚种类包括：责令改正、没收、罚款、责令停业整顿、吊销许可证。

（1）责令改正。《行政处罚法》第二十四条规定，行政机关实施行政处罚时，应当责令当事人改正或限期改正违法行为。基于该条规定，许多人认为“责令改正”并非行政处罚，而是在行政机关实施行政处罚时应同时采取的、与行政处罚并行的、要求特定的相对人履行一定的作为或不作为义务的意思表示，其性质属于行政命令。我们认为，责令改正的行政行为属性不能一概而论，包括电影主管部门在内的行政机关在实施行政处罚时，均有义务通过口头或书面等方式要求违法行为当事人改正违法行为，以充分达到行政制裁所追求的最终目的，此处的责令改正的性质属于行政命令，并非行政处罚。本条第一款规定的责令改正明确列入罚则当中，且具备对违法行为人予以制裁的特征，此处的责令改正则属于电影主管部门对该类违法行为予以处罚的特定行政处罚种类。上述此“责令改正”而非彼“责令改正”论述的实践意义在于，明确电影行政主管部门出具行政处罚决定时内容表述的准确性。

（2）没收违法所得。违法所得指从事制造虚假交易、虚报瞒报销售收入等活动的违法收入。

（3）罚款。对于罚款的额度有两种情形，没有违法所得或者违法所得不足五十万元的，需并处五万元以上五十万元以下的罚款；违法所得在五十万元以上的，需并处违法所得一倍以上五倍以下的罚款。

（4）责令停业整顿或吊销许可证。违法行为情节严重的，予以责令停业整顿；情节特别严重的，由原发证机关吊销许可证（即电影发行企业的《电影发行经营许可证》、电影院的《电影放映经营许可证》等）。需要说明的是，因该两类处罚种类的适用条件分别是情节严重和情节特别严重，故对于同一违法行为只能根据其情节严重程度适用其中的一个处罚种类，无法并用。如果实施吊销许可证的处罚，行政处罚机关与颁发许可证的机关并非同一机关的情况下，应当报送原发证机关作出吊销许可证的处罚。该款阐述的“情节严重”和“情节特别严重”的判断、执行标准，需要日后的相关立法活动加以完善，通常要以次数多少、金额大小、社会影响轻重、手段恶劣程度和抗拒执法程度等因素加以衡量。

（二）电影院违规放映广告

1. 违法行为表现

电影院在向观众明示的电影开始放映时间之后至电影放映结束前的时间段内放映广告的，应当按照本条第二款的规定予以行政处罚。

本条第二款明确规定该类违法行为的主体是电影院。放映广告的时间，特指向观众明示的电影开始放映时间之后至电影放映结束前，并非仅指实际电影开始放映之后至电影放映结束前，这也就意味着电影院故意拖延电影放映已超过向观众明示的电影开始放映时间而播放广告的，也应依据本条第二款予以处罚。

本条第二款所指的放映广告，包括除电影植入式广告以外的任何形式、种类的广告，除明显的直接通过屏幕播放外，还包括通过使用屏幕一角，或在观众可视范围内通过电子显示屏等方式放映广告，等等。总之，凡在电影正当放映时间段内，电影院在观众可视范围内放映广告，均应属于按照本条第二款予以处罚的行为。

2. 实施行政处罚的机关

本条第二款明确规定实施行政处罚的机关为县级人民政府电影主管部门。

3. 行政处罚的种类

包括警告、责令改正和罚款。罚款的处罚适用条件为“情节严重”，其罚款幅度为一万元以上五万元以下。

二、立法目的和背景

（一）引导形成统一开放、公平竞争的电影市场

“票房注水”“幽灵票房”“虚假排片”等影片票房造假乱象长期以来困扰中国电影市场。[①] 国家电影专项资金办公室副主任李东表示：“目前热映的所有票房比较高的影片几乎无一例外都有票房注水。”2015年上映的《捉妖记》和2016年上映的《叶问3》，成为两部最受“假票房”质疑的国产片。由于早前仅有《国家新闻出版广电总局关于加强电影市场管理规范电影票务系统使用的通知》《广播电影电视行业统计管理办法》等规范性文件，该领域的法律法规尚不健全，监管部门惩罚力度又如隔靴搔痒，导致票房造假现象屡禁不止。此次《电影产业促进法》的相关规定，规范了对虚假交易、虚报瞒报销售收入等行为的处罚，对于惩治票房造假、引导电影市场良性发展具有重大的意义。

（二）维护消费者合法权益

以往的法律法规及其他规范性文件中均未对电影院违规放映广告做出处罚规定，造成了现实中众多电影院为追逐利益放映长时间的广告而推迟电影的放映时间，或随意插播广告等问题。中国台湾地区的《电影法》对此有相应的规定，该法第十四条规定，电影片映演业映演广告片时间，应遵守“中央”主管机关之规定。若违反第十四条之规定，将由主管机关处新台币六万元以上三十万元以下罚款，并通知限期改正；届期不改正者，按次处罚。《电影产业促进法》明确电影院违规放

①《“票房注水”现象呈“常态化”，虚假繁荣埋下隐患》，新华网，http://news.xinhuanet.com/mrdx/2016-11/28/c_135862982.htm，访问时间：2017年3月25日。

映广告的法律责任，能够有力地维护观众的观影体验，保护观众的合法权益。

三、案例与实践

《电影产业促进法》开始实施当月即2017年3月21日，业界即传来对瞒报票房的首批326家影院予以处罚的重磅消息，电影行政主管部门在对涉案影院做出责令停业整顿、罚款等行政处罚的同时，要求所有违法影院必须限期向片方返还截留片款，并书面报告瞒报票房、逃避监管的作弊手段。在省级电影主管部门的监督管理之下，由县级电影主管部门对违规影院的主要责任人、关联责任人进行严肃处理。

业界对此次《电影产业促进法》实施后对瞒报票房收入的违法行为予以严厉处罚表达了广泛的支持，并对贯彻落实《电影产业促进法》，建立电影产业的健康秩序充满期待和信心。

第五十二条

【境内擅自举办涉外电影节（展）】

法人或者其他组织未经许可擅自在境内举办涉外电影节（展）的，由国务院电影主管部门或者省、自治区、直辖市人民政府电影主管部门责令停止违法活动，没收参展的电影片和违法所得；违法所得五万元以上的，并处违法所得五倍以上十倍以下的罚款；没有违法所得或者违法所得不足五万元的，可以并处二十五万元以下的罚款；情节严重的，自受到处罚之日起五年内不得举办涉外电影节（展）。

个人擅自在境内举办涉外电影节（展），或者擅自提供未取得电影公映许可证的电影参加电影节（展）的，由国务院电影主管部门或者省、自治区、直辖市人民政府电影主管部门责令停止违法活动，没收参展的电影片和违法所得；违法所得五万元以上的，并处违法所得五倍以上十倍以下的罚款；没有违法所得或者违法所得不足五万元的，可以并处二十五万元以下的罚款；情节严重的，自受到处罚之日起五年内不得从事相关电影活动。

一、基本含义

本条是对擅自在境内举办涉外电影节（展）以及个人擅自提供未取得公映许可证的电影参加电影节（展）的违法行为予以行政处罚的规定。

结合本条以及本法第三十五条的规定，我国禁止个人在境内举办涉外电影节（展），法人或其他组织在境内举办涉外电影节（展）须经国务院电影主管部门或省级人民政府电影主管部门批准。

对于送展电影参加电影节（展），《电影产业促进法》要求送展电影以取得《电影片公映许可证》为前提，取得《电影片公映许可证》的电影变更电影内容的，必须重新取得电影公映许可证方能送展。

（一）违法行为表现

1. 法人或其他组织未经许可在境内举办涉外电影节（展）

法人或其他组织未取得国务院电影主管部门或省级人民政府电影主管部门的批准，在境内举办涉外电影节（展）的，应当按照本条第一款的规定予以行政处罚。

2. 个人在境内举办涉外电影节（展）

个人在境内举办涉外电影节（展）的，应当按照本条第二款的规定予以行政处罚。

3. 个人提供未取得电影公映许可证的电影参加电影节（展）

此处规定的参加电影节（展），包括提供电影参加境内电影节（展），也包括参加境外电影节（展）。

个人提供未取得电影公映许可证的电影参加电影节（展），应当按照本条第二款的规定予以行政处罚。

（二）实施行政处罚的主体

本条规定的违法行为，实施行政处罚的主体为国务院电影主管部门或省级人民政府电影主管部门。

（三）行政处罚的种类和幅度

1. 法人或其他组织未经许可在境内举办涉外电影节（展）的处罚：

行政处罚的种类包括责令停止违法活动、没收、罚款、从业禁止。

（1）责令停止违法活动，是指责令法人或其他组织停止在境内继续举办涉外电影节（展）。

（2）没收，本条第一款规定没收范围包括参展的电影片和违法所得，其中参展的电影片包括在境内举办的涉外电影节（展）的所有参加者送展的电影片；违法所得系指举办者违规在境内举办涉外电影节展的违法收入。

（3）罚款，本条第一款规定当违法所得为五万元以上的，并处违法所得五倍以上十倍以下的罚款，此处规定的是并处，因此电影主管部门在做出没收处罚种类决定时，必须对违法行为人处以罚款的处罚；当没有违法所得或违法所得不足五万元的，可以并处二十五万以下的罚款，此处是“可以并处”，即意味着电影主管部门有权根据违法行为的事实、性质、情节以及社会危害程度等因素，处以二十五万元以下的罚款，或决定不罚款。

（4）从业禁止，本条第一款规定对于情节严重的，自受到处罚之日起五年内不得举办涉外电影节（展），即意味着在禁期内相关法人或其他组织的在境内举办涉外电影节（展）的申请将无法获得批准。此为“从业禁止”的规定，从业禁止内容存在于刑法以及众多的行政法律文件当中，对于从业禁止是否属于行政处罚目前在理论和实务界存在激烈的争议，我们认为，本条第一款和第二款规定的两处从业禁止内容，带有明显的对违法行为人的行政制裁的特征，且从该条罚则的表述方式看，如果不归类为行政处罚将使此项规定无法准确得以执行，故本条规定的从业禁止是行政处罚的种类，有关从业禁止的内容请详见本书第五十三条释义的内容。本条第一款阐述的“情节严重”的判断、执行标准，需要日后的相关立法活动加以完善。

2. 个人擅自在境内举办涉外电影节（展）、提供未取得电影公映许可证的电影参加电影节（展）的处罚：

行政处罚的种类包括责令停止违法活动、没收、罚款、从业禁止。

本条第二款规定的行政处罚的种类和幅度，与第一款规定的法人或其他组织未经许可在境内举办涉外电影节（展）的处罚种类和幅度基本相同，在此不再赘述，唯有不同的是关于从业禁止处罚内容的表述不同。本条第二款规定对于情节严重的，自受到处罚之日起五年内不得从事相关电影活动，我们认为，“相关电影活动”和“电影相关活动”的概念和外延是不同的，本条规定的“相关电影活动”应指与举办、参加电影节（展）有关的活动，并非泛指与电影的摄制、发行、放映、进出口乃至举办、参加电影节（展）等相关的“电影相关活动”，关于本条第二款规定的“相关电影活动”的范围，也需在后期的法规、规章的制定和修订中加以进一步的明确。

二、立法目的和背景

本法实施前的《电影管理条例》规定，举办中外电影展、国际电影节，应当报国务院广播电影电视行政部门批准。随着我国电影产业以及电影国际交流、合作的日益发展，在中国境内举办各类电影节（展）的呼声以及需求也越来越高。由于在中国境内举办涉外电影节（展）涉及资源合理调整和产业布局的问题，加之涉外电影节（展）的举办往往会涉及文化领域、意识形态领域的安全和正确引导，甚至会涉及政治、外交等因素，故《电影产业促进法》仍然沿袭保留了《电影管理条例》的相应行政许可制度，确定法人或其他组织在境内举办涉外电影节展仍需经国务院电影主管部门批准、禁止个人在境内擅自举办涉外电影节（展），并根据整体社会经济发展水平的进步和物价上涨因素，增加了罚款的金额幅度。

对于提供电影片参加涉外电影节（展），《电影管理条例》规定需报国务院广播电影电视行政部门批准，并对未经批准擅自参加境外电影展、电影节的行为规定了处罚措施。《电影产业促进法》对电影摄制完成后的发行、放映、送展参加电影节（展）确定了以是否取得《电影片公映许可证》为予以监管的唯一标准，且不再区分是参加境内还是境外、涉外还是不涉外等，对于个人提供未取得电影公映许可证的电影参加任何形式的电影节（展），要依据本条第二款的规定予以处罚。此为本法较之之前的规定变化最大的一点，体现了“简政放权”的行政管理体制改革要求。

三、案例与实践

（一）导演娄烨提供未通过电影审查的电影《颐和园》参展第59届法国戛纳电影节行政处罚案

娄烨导演的电影《颐和园》摄制完成后始终未能通过国务院电影行政主管部门的审查，导演娄烨将该片以个人名义送到戛纳参赛，戛纳时间2006年5月18日，《颐和园》在戛纳展映，并作为中国内地唯一影片入选第59届戛纳电影节竞赛单元。2006年9月1日，国家广电总局电影局正式宣布了依据《电影管理条例》对《颐和园》导演娄烨的行政处罚决定，并公布该片导演娄烨、制片人耐安五年内不得拍片。

个人参展境内、外电影节（展）在业界并不鲜见，本法实施之前的《电影管理条例》规定了电影审查和提供电影片参展境外电影节（展）的审批制度，并确定了具体的罚则，同时也做出了从业禁止的规定。上述案例即是按照《电影管理条例》的规定作出的行政处罚，是近年来因违规送展电影参加境内外电影节（展）受到处罚的较有影响的案例之一。《电影产业促进法》实施后，提供电影参加电影节（展）的合法与否，无论是境外还是境内举办的电影节（展），且无论是在境内举办的涉外或是没有涉外因素的电影节（展），均以是否取得《电影片公映许可证》为唯一标准，而不再采用之前的参展境外电影节（展）的审批制度。

（二）本条规定在实践中应注意的问题

1. 对提供未取得电影公映许可证参加电影节（展）的违法行为处罚中，应注意个人与法人、其他组织适用本法不同条款的问题。

本条以及本法第四十九条都有关于提供未取得电影公映许可证参加电影节（展）的违法行为进行行政处罚的规定，本条第二款非常明确地指出个人提供未取得电影公映许可证参加电影节（展）的适用条件，而本法第四十九条所表述的提供未取得电影公映许可证参加电影节（展）的主体虽未明示但显然指向法人或其他组织。因此，在对此类违法行为进行处罚的具体适用时，对于个人，应当按照“特别法（款）优于一般法（款）”的法律原则处理，适用本条二款规定予以处罚；而对于法人、其他组织，则应根据本法第四十九条的规定予以处罚。两者的处罚种类和幅度不尽相同。

2. 对于个人送展已经取得电影公映许可证后变更电影内容但未依照规定重新取得电影公映许可证的电影，应当视为提供未取得电影公映许可证的电影参加电影节（展），依照本条第二款规定予以行政处罚。

本法第四十九条对于已经取得电影公映许可证后变更电影内容，未依照规定重新取得电影公映许可证擅自发行、放映、送展的，视同未取得电影公映许可证擅自发行、放映、送展而实施同等处罚，四十九条并未有主体的准确界定；本条第二款规定了个人提供未取得电影公映许可证的电影参加电影节（展）予以行政处罚的规定，但并未表述个人送展已经取得电影公映许可证后变更电影内容但未依照规定重新取得电影公映许可证的电影，视同个人送展未取得电影公映学科正的电影参加电影节（展）。实践中容易产生困惑，即出现上述情形时，究竟是依据本条第二款实施处罚，还是适用第四十九条予以处罚，毕竟两者的处罚种类和幅度是不同的。我们认为，从本法对未取得电影公映许可证和已取得电影公映许可证但变更电影内容的行为归类以及管制、处罚措施的一致性角度以及本法将个人违规送展的处罚有别于法人和其他组织违规送展的处罚方法上看，个人送展虽已取得电影公映许可证但变更电影内容的电影参加电影节（展）的，应当视同“个人提供未取得电影公映许可证的电影参加电影节（展）”，按照本条第二款规定处罚，四十九条规定的虽已取得电影公映许可证但变更电影内容送展的适用条件，只能适用于法人或其他组织。此种问题的出现，以及本条第二款与本法第四十九条的冲突等问题，是本法的立法缺陷，在日后的法规、规章的修订和制定中加以解决为宜。

第五十三条

【从业禁止】

法人、其他组织或者个体工商户因违反本法规定被吊销许可证的，自吊销许可证之日起五年内不得从事该项业务活动；其法定代表人或者主要负责人自吊销许可证之日起五年内不得担任从事电影活动的法人、其他组织的法定代表人或者主要负责人。

一、基本含义

本条是关于因违反本法规定受到吊销许可证处罚的主体以及相关人员从业禁止义务的规定。

（一）从业禁止的概念以及属性

从业禁止是指国家司法或行政机关依据法律规范对违法当事人决定其在一定期限或终身不得从事某项活动、职业或职务的措施，或者违法当事人依据法律规范所负有的在一定期限或终身不得从事某项活动、职业或职务的义务。

从业禁止规定并非本法所独有，《中华人民共和国刑法》《中华人民共和国证券法》《中华人民共和国律师法》《中华人民共和国安全生产法》《中华人民共和国道路交通安全法》等几十部刑事、行政法律文件中都有关于从业禁止的规定。从业禁止也并非本法在电影管理领域的新创，本法实施之前的《电影管理条例》就有明确的从业禁止内容。需要说明的是，司法、行政机关作出从业禁止的决定，或者依据从业禁止规定进行行政许可等具体行政行为时，必须有明确的法律依据，否则不得作出。

《中华人民共和国刑法》明确规定了刑罚的种类，并未将从业禁止纳入刑罚的范畴，且刑法对从业禁止的限制期限明确规定为从刑罚执行完毕之日起计算，故在刑法领域从业禁止仅为非刑罚处分措施，是刑法对法律后果的完善，此观点已获得普遍的认同。但是，在行政管理领域的从业禁止，是否属于行政处罚，无论在理论界还是实务界都存在激烈的争议，主张从业禁止属于行政处罚的理由主要为，从业禁止完全符合行政处罚的法律特征，[①]即体现对违法者的法律制裁；持反对观点的理由则五花八门，其中最为鲜明的意见就是比照刑法中从业禁止并非刑罚的观点。

我们认为，包括本法在内的行政法律规范所规定的从业禁止是否属于从政处罚不能一概而论，它分为两种情形。

其一，如果行政法律规范明确规定需要行政机关对特定的违法者做出从业禁止的具体决定时，该从业禁止体现了对违法者的法律制裁，应当属于行政处罚，违法者违反该等限令或禁令的，属于不履行行政机关具体行政行为所设定的义务，或者是拒不执行行政处罚决定，可以采用行政处罚的执行措施保障违法者该等义务的履行，此类从业禁止的决定需要行政机关根据法律规定予以衡量是否施行，本法第五十二条所规定的从业禁止内容即属于此种情况。

其二，如果行政法律规范仅将从业禁止确定为特定违法者的不作为义务，则不属于行政处罚，违反该项特定不作为义务的当事人系违反了抽象行政行为（制定法律、法规、规章或规章以下规范性文件的活动）所设定的义务（法定或规定义务），行政机关可以依此拒绝该类当事人的从事某项活动、职业或职务的申请或撤销相关申请，或依照从业的事实以此认定构成一个独立的、新的违法行为而予以法律制裁。目前，我国行政法律规范所的规定的从业禁止大部分属于此种情况，例如《中

① 参见胡建淼：《行政法学》（第四版），法律出版社2015年版，第252页。

华人民共和国律师法》规定，因故意犯罪受过刑事处罚的，或被开除公职的人员不予颁发律师执业证书，此种情况下的从业禁止不具备任何行政处罚的特征。本条所规定的从业禁止即属于此类，尤其是本条后段关于禁止受到吊销许可证处罚的法人、其他组织的法定代表人或者主要负责人从事特定职务的规定，相关法定代表人或主要负责人本身并非违法行为的主体，并非被处罚的对象，根本无法将此从业禁止内容归入到行政处罚当中。

我们在本释义中之所以去着重探讨从业禁止是否属于行政处罚，是因为对从业禁止性质的界定，对本法中从业禁止规定如何去正确地适用和执行具有重要的意义，例如，电影主管部门在做出本条规定所涉及的吊销许可证的行政处罚决定时，是否应将从业禁止内容列入行政处罚决定中。

有关从业禁止的规定，如何准确、有效地适用、执行，目前立法并不完善，需要不断经验积累以及执法联动体系的建立和完善。当前电影行政管理领域的从业禁止规定的执行，更需要完善电影管理的信用档案制度和信息披露制度，加强与工商登记主管部门的信息联动，更好地推动相关制度的执行。

（二）本条规定的从业禁止义务的主体与内容

本条规定分为前后两部分，前半部分是关于义务主体在禁期内不得从事相关业务的规定；后半部分是关于义务主体在禁期内不得从事相关职务的规定。

1. 因违法本法规定被吊销许可证的法人、其他组织、个体工商户，五年内不得从事该项业务。

本法第四十八条、第十九条、五十一条、五十四条均规定了吊销许可证的处罚。本条规定所指的许可证，仅指本法规定的《电影片公映许可证》《电影发行经营许可证》《电影放映经营许可证》，不能做行政许可证件的扩大解释。

根据本条规定，被处以吊销许可证处罚的法人、其他组织、个体工商户，自被吊销许可证之日起五年内不得从事该项业务活动，即被吊销的许可证所对应的电影摄制、发行或放映等业务。

2.因违法本法规定被吊销许可证的法人、其他组织的法定代表人或者主要负责人，五年内不得担任从事电影活动的法人、其他组织的法定代表人或者主要负责人。

法定代表人系代表法人从事各项活动的负责人，其在职务范围内的行为代表该法人，一般以工商、民政等行政主管部门登记为准，依法不需要办理登记的法人，以其正职负责人为法定代表人。

主要负责人系代表其他组织从事各项活动的人员，其在职务范围内的行为效力与上述法人的法定代表人基本相同。自1992年开始实施的《最高人民法院关于适用〈中华人民共和国民事诉讼法〉若干问题的意见》（已废止）就其他组织的诉讼代表人规定，“不具备法人资格的其他组织，以其主要负责人为代表人”，这是“主要负责人”称谓的渊源之一，目前有效的关于民事诉讼法的司法解释仍在沿用该项规定和称谓。由于其他组织包括多种类型的组织形式，其主要负责人的具体称谓也各不相同，比如个人独资企业的投资人或受托管理人、合伙企业的执行事务合伙人、企业法人分支机构的负责人、不具备法人资格的专业服务机构的负责人、境外企业驻华代表机构的代表等，其他组织的主要负责人一般以行政主管部门的登记为准。

这里需要说明的是，法人的法定代表人为一人，但其他组织的主要负责人可以是一人或数人（如合伙企业执行事务合伙人可以为多人）。

因违法本法规定被吊销许可证的法人的法定代表人，五年内不得担任从事电影活动的法人的法定代表人或者其他组织的主要负责人，既包括被吊销许可证但仍继续从事其他电影活动的本法人单位的法定代表人，也包括其他从事电影活动的法人的法定代表人或其他组织的主要负责人。

因违法本法规定被吊销许可证的其他组织的主要负责人，五年内不得担任从事电影活动的法人的法定代表人或者其他组织的主要负责人，既包括被吊销许可证但仍继续从事其他电影活动的本“其他组织”的主要负责人，也包括其他从事电影活动的法人的法定代表人或其他组织的主要负责人。

二、立法目的和背景

吊销许可证是一种较为严厉的行政处罚种类，其直接剥夺了从业主体从事某项活动的资格，往往适用于较为严重的违法行为或较为严重的违法情节，例如本法第五十一条关于电影发行企业、电影院等有制造虚假交易、虚报瞒报销售收入的罚则当中就有“情节特别严重的，由原发证机关吊销许可证”的规定。

被吊销许可证的法人、其他组织及其法定代表人、主要负责人，以及被吊销许可证的个体工商户，较其他主体存在着再犯的更大隐患，因此，从业禁止规定本质上是在风险社会背景下预防再犯的管控方法，本法关于从业禁止的规定，有利于更好地维护电影管理秩序，警示从业者合法合规经营、预防违法者再犯。

本法实施前的《电影管理条例》已有从业禁止的规定，但其设定并不科学，该条例第六十四条第一款规定了单位被吊销许可证的，其法定代表人或者主要负责人自吊销许可证之日起五年内不得担任电影片的制片、进口、出口、发行和放映单位的法定代表人和主要负责人，该款仅规定了开展电影业务的单位的法定代表人和主要负责人的从业禁止，对于单位的从业禁止并未作出相应规定，显然范围过窄；该条第二款规定了个人未经批准擅自从事电影相关活动的，五年内不得从事相关业务，此款规定又显得过宽。本法对该等问题加以科学的解决，增加了被吊销许可证的法人、其他组织五年内不得从事“该项业务活动”的规定，并呼应本法关于个体工商户可以从事电影放映业务活动的规定，将个体工商户的从业禁止也予以明确规定。同时，本条规定扩大了被吊销许可证的法人、其他组织的法定代表人、主要负责人从业禁止的范围，采用了不得任职从事电影活动的法人、其他组织的法定代表人、主要负责人的表述。

三、案例与实践

本条内容较之本法实施前的《电影管理条例》相关内容而言有较大的变动，其中变化之一就是增加了电影活动从业主体个体工商户的从业禁止义务。由于个体工商户是依法登记从事工商业经营的自然人，其在法律主体本质方面仍然归属自然人，故在适用本条规定时涉及个体工商户的，我们认为应当注意下列内容的理解：

其一，个体工商户因违反本法规定被吊销许可证的，其自被吊销许可证之日起五年内不得从事该项业务活动，此处的个体工商户应指向自然人经营者，不能将其理解为在工商登记主管部门登记的字号（如登记）。这也就意味着，承担该等从业禁止义务的自然人经营者，不得在禁期内从事该项业务活动，无论其是否更改字号重新登记，还是另换他地进行经营。

其二，由于个体工商户的自然人法律主体属性，并不存在法定代表人和主要负责人的问题，本条在前半部分规定法人、其他组织、个体工商户从业禁止内容后，在后半部分顺势列明“其法定代表人或者主要负责人”的从业禁止义务，“其”的用词包含了个体工商户，“法定代表人或者主要负责人”又排斥了个体工商户，必然导致本条后半部分内容理解和适用上的分歧。我们认为，个体工商户被吊销许可证后，该个体工商户的经营者担任从事电影活动的法人、其他组织的主要负责人的可能性必然存在，如果将个体工商户经营者排除在本条后半部分适用范围之外，将严重背离本条规定的预防再犯、加强管控的立法意图，因此，本条后半部分内容应当包括：被吊销许可证的个体工商户经营者自吊销许可证之日起五年内不得担任从事电影活动的法人、其他组织的法定代表人或主要负责人。

第五十四条

【其他行政处罚】

有下列情形之一的，依照有关法律、行政法规及国家有关规定予以处罚：

（一）违反国家有关规定，擅自将未取得电影公映许可证的电影制作为音像制品的；

（二）违反国家有关规定，擅自通过互联网、电信网、广播电视网等信息网络传播未取得电影公映许可证的电影的；

（三）以虚报、冒领等手段骗取农村电影公益放映补贴资金的；

（四）侵犯与电影有关的知识产权的；

（五）未依法接收、收集、整理、保管、移交电影档案的。

电影院有前款第四项规定行为，情节严重的，由原发证机关吊销许可证。

一、基本含义

本条是关于与电影行政管理有关的其他违法行为处罚依据的引述性原则规定。

职权法定是行政法的基本原则，它的基本含义是行政机关及其工作人员的行政权力必须有法律规范的明确授权，越权即构成违法。处罚法定是职权法定原则在行政处罚领域的具体适用，它要求行政机关及其工作人员在实施行政处罚时，必须有法定的依据、由有权实施行政处罚的主体实施以及遵守法定程序等。本条列举的五类违法行为均与电影行政管理有关，但对有些违法行为的处罚属于其他行政主管部门的职权，故应由享有法定职权的行政机关依据其他相应的法律规范实施行政处罚；对有些违法行为的处罚虽然仍属于电影行政主管部门的职权，但本法并未明确规定罚则，相关罚则规定在本法以外的其他法律文件当中。故本条规定，对所列举的五类违法行为，依照有关法律、行政法规及国家有关规定予以处罚，此处的国家规定主要是指部委规章。

（一）违反国家有关规定，擅自将未取得电影公映许可证的电影制作为音像制品的

本法第二十一条二款规定，未取得电影公映许可证的电影，不得制作为音像制品。违法行为人行擅自将未取得电影公映许可证的电影制作为音像制品，应当按照《音像制品管理条例》和《音像制品制作管理规定》的规定，由出版行政主管部门、工商行政管理部门予以处罚。

（二）违反国家有关规定，擅自通过互联网、电信网、广播电视网等信息网络传播未取得电影公映许可证的电影的

本法第二十一条第二款规定，未取得电影公映许可证的电影，不得通过互联网、电信网、广播电视网等信息网络进行传播。违法行为人擅自将未取得电影公映许可证的电影通过互联网、电信网、广播电视网等信息网络进行传播的，应当按照《广播电视管理条例》《互联网视听节目服务管理规定》及其他有关电信管理和互联网管理的法律、行政法规的规定，由广播电影电视行政主管部门、电信主管部门予以处罚。

（三）以虚报、冒领等手段骗取农村电影公益放映补贴资金的

本法第二十七条规定，县级以上人民政府应当将农村电影公益放映纳入农村公共文化服务体系建设，按照国家有关规定对农村电影公益放映活动给予补贴。从事农村电影公益放映活动的，不得以虚报、冒领等手段骗取农村电影公益放映补贴资金。

所谓“虚报”是指通过公开招标确定的国有、集体、民营、个体等农村电影放映主体未按照《农村电影公益放映场次补贴专项资金管理办法》的规定在农村行政村开展公益电影放映活动或者超出实际场次而骗取农村电影公益放映补贴资金的行为；所谓“冒领”是指非通过招标确定为农村公益电影放映主体的单位或个人冒充以招标确定的农村公益电影放映主体的名义，骗取农村电影公益放映补贴资金的行为。

以虚报、冒领等手段骗取农村电影公益放映补贴资金的，应由电影主管部门、财政部门依据《农村电影公益放映场次补贴专项资金管理办法》的规定予以处理，除应当追回冒领款项外，还应当取消相关单位和个人从事农村电影公益放映的资格，情节严重的将依法追究有关责任人的法律责任。

（四）侵犯与电影有关的知识产权的

本法第七条规定，与电影有关的知识产权受法律保护，任何组织和个人不得侵犯。县级以上人民政府负责知识产权执法的部门应当采取措施，保护与电影有关的知识产权，依法查处侵犯与电影有关的知识产权的行为。

与电影有关的知识产权以著作权（版权）为核心，违法行为人侵犯与电影有关的知识产权的，应当由知识产权执法部门依照《中华人民共和国著作权法》《中华人民共和国著作权法实施条例》等规定予以行政处罚。当然，与电影有关的知识产权不排除商标权、专利权等，在此特别说明。

本条在第二款特别规定，电影院有侵犯与电影有关的知识产权行为（如电影院放映盗版电影，自行或协助、准许他人非法对正在放映的电影进行录音录像），情节严重的，原发证电影主管部门应当依法作出吊销许可证（《电影放映经营许可证》）的处罚，该项处罚不影响知识产权执法部门依照知识产权管理法律规范实施行政处罚。

（五）未依法接收、收集、整理、保管、移交电影档案的

本法第二十三条规定，国家设立的电影档案机构依法接收、收集、整理、保管并向社会开放电影档案。摄制电影的法人、其他组织依照《中华人民共和国档案法》的规定，做好电影档案保管工作，并向国家设立的电影档案机构移交、捐赠、寄存电影档案。

国家设立的电影档案机构（如中国电影资料馆）以及摄制电影的法人、其他组织未依照《中华人民共和国档案法》《中华人民共和国档案法实施办法》《电影艺术档案管理规定》接收、收集、整理、保管、移交电影档案的，应当依照上述法律文件的规定对违法主体予以处罚。

二、立法目的和背景

本条明文列举了与电影管理有关的其他违法行为，并引述依照有关法律、行政法规及国家规定予以处罚，既体现了本法对所列举违法行为的否定态度，又节约了立法资源，保证本法与其他法律文件的统一，充分体现了本法体例设置的科学性。

同时，本条通过将与电影管理有关，又属于其他行政主管部门职权范围的行政处罚所针对的违法行为逐一列举，更加明确了电影管理秩序保护的法律体系以及行政管理体系。

三、案例与实践

原国家版权局于2013年12月对北京百度网讯科技有限公司侵犯合一信息技术（北京）有限公司信息网络传播权行政处罚案，是较为典型的由知识产权主管部门依据有关法律对侵犯与影视有关的知识产权予以处罚的案例。

合一信息技术（北京）有限公司拥有《小爸爸》《新上海滩》《离爱》《神话》《爱缤纷》《随风而逝》《最难忘的人》《学警雄心》《深白》等多部影视作品的信息网络传播权，原国家版权局根据投诉对北京百度网讯科技有限公司涉嫌侵犯合一信息技术（北京）有限公司的著作权行为进行了立案调查。

原国家版权局经调查认定，北京百度网讯科技有限公司经营的百度影音播放器软件向公众传播上述影视作品且浏览量巨大。百度影音播放器软件页面针对不同类型影视作品做了详尽分类和推荐排行，该播放器搜索功能对《小爸爸》等上述影视作品的搜索结果页面进行了明显的修改、编辑、整理。经现场勘验，通过百度影音播放器搜索《小爸爸》等影视作品的搜索结果中，排名前三位的多为使用百度影音点播系统建站的专门提供盗版影视作品的个人网站。由上述编辑、整理和定向搜索、链接行为可知，北京百度网讯科技有限公司应当知道百度影音播放器软件的搜索行为所链接的作品侵权，具有明显过错。北京百度网讯科技有限公司应当知道在第三方网站存在侵犯合一信息技术（北京）有限公司《小爸爸》等影视作品信息网络传播权的情形下，仍通过该公司经营的百度影音播放器搜索进行设链，已构成侵权，且侵权行为持续时间长、社会影响大，损害了公共利益，依法应当予以处罚。原国家版权局于2013年12月27日对北京百度网讯科技有限公司作出了国版字〔2013〕16号《著作权行政处罚决定书》，责令北京百度网讯科技有限公司立即停止通过信息网络传播侵权作品，并处以人民币二十五万元罚款。

第五十五条

【行政处分】

县级以上人民政府电影主管部门或者其他有关部门的工作人员有下列情形之一，尚不构成犯罪的，依法给予处分：

（一）利用职务上的便利收受他人财物或者其他好处的；

（二）违反本法规定进行审批活动的；

（三）不履行监督职责的；

（四）发现违法行为不予查处的；

（五）贪污、挪用、截留、克扣农村电影公益放映补贴资金或者相关专项资金、基金的；

（六）其他违反本法规定滥用职权、玩忽职守、徇私舞弊的情形。

一、基本含义

本条是关于行政机关公务员处分的规定。

行政机关公务员处分，通常称为行政处分，是国家行政机关对所属公务员违反法律、法规、规章以及行政机关的决定和命令（违法违纪行为）所实施的法律制裁。行政处分是行政机关对内部工作人员的制裁，行政处罚是行政机关对外部管理相对人的制裁，都属于行政制裁的组成部分。

（一）行政处分概述

1. 行政处分与党员纪律处分、事业单位工作人员处分等的区别

行政处分与党员纪律处分、事业单位工作人员处分以及国有企业工作人员处分等，都体现对内部人员或所属人员的惩戒、制裁，根本区别在于作出处分决定、受到处分决定的主体的范围不同。行政处分是行政机关对所属公务员违法违纪行为的制裁，其法律依据主要是《中华人民共和国公务员法》《行政机关公务员处分条例》；党员纪律处分是中国共产党各级组织对违反党纪的党组织和党员给予的制裁，其主要依据是《中国共产党纪律处分条例》等党内部制定的规范文件；事业单位工作人员处分是事业单位对所属的违法违纪的工作人员实施的制裁，其主要依据为《事业单位工作人员处分暂行规定》。

行政处分概念有广义和狭义之分，狭义上仅指行政机关公务员处分，本条释义即采用狭义上的理解；广义上泛指组织对其内部人员的惩戒或制裁，故对事业单位工作人员处分，乃至企业或其他类型的组织对其工作人员的违法违纪行为的内部惩戒，习惯称为“行政处分”。

2. 行政处分的实施机关和受制裁的对象

根据《行政机关公务员处分条例》的规定，对行政机关公务员处分由公务员的任免机关或者行政监察机关按照管理权限决定，行政处分的对象主要为行政机关公务员，对法律、法规授权的具有公共事务管理职能的事业单位中经批准参照《中华人民共和国公务员法》管理的工作人员给予处分，参照《行政机关公务员处分条例》的有关规定办理。

3. 行政处分的种类

行政处分分为警告、记过、记大过、降级、撤职、开除六个种类。

4. 对行政处分不服的救济途径

受到行政处分的公务员对行政处分决定不服的，可依照《中华人民共和国公务员法》和《中华人民共和国行政监察法》的有关规定申请复核或者申诉，申请复核

或者申诉是行政机关内部的救济途径，与受到行政处罚的相对人通过行政复议或行政诉讼方式予以救济有着本质的区别。

5. 行政处分与刑事制裁的关系

以往对行政处分的界定，习惯称其为对违法但尚不构成犯罪的公务员的制裁，此种提法并不科学，并未完全反映行政处分与刑罚的衔接和处理关系。两者的关系具体为：

其一，公务员的违法违纪行为涉嫌犯罪的，应当依法移送司法机关追究刑事责任，不能以行政处分代替刑罚。

其二，对司法机关决定撤销案件或决定不起诉，或构成犯罪但判决免于刑事处罚的，行政机关对于确有违法违纪行为应受行政处分的公务员，应当给予行政处分。

其三，被判处刑罚的公务员，行政机关应在法律、行政法规明确规定的情况下给予处分。例如《行政机关公务员处分条例》第十七条第二款规定，行政机关公务员依法被判处刑罚的，给予开除处分。从此点来看，本条所表述的“尚不构成犯罪的，依法给予处分”的内容并不严谨、科学。

（二）本条规定的应受行政处分的对象和行为

本条在应受行政处分对象上，采用了“县级以上人民政府电影主管部门或者其他有关部门的工作人员”的表述，涵盖范围较广，不仅包括县级以上人民政府电影主管部门的公务员，还包括本法提及或电影行政管理涉及的工商、教育、档案管理、互联网行政管理、知识产权行政管理等部门的公务员。

本条在应受行政处分的违法违纪行为表述上，采用了明文列举的方式，具体内容为：

1. 利用职务上的便利收受他人财物或者其他好处的

是指利用职务权力和地位所形成的主管、管理、经手电影行政管理以及相关业务活动的便利收受他人财物、好处或者变相收受他人财物、好处的行为，其性质为受贿行为。

2.违反本法的规定进行审批活动的

是指具体履行审批职责的人员未按照法律规范规定的条件和程序对当事人的申请事项进行审批，其行为表现主要为对于符合取得行政许可的申请不予批准，或不符合取得行政许可的申请予以准许，以及在行政审批活动中违反法定程序等，该项行为体现的是违法作为。

3.不履行监督职责的

是指具体履行监督职责的人员，违反本法或者相关法律、行政法规或者国家有关规定的职务要求而不履行应有的职责，既有主观故意不履行，也包括因玩忽职守未能履行。

4.发现违法行为不予查处的

是指负有查处违法行为职责的人员，发现违法行为后拒绝履行职责对违法行为予以查处，这是一种主观故意不履行职责的行为。本项内容与上述的“不履行监督职责”均体现的是消极不作为。

5.贪污、挪用、截留、克扣农村电影公益放映补贴资金或者相关专项资金、基金的

贪污是指利用职务上的便利，侵吞、窃取、骗取或者以其他手段非法占有相关资金归个人所有的行为；挪用是指利用职务上的便利，挪用相关资金归个人使用的行为；截留、克扣是指擅自将相关资金挪作他用或非法扣减，违规不予发放的行为，截留、克扣行为虽未将相关资金占有已有或个人使用，但侵害了相关权益方的应得权益，损害了国家设立相关资金使用的功能，违反了国家相关鼓励、支持的规定。

6.其他违反本法规定滥用职权、玩忽职守、徇私舞弊的情形

除本条所列举的前五项违法违纪行为以外，对于其他违反本法规定滥用职权、玩忽职守、徇私舞弊的情形，应当依据本条规定予以处理，此为兜底式的表述方式。

应当说明的是，县级以上人民政府电影主管部门或者其他有关部门的工作人员违法违纪行为应予以行政处分的行为表现并非仅限于本条规定的内容，本条着重列举了较为严重的、对电影行政管理秩序破坏性较大的违法违纪行为表现。

二、立法目的和背景

行政机关公务员是行政法律规范的具体执行者，其是否正确履行职责、行使职权，对于法律规范的正确实施、维护相应的行政管理秩序，乃至树立和维护人民政府的形象，具有至关重要的作用。

对于行政机关公务员违法违纪行为的处理，我国的相应立法已较完善，《中华人民共和国公务员法》《中华人民共和国行政监察法》以及配套的行政法规、规章均有较为详尽、科学的设定。本条所列举的违法违纪行为，是当前严重阻碍电影管理领域依法行政的诟病所在，本条通过列举的方式重点阐述了几类违法违纪行为，意在表明对于与电影行政管理有关的贪污、挪用、受贿、滥用职权、玩忽职守、徇私舞弊等行为的重视和坚决否定，起到对有关部门工作人员警示的作用。

三、案例与实践

本条释义内容是完全站在行政机关公务员处分的角度加以阐述的，这是因为，本条内容的适用对象范围基本上是电影主管部门以及与电影管理有关的其他行政主管部门的公务员，但并不排除其他非公务员身份人员的适用，在本条内容的理解和实际适用上，应做扩大解释并注意所依据法律规范文件的区别，具体为：

第一，适用对象范围不仅包括行政机关公务员，还应包括法律、法规授权的具有公共事务管理职能的组织、国家机关依法依照法律、法规或者规章的明确规定委托依法委托从事公共事务管理活动的组织。本条所使用的的“有关部门”应做广义上的理解。

第二，对于行政机关公务员的处分，应当依据《中华人民共和国公务员法》《行政机关公务员处分条例》的规定处理；对于对法律、法规授权的具有公共事务管理职能的组织中经批准参照《中华人民共和国公务员法》管理的工作人员给予处分的，参照《中华人民共和国公务员法》《行政机关公务员处分条例》的规定处理；对于法律、法规授权的具有公共事务管理职能的组织中不参照《中华人民共和国公务员法》管理的工作人员以及国家行政机关依法委托从事公共事务管理活动的组织中的工作人员给予处分，则应依据《事业单位工作人员处分暂行规定》以及人员身份所对应的处分规定予以处理。

第五十六条

【民事责任、刑事责任】

违反本法规定，造成人身、财产损害的，依法承担民事责任；构成犯罪的，依法追究刑事责任。

因违反本法规定二年内受到二次以上行政处罚，又有依照本法规定应当处罚的违法行为的，从重处罚。

一、基本含义

本条分上下两款，第一款是关于违反本法规定应当承担民事责任、刑事责任的原则性规定；第二款是关于行政责任中从重处罚的规定。

本条第一款涉及法律责任竞合的问题。竞合有“竞相符合”的语义，法律责任竞合是指同一法律主体的同一违法行为，分别违反了不同的法律规范，或者说符合不同法律责任的构成要件，从而导致了不同法律责任间的冲突。它既可以发生在不同的法律部门之间，如民事责任、行政责任和刑事责任等之间的竞合，也可能发生在同一部门法之间，比如民事责任中侵权责任和违约责任的竞合、行政责任中不同行政管理领域的责任竞合等。之所以会发生法律责任的竞合，是因为不同的法律规范从不同角度对社会关系加以调整，而由于法律规范的抽象性以及法律关系的复杂性，不同的法律规范在调整社会关系时可能会产生一定的重合，使得一个行为同时触犯了不同的法律规范，面临数种法律责任，从而引起法律责任的竞合问题。本法尤其是本条所涉及的仅是发生在不同部门法之间法律责任竞合问题，即行政责任与民事责任、刑事责任的竞合问题。

（一）违反本法规定的民事责任

本法大部分内容是行政法律规范，违反本法规定的行为当事人应当承担行政责任，此点清晰明确。但是，行为人的违法行为还可能同时侵害他人的人身、财产权益，构成民事违法行为需承担民事责任，比如侵犯他人知识产权的违法行为，不仅侵害了行政管理秩序，也是对知识产权权利人合法民事权益的侵害。

对于民事责任与行政责任竞合问题的解决，由于两个不同的部门法所调整的社会关系的性质完全不同，两种法律责任的性质完全相异，一个是行政机关给予违法者予以制裁，一个是违法者向受害者承担民事责赔偿任，两者在责任的具体承担上实质并无冲突，应分别实施，既不能因承担行政责任而免除其民事责任，也不能因承担民事责任而免除或从轻、减轻行政责任。

根据本条规定，对于违法本法规定造成他人人身、财产损害的，应当依法承担民事责任，该民事责任是指民事法律的侵权责任。承担民事责任的违法当事人，不影响电影主管部门或其他有关部门对其予以行政处罚。

承担民事责任的方式主要有停止侵害、排除妨碍、消除危险、返还财产、恢复原状、修理、重作、更换、赔偿损失、赔偿道歉等。

（二）违反本法规定的刑事责任

由于行政法律规范与刑事法律规范对同一类违法行为所调整的社会关系基本相同，绝大部分只是程度严重与否的问题，故对于同一违法行为的行政责任和刑事责任的处理上，需要遵循下列规则：

其一，违法行为构成犯罪的，必须移送司法机关追究刑事责任，不能以罚代刑。本条规定的“构成犯罪的，依法追究刑事责任”充分展现了此项原则。《中华人民共和国行政处罚法》第七条第二款规定，违法行为构成犯罪，应当依法追究刑事责任，不得以行政处罚代替刑事处罚；第二十二条规定，违法行为构成犯罪的，行政机关必须将案件移送司法机关，依法追究刑事责任。

其二，司法机关决定撤销案件、不起诉或判决不构成犯罪、定罪但免于刑事处罚的，违法行为符合行政处罚条件的，仍应依法予以行政处罚。刑罚是最为严厉的法律制裁措施，虽有违法行为但尚未达到定罪量刑的标准，或因犯罪嫌疑人的犯罪情节轻微、社会危害性不大等情形，司法机关均有权作出不予追究或免于刑事处罚的决定，此类情况下，违法者的行为往往仍然符合行政处罚的条件，此时行政机关必须依照法律规定予以行政处罚，而不能以司法机关的评判结果不去履行职责。

其三，违法行为构成犯罪予以刑罚制裁的同时，行政机关仍应对所采取的刑罚对应的行政处罚种类以外的特定处罚种类作出决定，即通过行政处罚加以补充。刑罚分为管制、拘役、有期徒刑、无期徒刑、死刑等主刑以及罚金、剥夺政治权利、没收财产、驱逐出境等附加刑，刑罚与行政处罚的种类与功能的差异决定了在适用刑罚的同时还需要适用行政处罚以补充刑罚种类之不足，例如本法规定的吊销许可证、吊销营业执照的处罚，刑事制裁并不涉及，如果不通过行政处罚加以补充，将使部分违法行为的制裁出现真空地带，无法切实保护相应的行政管理秩序。

（三）本条规定行政处罚从重情形

本条第二款规定，因违反本法规定两年内受到两次以上行政处罚，又有依照本法规定应当处罚的违法行为的，从重处罚。

二、立法目的和背景

在行政法律规范文件中规范行政责任的同时，作出民事责任、刑事责任的相关规定，能够促进我国的立法体系保持贯通和一致，目前我国绝大部分行政法律文件中均有类似的内容。

值得注意的是，本法实施前的《电影管理条例》中的罚则内容，对不同的违法行为均在各条规定中先确定为依法追究刑事责任，其后表述为尚不够刑事处罚的，由相应行政机关予以处罚。例如《电影管理条例》第五十六条规定，摄制含有本条例第二十五条禁止内容的电影片，或者洗印、进口、发行、放映明知或应知含有本条例第二十五条禁止内容的电影片的，依照刑法有关规定，依法追究刑事责任；尚不够刑事处罚的，由电影行政部门责令停业整顿……此类表述方式反映了《电影管理条例》制定当时的立法技术问题以及参与立法者“重典治理”的思维模式，不仅表达重复繁琐，更与行政法律规范的功能和作用不相宜，也容易造成与刑事法律的冲突。《电影管理条例》中也未有民事责任的相关表述。《电影产业促进法》将民事责任和刑事责任归纳在一起且在本条作出原则性表述，可谓是立法技术成熟的表现。

三、案例与实践

本条第二款内容尤其是关于两年和两次以上的计算问题，容易在实践中被忽视或混淆，结合本条以及《行政处罚法》的规定，本条第二款内容的理解和具体使用上应注意以下方面的把握：

第一，注意之前违法行为和本次违法行为的性质界定问题。本条第二款对此界定非常明确，前后违法行为均属于违法本法规定予以行政处罚的情形。违法行为人虽有其他违法行为受到行政处罚但并非因违反本法规定受到行政处罚的，不在此列。

第二，注意二年和二次以上的界定问题。此处规定的二年应从何时起算，是具体适用中的重要问题，目前并无明确的规定，我们认为，参照《中华人民共和国行政处罚法》的有关违法行为起算的规定以及本条内容的语义，应自新发现的本次违法行为开始之日倒算而非行政机关发现或立案调查之日，更非本次处罚决定之日。此处规定的两次以上包含两次的本数，且前提是受到行政处罚的次数，故次数的确定应以行政机关之前做出行政处罚决定的时间加以衡量。

第五十七条

【行政强制措施】

县级以上人民政府电影主管部门及其工作人员应当严格依照本法规定的处罚种类和幅度，根据违法行为的性质和具体情节行使行政处罚权，具体办法由国务院电影主管部门制定。

县级以上人民政府电影主管部门对有证据证明违反本法规定的行为进行查处时，可以依法查封与违法行为有关的场所、设施或者查封、扣押用于违法行为的财物。

一、基本含义

本条分上下两款，第一款是关于电影主管部门作出行政处罚决定的合法性、适当性要求；第二款是关于电影主管部门行政强制措施的规定。

（一）行政处罚决定应当符合合法性、适当性的原则

合法性、适当性是对包括行政处罚在内的行政机关具体行政行为的要求之一。对于行政机关的羁束行政行为，行政机关对行政法律规范的适用没有灵活性和选择的余地，否则即为违法。对于行政机关的自由裁量行为，行政机关对行政法律规范的适用具有灵活性，行政机关在法定的幅度和范围内享有的一定选择余地的处置权力，即所谓的自由裁量权，在法定幅度和范围内行驶自由裁量权，不存在合法与否

的问题，但却存在适当与否的判断，不适当的具体行政行为，同样对行政管理秩序的维护、相对人合法权益的保护乃至国家行政机关的公信力产生较大的影响，广义上认可归结为违法行为。

本条第一款规定的“应担严格依照本法规定的处罚种类和幅度”，即为羁束性规定，它要求电影主管部门实施行政处罚，只能按照本法规定的处罚种类和幅度实施，既不能擅自增加处罚种类，也不能擅自减少适用处罚种类，且处罚的具体数额、金额等（例如罚款的金额）只能在规定的区间以内，符合合法性要求，否则即为违法行政。例如，对于擅自从事电影摄制、发行、放映活动的处罚，电影主管部门必须采用取缔、没收的处罚种类，对于违法所得在五万元以上的，必须采用罚款的处罚种类，且罚款的金额不得低于违法所得的五倍，不能高于违法所得的十倍。

本条第一款规定的“根据违法行为的性质和具体情节行使处罚权”，即为自由裁量规定，在行政处罚方面，行政机关的自由裁量权往往表现在处罚种类的选择和处罚金额、数额的确定两个方面。例如，对于擅自从事电影摄制、发行、放映活动的，电影主管部门对于没有违法所得或违法所得不足五万元的，可以选择罚款，也可以选择不罚款，此为处罚种类的选择权；选择适用罚款处罚的，可以在二十五万元以下进行选择决定，具体罚款额度为二十五万还是十万或是两万等，都符合罚款数额范围的规定。行政处罚自由裁量权的行使要符合合理性原则，即体现“罚责相适应”，在上述的例子中，对于擅自从事电影摄制、发行、放映活动的当事人没有违法所得的罚款金额以及违法所得虽不足五万元但接近五万元的罚款金额，在具体执行中就应有差别，如果实际中后者的罚款金额反而要低于前者的罚款金额，显然是不合理、不适当的。行政权的行使最终还是要靠其工作人员具体操作、实施，但由于不同的行政机关工作人员对法律的理解能力、职业道德素养、文化水平等各方面的不同，加之受贿、说情、领导干预等社会不良现象的客观存在，难免会影响行政机关自由裁量权行使的合理性、适当性。为规范行政机关自由裁量行为的行使，许多行政机关通过具体量化自由裁量权行使的方式，为正当行使行政自由裁量权提供依据，甚至通过行政法规、行政规章或者上级行政机关规范性文件的方式予以规范。本条第一款对此作出了立法授权，规定具体办法由国务院的电影主管部门制定。

（二）电影主管部门的行政强制措施权

行政强制包括行政强制措施和行政强制执行两大类，其中行政强制措施是指行政机关在行政管理过程中，为制止违法行为、防止证据损毁、避免危害发生、控制危险扩大等情形，依法对公民的人身自由实施暂时性限制，或者对公民、法人或者其他组织的财物实施暂时性控制的行为。《中华人民共和国行政强制法》规定的行政强制措施的种类包括：限制公民人身自由；查封场所、设施或财物；扣押财物；冻结存款、汇款；其他行政强制措施等。

行政强制措施并非行政机关的普遍权力，哪一行政机关拥有采取行政强制措施的权力，可以行使哪一种类的行政强制措施，必须由法律明确设定，否则不得为之，此为“职权法定”的必然要求。本条第二款设定县级以上人民政府电影主管部门在查处违反本法规定的行为时，可以依法查封与违法行为有关的场所、设施或者查封、扣押用于违法行为的财物。

查封场所、设施、财物，是指行政机关对行政相对人经营场所、其所有或使用的设施、财物贴上封条，或者通过登记机关对有权属登记的动产或不动产进行权属转移限制的措施，查封期间禁止行政机关工作人员以外的人进入，或者禁止其继续使用、转移或者处理；扣押财物，是指行政机关为了取证等需要，对行政相对人所有或使用的财物予以扣留，暂时剥夺其占有、使用和处分的强制措施。查封主要针对不可移动的场所、设施或财物，一般封存在原地；扣押主要针对可移动的财物，一般由行政机关自原存放点挪移至行政机关自行保管或指定场所保管。

二、立法目的和背景

《中华人民共和国行政处罚法》早已对实施行政处罚的合法性、适当性做出明确规定，要求行政机关实施行政处罚必须以事实为根据，与违法行为的事实、性质、情节以及社会危害程度相当；没有法定的行政处罚依据，或擅自改变行政处罚种类、幅度的，作出处罚决定的机关以及直接负责的主管人和其他直接责任人员应当承担法律责任。本法作为行业部门性法律，明确在本条规定中提出了行政处罚合法、适当的要求，既体现了对电影主管部门及其工作人员依法行政的重视，也明确了对电影行政主管部门及其工作人员的要求。

本法本着“简政放权”的原则，较原有的电影行政管理体制做出了较大的变化，许多内容需要电影主管部门通过必要的经验积累加以评价和完善，加之本法作为法律层级的文件不可能事无巨细规范行政处罚的具体实施，故本条明确作出由国务院电影主管部门制定具体办法的立法授权。

根据《中华人民共和国行政强制法》的规定，行政强制措施由法律设定，尚未制定上位法律规范文件的，行政法规、地方性法规可以在一定条件下设定一定种类的行政强制措施。电影主管部门在实施行政处罚过程中，如果没有一定的行政强制权，如同“没有牙齿的老虎”，对违法行为不能形成威慑，也不能有效地开展调查取证、制止违法行为、控制危害的扩大。本法实施前，电影主管部门并无法律赋予的行政强制措施权，本次立法以法律条文的形式赋予电影主管部门的行政强制措施权，无疑对促进电影行政主管部门的执法活动，更好地维护电影行政管理秩序具有积极、深远的意义。

三、案例与实践

本法条规定的电影主管部门行政强制措施权，是法律新赋予的一项行政权力，根据《中华人民共和国行政强制法》和本条第二款的规定，电影主管部门在采取行政强制措施时，应当注意下列问题的把握：

第一，电影主管部门只有在对违反本法规定的行为进行查处时，方能行驶行政强制措施权，此处的"查处"是指对违法本法规定行为的调查、收集证据环节，通常以完成案件的内部立案手续为标志。而一般性的行政检查或者其他行政行为，不能随意使用行政强制措施。

第二，电影主管部门只有在有证据证明相对人有违反本法规定的行为时，方能采取行政强制措施，此处的"有证据证明"是指初步的、能够反映相对人确有违法本法规定行为的证据，即"定性证据"，并非足以判断其违法行为的情节、程度、违法所得额等据此作出处罚决定的最终"定案证据"，电影主管部门发现违法线索或接到举报信息等，尚未有证据证明相对人有违反本法规定的行为，不能行使行政强制措施权。

第三，电影主管部门采取查封措施时，查封范围限于与违法行为有关的场所、设施、用于违法行为的财物；采取扣押措施时，扣押范围限于用于违法行为的财物。《行政强制法》第二十三条规定，查封、扣押限于涉案的场所、设施或者财物，不得查封、扣押与违法行为无关的场所、设施或者财物。《行政强制法》对查封、扣押的范围采用了"涉案""与违法行为有关"的较为宽泛的表述，而本条第二款则进一步细化界定了查封、扣押的范围。本条第二款所述的查封范围为"与违法行为有关"，扣押范围为"用于违法行为"，两者意义不同，其中"用于违法行为"是指从事违法行为所直接使用的专用工具、设备设施及物品等，如正在电影院非法录音录像使用的录音机或摄像机、非法转让许可证件的证件文本、放映的盗版电影拷贝等等；"与违法行为有关"是指包括"用于违法行为"在内的涉案场所、设施、财物等，不仅包括直接用于违法行为的财物，还包括违法行为直接结果的财物（违法所得），也包括与调查取证、防止违法行为继续，或者取缔、销毁、没收等处罚内容紧密相关的场所、设施和财物。

第四，电影主管部门采取查封、扣押的行政强制措施，应当严格遵守《行政强制法》规定的方式、步骤、顺序、时限等程序要求，符合该法的各项规定，并及时作出处理决定，根据处理结果分别对查封、扣押的标的物及时没收、销毁或解除。

第五十八条

【行政救济途径】

当事人对县级以上人民政府电影主管部门以及其他有关部门依照本法作出的行政行为不服的，可以依法申请行政复议或者提起行政诉讼。其中，对国务院电影主管部门作出的不准予电影公映的决定不服的，应当先依法申请行政复议，对行政复议决定不服的可以提起行政诉讼。

一、基本含义

本条是关于当事人对电影主管部门以及其他有关部门的行政行为不服的行政救济途径的规定。

行政救济是法律救济的一种，是指公民、法人或其他组织（行政相对人）认为行政主体（包括行政机关和法律、法规、规章授权行使行政权的组织）的行政行为侵害其合法权益，通过有权的国家机关依法审查、纠正，从而恢复或补救其合法权益的法律制度。① 行政救济的途径包括行政复议、行政诉讼、行政赔偿、信访等多种途径，而最为主要的是行政复议和行政诉讼。

行政复议是行政相对人认为行政主体的行政行为侵犯其合法权益，依法向行政复议机关提出复查该行政行为的申请，行政复议机关对被申请的行政行为进行合法性、适当性审查，并作出行政复议决定的法律制度。

行政诉讼是行政相对人认为行政主体的行政行为侵犯其合法权益，依法向法院

① 关于行政救济的概念学界有多种解释，本释义为方便读者对本条内容的理解，采用该表述方法。

提起诉讼，请求对被诉的行政行为进行审查，法院对被诉的行政行为进行审查并做出裁判的法律制度。

（一）行政复议和行政诉讼的审查范围

这里首先要谈到行政行为以及抽象行政行为、具体行政行为分类的问题。作为行政主体，并非所有的活动都是行政行为，行政行为是享有法律赋予的行政权能的组织运用或行使行政权力对行政相对人所做出的法律行为，在此意义上，行政主体采购办公设备、发包建设办公大楼、对内部工作人员的管理等，就不能归入行政行为的范畴。

行政行为按照不同的标准可以进行不同的分类，按照行政相对人是否特定为标准，可分为抽象行政和具体行政行为。抽象行政行为是指行政主体针对不特定行政相对人所做的行政行为，具有向后发生普遍法律效力并可反复使用的特点，在我国又称为“行政规范创制行为”，[①] 包括行政立法（制定行政法规、规章）和制定其他行政规范性文件（行政机关制定除行政法规、规章以外的规范性文件）行为；具体行政行为是指行政主体对特定行政相对人所做的行政行为，包括行政处罚、行政强制、行政许可、行政给付、行政确认等。

根据《行政复议法》和《行政诉讼法》的规定，行政相对人认为具体行政行为侵犯其合法权益，有权向行政机关提出行政复议申请或提起行政诉讼，认为具体行政行为所依据的国务院部门、地方人民政府及其工作各部门的规定（或规范性文件）不合法，在对具体行政行为申请行政复议或提起行政诉讼时，可以一并提出对该规定的审查申请。这就意味着，提起行政复议和行政诉讼的行政行为仅指具体行政行为，只是在认为具体行政行为所依据的“特定其他行政规范性文件”不合法时，可以在对具体行政行为提出行政复议、诉讼时一并提出审查要求，不能单独就任何行政规范性文件提起行政复议或行政诉讼，更不能就行政法规、行政规章、国务院的

① 参见马怀德:《行政法与行政诉讼法（第五版）》，中国法制出版社2015年版，第126页。

规定在就具体行政行为提出行政复议、行政诉讼时一并提出审查要求。总体说来，行政复议、行政诉讼的审查范围，是具体行政行为以及一定范围和条件下的抽象行政行为。正是基于此，2014年11月1日修订的《行政诉讼法》将原有的“具体行政行为”修订为“行政行为”，而《行政复议法》仍在采用“具体行政行为”的概念。

《行政复议法》和《行政诉讼法》都用专门条款列举了可提起行政复议和行政诉讼的具体行政行为种类。当前我国行政复议或行政诉讼具体案件中，以对行政处罚、行政强制、行政许可不服提起申请的较为多见。

本条规定，当事人对县级以上人民政府电影主管部门以及其他有关部门依照本法作出的行政行为不服的，可以依法申请行政复议或者提起行政诉讼，我们认为，此处的“行政行为”仍可理解为具体行政行为。本条虽在“行政行为”之前冠以“依照本法作出的”的内容，但并不排斥电影行政管理的相对人对电影行政主管部门其他具体行政行为申请行政救济的权利，对此不能误读。

（二）行政相对人对行政复议和行政诉讼两种途径的选择、衔接问题

行政相对人对于行政复议和行政诉讼途径的选择适用上，应当根据《行政复议法》《行政诉讼法》及其他法律、法规的规定予以确定。在申请行政复议和提起行政诉讼的选择、关系衔接上存在下列几种类型：

第一，可申请行政复议，对复议决定不服再提起行政诉讼，或不经行政复议直接提起行政诉讼。

行政相对人认为行政主体的行政行为侵犯其合法权益，可以自知道或应当知道该行政行为之日起六十日内（法律规定的申请期限超过六十日的，依其规定）提出行政复议申请，对复议决定不服或复议机关逾期不作决定的，可以自收到复议决定或复议期满之日起十五日内提起行政诉讼；行政相对人也可以自知道或者应当知道作出行政行为之日起六个月内直接提出行政诉讼。应当注意的是，行政相对人一旦选择申请行政复议且行政复议机关已经受理的，在行政复议期间暂不能提起行政诉

讼，只有在复议决定作出后或者复议期满行政复议机关未作出决定的，方能提起行政诉讼；行政相对人一旦选择了行政诉讼，即意味着放弃了申请行政复议权，不得再提出行政复议申请。

需要特别强调的是，如果对国务院部门或者省级人民政府的行政行为不服的，行政相对人可以选择向作出该具体行政行为的国务院部门或者省级人民政府（本部门或本机构）申请行政复议，也可以向国务院部门或者省级人民政府所在地的中级人民法院提起行政诉讼。对行政复议决定不服的，相对人仍有继续选择权，即可以向上述的中级人民法院提起行政诉讼，也可以向国务院申请裁决，一旦选择了申请国务院裁决，国务院的裁决为最终裁决，不得再提起行政诉讼。

上述行政复议和行政诉讼的途径选择、衔接，是我国行政救济途径选择规定中较为普遍的方式，包括“复议前置”在内的其他情形均属例外。

在电影行政管理领域，除对国务院电影主管部门作出的不准予电影公映的决定不服必须复议前置外，其他均属此种情形，具体为：

1. 当事人对电影主管部门的具体行政行为不服，可以自知道或应当知道具体行政行为之日起日起六十日内提出行政复议申请，或在六个月内直接提起行政诉讼。选择了直接提起行政诉讼，不再具有申请行政复议权。

2. 对复议决定不服或复议机关逾期不作决定的，可以自收到复议决定或复议期满之日起十五日内提起行政诉讼。但是对于国务院电影主管部门作出的具体行政行为不服选择向该机关提起行政复议的，对复议决定不服可以选择提起行政诉讼，也可以选择申请国务院裁决，国务院裁决为最终裁决，不得再提起行政诉讼。

第二，复议前置。

复议前置是指行政相对人对行政主体的具体行政行为不服，应当先向行政复议机关申请行政复议，而不能直接向人民法院提起行政诉讼，对复议决定不服或复议机关逾期不做决定的，方能提起行政诉讼的法律制度。复议前置必须有法律的明确规定。

根据本条规定并结合《行政复议法》的规定，对国务院电影主管部门作出的不准予电影公映的决定不服的，应当先向国务院电影主管部门依法申请行政复议，对行政复议决定不服的，可以向中级人民法院提起行政诉讼，也可以申请国务院作出最终裁决。

除上述两类情形外，在行政救济途径选择和衔接上还存在只能复议、不得诉讼，以及可选择复议或诉讼但复议决定为终局决定等其他个别的情况，例如《行政复议法》第三十条、《出境入境管理法》第十五条的规定，因与电影行政管理并无直接关联，这里不再赘述。

（三）对电影主管部门申请行政复议的复议机关以及行政诉讼的受理法院

结合《行政复议法》的规定，对县级以上人民政府电影主管部门的行政行为不服，行政复议机关为该部门的本级人民政府或上一级电影主管部门，但对国务院电影主管部门的行政行为不服，行政复议机关为本部门。

根据《行政诉讼法》的规定，对作出具体行政行为的电影主管部门直接提起诉讼的，由电影主管部门所在地的基层人民法院管辖；对经过行政复议的案件提起行政诉讼的，可由作出行政行为的电影主管部门所在地基层人民法院管辖，也可由复议机关所在地基层人民法院管辖。但是，对国务院电影主管部门的行政行为直接提起诉讼，或是对该部门的行政行为的行政复议决定不服提起诉讼的，由其所在地的中级人民法院管辖（目前为北京市第一中级人民法院）。

二、立法目的和背景

行政复议与行政诉讼是我国法律救济的重要途径，它对于解决行政争议，维护公民、法人和其他组织的合法权益，监督和纠正行政主体的违法、不当行为，保障法律的实施具有重要的、不可替代的意义。本法在法律责任一章中通过专门条款规定当事人对电影主管部门及其他有关部门的行政行为不服的行政救济途径，完善了本法的立法结构和体系。

2014年11月1日修订的《行政诉讼法》将原有的“具体行政行为”修订为“行政行为”，是一个立法思维上的重大变化，体现了立法机关就行政诉讼审查范围的观念上的调整，其表述更加科学、规范，本法接收了此项成果，同样采用了“行政行为”一词，保持了最新立法内容的相互统一。

尤其是，本法本着“简政放权、加强事后监管”的行政体制改革要求，取消了许多原有的行政许可事项，将取得电影公映许可证作为对电影发行、放映、参展等活动进行管理的唯一要件。关于电影公映许可的电影审查活动是技术性、专业性、政策性很强的一项工作，国务院电影主管部门作为国家电影政策制定和执行的重要部门，能够更加准确地把握、调整并统一电影审查标准。本次立法根据上述背景，规定对国务院电影主管部门作出的不准予电影公映决定不服需复议前置的规定，不仅体现了电影审查的高度专业性、技术性的特点，对于减少行政争议、节约当事人的争议解决成本、降低浪费司法资源的程度、规范和促进电影审查标准的统一，也具有积极的作用。

三、案例与实践

行政复议和行政诉讼基本内容对照表

		行政复议	行政诉讼
概念		行政复议是行政相对人认为行政主体的行政行为侵犯其合法权益，依法向行政复议机关提出复查该行政行为的申请，行政复议机关对被申请的行政行为进行合法性、适当性审查，并做出行政复议决定的法律制度。	行政诉讼是行政相对人认为行政主体的行政行为侵犯其合法权益，依法向法院提起诉讼，请求对被诉的行政行为进行审查，法院对被诉的行政行为进行审查并做出裁判的法律制度。
性质		依申请的行政行为，同时是一种行政权力救济手段和准司法行为。	人民法院运用国家审判权监督行政机关依法行使权力和履行职责的司法行为。
参与人	申请人或原告	申请人为认为行政机关的具体行政行为侵害其合法权益的公民、法人或者其他组织。	原告为行政相对人或者其他与行政行为有利害关系的其他公民、法人或者其他组织。
	被申请人或被告	被申请人为做出行政行为的行政机关或者法律、法规授权的组织。	被告为做出行政行为的行政机关或者法律、法规授权的组织或者行政复议机关。
	第三人	与被申请复议的行政行为有利害关系，依申请或者复议机关通知参加行政复议的除申请人和被申请人以外的公民、法人或者其他组织。	与提起行政诉讼的行政行为有利害关系，依申请或者人民法院通知参加行政诉讼的公民、法人或者其他组织。
执行机关		行政复议机关	人民法院

续表

	行政复议	行政诉讼
受案范围	有下列情形之一的，公民、法人或者其他组织可以依法申请行政复议： 1. 对行政机关作出的警告、罚款、没收违法所得、没收非法财物、责令停产停业、暂扣或者吊销许可证、暂扣或者吊销执照、行政拘留等行政处罚决定不服的； 2. 对行政机关作出的限制人身自由或者查封、扣押、冻结财产等行政强制措施决定不服的； 3. 对行政机关作出的有关许可证、执照、资质证、资格证等证书变更、中止、撤销的决定不服的； 4. 对行政机关作出的关于确认土地、矿藏、水流、森林、山岭、草原、荒地、滩涂、海域等自然资源的所有权或者使用权的决定不服的； 5. 认为行政机关侵犯合法的经营自主权的； 6. 认为行政机关变更或者废止农业承包合同，侵犯其合法权益的； 7. 认为行政机关违法集资、征收财物、摊派费用或者违法要求履行其他义务的； 8. 认为符合法定条件，申请行政机关颁发许可证、执照、资质证、资格证等证书，或者申请行政机关审批、登记有关事项，行政机关没有依法办理的； 9. 申请行政机关履行保护人身权利、财产权利、受教育权利的法定职责，行政机关没有依法履行的； 10. 申请行政机关依法发放抚恤金、社会保险金或者最低生活保障费，行政机关没有依法发放的；	人民法院受理公民、法人或者其他组织提起的下列诉讼： 1. 对行政拘留、暂扣或者吊销许可证和执照、责令停产停业、没收违法所得、没收非法财物、罚款、警告等行政处罚不服的； 2. 对限制人身自由或者对财产的查封、扣押、冻结等行政强制措施和行政强制执行不服的； 3. 申请行政许可，行政机关拒绝或者在法定期限内不予答复，或者对行政机关作出的有关行政许可的其他决定不服的； 4. 对行政机关作出的关于确认土地、矿藏、水流、森林、山岭、草原、荒地、滩涂、海域等自然资源的所有权或者使用权的决定不服的； 5. 对征收、征用决定及其补偿决定不服的； 6. 申请行政机关履行保护人身权、财产权等合法权益的法定职责，行政机关拒绝履行或者不予答复的； 7. 认为行政机关侵犯其经营自主权或者农村土地承包经营权、农村土地经营权的； 8. 认为行政机关滥用行政权力排除或者限制竞争的； 9. 认为行政机关违法集资、摊派费用或者违法要求履行其他义务的； 10. 认为行政机关没有依法支付抚恤金、最低生活保障待遇或者社会保险待遇的；

续表

	行政复议	行政诉讼
受案范围	11. 认为行政机关的其他具体行政行为侵犯其合法权益的。 公民、法人或者其他组织认为行政机关的行政行为所依据的下列规定不合法，在对行政行为申请行政复议时，可以一并向行政复议机关提出对该规定的审查申请： 1. 国务院部门的规定； 2. 县级以上地方各级人民政府及其工作部门的规定； 3. 乡、镇人民政府的规定。 但是不含国务院部、委员会规章和地方人民政府规章，规章的审查依照法律、行政法规办理。 不服行政机关作出的行政处分或者其他人事处理决定的，依照法律、行政法规的规定提出申诉。不服行政机关对民事纠纷作出的调解或者其他处理，依法申请仲裁或者向人民法院提起诉讼。	11. 认为行政机关不依法履行、未按照约定履行或者违法变更、解除政府特许经营协议、土地房屋征收补偿协议等协议的； 12. 认为行政机关侵犯其他人身权、财产权等合法权益的。 以及受理法律、法规规定可以提起诉讼的其他行政案件。 人民法院不受理公民、法人或者其他组织对下列事项提起的诉讼： 1. 国防、外交等国家行为； 2. 行政法规、规章或者行政机关制定、发布的具有普遍约束力的决定、命令； 3. 行政机关对行政机关工作人员的奖惩、任免等决定； 4. 法律规定由行政机关最终裁决的行政行为。
管辖	一般管辖： 1. 省、自治区、直辖市人民政府或国务院所属部门作出的具体行政行为，省、自治区、直辖市人民政府或国务院所属部门为行政复议机关； 2. 县级以上人民政府工作部门作出的具体行政行为，本级人民政府或上一级主管部门为行政复议机关，实行垂直管理的行政机关和国家安全机关作出的具体行政行为，其上一级主管部门为行政复议机关； 3. 地方各级人民政府作出的具体行政行为，其上一级人民政府为复议机关。	级别管辖： 1. 基层人民法院管辖第一审行政案件，法律另有规定的除外。 2. 中级人民法院管辖下列第一审行政案件：（1）海关处理的案件。（2）对国务院各部门或者县级以上人民政府所作出的行政行为提起的行政诉讼案件。（3）本辖区内重大、复杂的案件。（4）其他法律规定由中级人民法院管辖的案件。 3. 高级人民法院管辖的第一审行政案件：本辖区内重大、复杂的第一审行政案件。

续表

	行政复议	行政诉讼
管辖	特殊管辖： 1. 县级以上地方人民政府派出机关作出的具体行政行为，设立派出机关的地方人民政府为行政复议机关； 2. 政府工作部门的派出机构依法以自己的名义作出的具体行政行为，设立派出机构的工作部门或者该部门的本级人民政府为行政复议机关； 3. 法律、法规授权的组织作出的具体行政行为，直接管理该组织的地方人民政府或者地方人民政府工作部门或者国务院部门为行政复议机关； 4. 两个或者两个以上行政机关共同作出的具体行政行为，其共同上一级的行政机关为行政复议机关； 5. 被撤销的行政机关在撤销前作出的具体行政行为，继续行使其职权的行政机关的上一级行政机关为行政复议机关。 转送管辖： 行政机关对已经受理的行政复议案件，经审查发现自己对该案无管辖权，应将该案转送至有管辖权的行政复议机关审查。 协商管辖和指定管辖： 申请人就同一事项向两个或者两个以上有管辖权的行政机关申请行政复议的，由最先收到行政复议申请的行政机关受理，同时收到的，由收到行政复议申请的行政机关于十日内协商，协商不成的，由其共同上一级行政机关指定受理机关。	4. 最高人民法院管辖全国范围内重大、复杂的第一审行政案件。此外，最高人民法院巡回法庭管辖跨行政区域的重大行政案件。 地域管辖： 1. 一般地域管辖，以最初作出具体行政行为的行政机关所在地确定人民法院对行政案件的管辖，适用于一般行政案件。（1）行政案件由最初作出行政行为的行政机关所在地人民法院管辖。（2）行政案件可以由最初作出行政行为的行政机关所在地人民法院管辖，也可以有复议机关所在地的人民法院管辖。 2. 特殊地域管辖：以诉讼当事人或者诉讼标的所在地来确定对行政案件的管辖。（1）对限制人身自由行政强制措施不服提起行政诉讼，由被告所在地或者原告所在地人民法院管辖。（2）因不动产提起的行政诉讼，由不动产所在地人民法院管辖。 3. 共同地域管辖：是指两个以上人民法院对同一行政案件具有管辖权，原告可以选择其中任何一个法院起诉。（1）经过复议的案件，复议机关改变原行政行为的，由最初作出行政行为的行政机关所在地人民法院或者复议机关所在地人民法院管辖。（2）对限制人身自由的行政强制措施不服提起的行政诉讼案件，由原告所在地或者被告所在地的人民法院管辖。（3）因不动产提起的行政诉讼，如该不动产涉及两个以上人民法院管辖，由该两个以上的人民法院管辖。

续表

	行政复议	行政诉讼
管辖		裁定管辖： 1. 移送管辖，某一人民法院受理行政案件后，发现对该案件无管辖权而将其移送至有管辖权的人民法院管辖； 2. 指定管辖，上级人民法院根据法律规定，指定其管辖区域内的下级人民法院对某一行政案件行使管辖权； 3. 管辖权的转移，经上级人民法院决定或者同意，将行政案件的管辖权由下级人民法院移送给上级人法院，或由上级人法院移交给下级人民法院。 跨区域管辖： 经最高人民法院批准，高级人民法院可以根据审判工作的实际情况，确定若干人民法院跨行政区域管辖行政案件。
申请(起诉)、受理、审理期限	公民、法人或者其他组织认为具体行政行为侵犯其合法权益的，可以自知道或者应当知道该行政行为之日起六十日内提出行政复议申请。	直接向人民法院提起行政诉讼的，应于知道行政行为作出之日起六个月内起诉；对复议决定不服的，应当于复议决定作出后十五日内起诉，复议机关逾期不作决定的，应予复议期限届满之日起十五日内起诉。行政机关未告知行政行为的时间的起诉期限，从知道或者应当知道行政行为作出之日起算，但不得超过两年。当事人不知道行政行为内容的起诉期限的，涉及不动产的行政行为，从作出之日起算，但不得超过二十年，其他行政行为从作出之日起算，但不得超过五年。

续表

	行政复议	行政诉讼
申请（起诉）、受理、审理期限	行政复议机关收到行政复议申请后，应当于五日内进行审查，对符合条件的，应当自行政复议申请受理之日起七日内，将行政复议申请书副本送达被申请人，被申请人收到后十日内提出书面答复。行政复议机关应当自受理之日起六十日作出行政复议决定。情况复杂，不能在规定期限内作出行政复议决定的，经行政复议机关负责人批准可以适当延长，但是最多不超过三十日。	人民法院收到原告的起诉状后，应当登记立案，不能当场判定是否符合起诉条件的，应当于七日内决定是否受理。人民法院受理起诉后，应当于五日内将起诉状和应诉通知发送被告，被告应于收到起诉状和应诉通知后十五日内提出答辩。人民法院适用普通程序审理的案件，应于案件受理后六个月内作出一审判决。当事人不服人民法院的一审判决，应于十五日内提起上诉，二审法院应于三个月内作出终审判决。人民法院适用简易程序审理的案件，应于四十五日内审结。
关系	行政复议和行政诉讼既有联系又有区别，联系主要表现在： 1. 选择型，是指公民、法人或者其他组织在行政复议和行政诉讼之间自由选择，即可以提出行政复议申请，也可以提起行政诉讼。对行政复议不服的，可以在法定期限内提起行政诉讼，但是选择提起行政诉讼的，则不可再提起行政复议； 2. 选择兼终局型，是指公民、法人或者其他组织自由选择行政复议或者行政诉讼，但选择了行政复议后，则不能再提起行政诉讼； 3. 复议前置型，是指行政复议是行政诉讼的必经程序，公民、法人或者其他组织不服行政机关的具体行政行为，必须先向行政机关申请复议，对复议决定不服时，再向人民法院提起行政诉讼； 4. 复议终局型，是指以行政复议决定为终局决定，公民、法人或者其他组织只能申请行政复议，不能提起行政诉讼，且行政复议决定产生最终的法律效力。 区别主要表现在：人民法院审理行政案件，实行两审终审制，而复议机关审查复议案件，实行一级复议制。人民法院审理行政案件原则上实行公开审理，复议机关审查复议案件原则上实行书面审查，实地核查以及听证的办法，不采取类似开庭审理的方式。	

第六章　附则

本章说明

本章是本法的附则部分，即法律文本的附属部分。

附则是一部法律的附属部分，通常置于法律的末篇。附则一般不对实体性内容作出规定，即不对权利与义务作出规定。从我国立法实践来看，附则主要是就本法之用语的含义、施行日期以及原有相关法律、法规的处理等作出规定。本章共两条，规定了两方面的内容：一是关于境外资本在我国境内设立从事电影活动的企业的规定；二是关于本法施行日期的规定。

第五十九条

【境外资本设立电影企业】

境外资本在中华人民共和国境内设立从事电影活动的企业的，按照国家有关规定执行。

本条是关于境外资本在我国境内设立从事电影活动的企业适用法律的规定。

本条是一条授权性条款。在本法中，对境外资本在我国境内设立从事电影活动的企业的设立规则不做具体规定，境外资本在我国境内设立企业的，适用国务院或国务院规定的部门制定的法律、规章等规范性法律文件。由于境外资本在我国境内设立从事电影活动企业的行为，具有不同于境内资本设立从事电影活动企业的行为的特点，为此，国务院有关部门根据《电影管理条例》的要求制订了《中外合作摄制电影片管理规定》《外商投资电影院暂行规定》及其补充规定，并在《文化部、国家广播电影电视总局、新闻出版署、国家发展和改革委员会、商务部关于文化领域引进外资的若干意见》(文办发〔2005〕19号)和《外商投资产业指导目录(2015年修订)》中对其做出了相关规定。

目前境外资本在我国境内设立从事电影活动企业，有如下具体规定：

第一，《外商投资产业指导目录（2015年修订）》列举规定了外商投资设立从事电影活动企业的项目。《外商投资产业指导目录（2015年修订）》由国家发展和改革委员会和商务部于2015年3月10日颁布，2015年4月10日正式施行，是关于外商在我国境内投资具体产业项目的规定。电影产业在目录中归属于文化、体育和娱乐业。其具体规定是：电影的制作业务(限于合作)，电影院的建设、经营(中方控股)为限制外商投资产业；电影制作公司、发行公司、院线公司为禁止外商投资产业。

第二，《中外合作摄制电影片管理规定》是关于中外合作从事电影制作业务的规定。《中外合作摄制电影片管理规定》由国家广播电影电视总局2004年7月6日颁布，2004年8月10日正式实施。该规定详细规范了中外合作摄制电影的模式、合作摄制的原则，确立了合作摄制的实质要件以及形式要件。既有利于外资进入我国电影制作业务，激发电影产业的活力，加强与境外电影制作活动的交流，又有利于保护合作摄制电影各方的权益，维护我国电影产业的安全。该规定同时适用于香港、澳门特别行政区及台湾地区的电影制片者在境内合作摄制电影。

第三，《外商投资电影院暂行规定（2015年修订）》及其补充规定是关于外商投资电影院的部门规章。《外商投资电影院暂行规定》是国家广播电影电视总局2003年11月25日颁布，2004年1月1日正式实施，并于2015年10月26日根据国家新闻出版广电总局令第3号《国家新闻出版广电总局关于修订部分规章和规范性文件的决定》进行了修订。外商在我国境内投资建设、经营电影院，须满足中方控股的条件。中方控股指的是在中方控股51%以上或中方占有主导地位的条件下，允许外商以合资、合作的方式设立和经营电影院。[①] 该规定确立了外商投资建设、经营电影院时，所应满足的实质要件以及形式要件。同时强调外商不得设立独资电影院。根据该规定的补充规定，允许香港、澳门服务提供者在内地设立的独资公司，在多个地点新建或改建多间电影院，经营电影放映业务。台湾地区的投资者则参照《外商投资电影院暂行规定》办理。

本条之所以设定为授权性条款，我们认为有两方面原因：一是在现有的法律、规章等规范性法律文件当中，已经对外资企业在我国境内从事电影活动的行为做了严格的规定。电影作为一种特殊的文化商品，具有意识形态和文化商品的双重属性。一方面为适应改革开放的需要，吸收境外资金、引进先进技术和设备，促进我国电影业的繁荣发展，在电影产业需要引进外资。另一方面由于电影产业的特殊

① 参见《文化部、国家广播电影电视总局、新闻出版署、国家发展和改革委员会、商务部关于文化领域引进外资的若干意见（文办发〔2005〕19号）》，第二条。

性，必须保证从事电影产业相关活动时弘扬社会主义核心价值观，坚持为人民服务、为社会主义服务，坚持社会效益优先，实现社会效益与经济效益相统一，绝不允许发生损害国家尊严和利益的情况。故现有规定对于外商投资电影产业做出了严格的规定，如果本法重新阐述，不免构成赘述；二是我国在电影产业发展以及文化产业引进外资方面在实践与制度建设方面尚处于摸索状态，因此有关部门采取了谨慎立法的态度，只在本法当中以授权性条款预留出立法空间。随着我国电影产业的进一步发展，配套的相关规范将会得到进一步的完善。

第六十条

【施行日期】

本法自2017年3月1日起施行。

本条是关于本法施行日期的规定。

本法由中华人民共和国第十二届全国人民代表大会常务委员会第二十四次会议于2016年11月7日通过，自2017年3月1日起施行。

法律自施行之日起发生效力。我国《立法法》第四十四条、第五十七条和第五十八条分别规定，全国人大常委会通过的法律由国家主席签署主席令予以公布；法律应当明确规定施行日期；签署公布法律的主席令载明该法律的制定机关、通过和施行日期。

首先，法律的通过是立法程序中具有决定意义的一个步骤，即已完成审议的法律议案经过表决，获得了法定数目以上人的赞成、同意。法律的施行时间，也称法律的生效时间，是指法律从什么时间开始发生效力。本法的通过时间与施行时间存在一定的时间差，其目的是使有关方面能够认真做好宣传、学习本法的工作，认真做好本法配套性规定的起草制定工作，认真清理与本法规定不一致的规范，保证新旧法的顺利衔接。

其次，凡法律，均有生效日期的问题。我国《立法法》第五十七条规定："法律应当明确规定施行日期。"根据这一规定，凡是法律都要对其施行日期即生效日期作出明确规定。根据我国的立法实践，法律对施行日期的规定主要有以下两种方式：在法律条文中直接规定"本法自××××年××月××日起施行"；在法律条文中没有直接规定具体的施行日期，而是规定"本法自公布之日起施行”。本法采用了直接规定具体日期的方式，即本条规定：“本法自2017年3月1日起施行。”

再次，法律的生效时间，涉及法律的溯及力问题。所谓“法律的溯及力”，是指法律溯及既往的效力。换言之，就是指一部法律生效后，对其生效以前发生的事件和行为，是否适用该法的问题。如果适用该法，就表明该法具有溯及力；如果不适用该法，就表明该法不具有溯及力。我国《立法法》第九十三条规定：“法律、行政法规、地方性法规、自治条例和单行条例、规章不溯及既往，但为了更好地保护公民、法人和其他组织的权利和利益而作的特别规定除外。”根据这一规定，我国法律原则上不溯及既往，即没有溯及力，不适用于法律生效以前发生的事件和行为。同时，为了更好地保护公民、法人和其他组织的权利和利益，法律可以溯及既往，即具有溯及力，可以适用于法律生效以前发生的事件和行为，但是这种情况必须在法律上做出特别规定。本法没有对溯及力的问题做出特别规定，所以本法没有溯及既往的效力，即不适用于本法生效以前发生的事件和行为。

最后，法律一旦开始施行，发生效力，就会产生以下两个方面的法律后果：一是法律一经生效，凡属于该法调整范围内的关系，都要按照该法的规定执行。任何违反该法的行为，均属于违法行为，都要依法受到相应的责任追究。本法自2017年3月1日起施行，故自2017年3月1日开始，凡属于电影产业相关行为均应受到本法的调整。例如，电影主管部门于2017年3月21日对首批查出存在违法经营的影院依照本法第五十一条进行了严厉的处罚。[①] 二是法律一旦开始生效，凡

① 全国电影市场专项治理办公室2017年3月21日对外通报：对首批查出存在违法经营行为的326家影院依照《电影产业促进法》第五十一条实施严厉处罚。通报称，中影桐乡嘉博影剧院等63家影院瞒报票房超过100万元，情节特别严重，责令其自3月27日起停业整顿不少于90日，视整顿情况由原发证的电影主管部门重新核发其放映许可证；浙江杭州塘栖新世界影城等63家影院瞒报票房在50万元至100万元之间，情节严重，责令其自3月27日起停业整顿不少于60日；对湖南省长沙市望城区星鑫国际影城等110家瞒报票房在10万元至50万元之间的影院，处以20万元的罚款；对90家瞒报票房在10万元以下的影院，进行内部通报警示。以上所有违法影院必须限期向片方返还截留片款，并书面报告瞒报票房、逃避监管的作弊手段；在省级电影主管部门的监督管理下，由县级电影主管部门对违规影院的主要责任人、关联责任人进行严肃处理。杨骁：《全国326家影院因瞒报票房被处罚两家院线公司被责令整改》，国家新闻出版广电总局，http://www.sapprft.gov.cn/sapprft/contents/6580/318714.shtml，访问时间：2017年3月26日。

是位阶低于该法的所有规范性文件，都必须符合该法的规定。凡是与该规定存在抵触情况的其他规范性文件的规定，都应当属于无效。当然，如果属于同一位阶的法律，存在不一致规定情况的，则应当按照我国《立法法》的有关规定处理。《立法法》第九十二条规定："同一机关制定的法律、行政法规、地方性法规、自治条例和单行条例、规章，特别规定与一般规定不一致的，适用特别规定；新的规定与旧的规定不一致的，适用新的规定。"根据这一规定，法律之间特别规定与一般规定不一致的，适用特别规定；法律之间新的规定与旧的规定不一致的，适用新的规定。同时，《立法法》第九十四条第一款还规定："法律之间对同一事项的新的一般规定与旧的特别规定不一致，不能确定如何适用时，由全国人民代表大会常务委员会裁决。"